AKAL BÁSICA DE BOLSILLO **386**

Diseño interior y cubierta: RAG

1.ª edición Revoluciones, 2010
Reimpresión, 2013
1.ª edición Básica de Bolsillo, 2026

Título original
Slavoj Žižek presents Mao Tse-Tung. On Practice and Contradiction

© Verso, 2007

© de la introducción, Slavoj Žižek, 2007

© Ediciones Akal, S. A., 2010, 2026
para lengua española
Sector Foresta, 1
28760 Tres Cantos
Madrid - España
Tel.: 918 061 996
atencion.cliente@akal.com
www.akal.com

ISBN: 978-84-460-5782-6
Depósito legal: M-12-2026

Impreso en España

Mao Tse-Tung

Sobre la práctica
y la contradicción

Introducción a cargo de
Slavoj Žižek

Traducción de
introducción y capítulos 2 y 12,
Alfredo Brotons;
del resto,
equipo editorial

ARGENTINA / ESPAÑA / MÉXICO

Introducción

Mao Tse-Tung, el señor marxista del desgobierno

Slavoj Žižek

Una de las más arteras trampas que acechan a los marxistas es la búsqueda del momento de la Caída, cuando las cosas se torcieron en la historia del marxismo: ¿fue ya el último Engels con su comprensión más positivista-evolucionista del materialismo histórico? ¿Fueron el revisionismo y la ortodoxia de la Segunda Internacional? ¿Fue Lenin?[1] ¿O fue Marx mismo en su obra tardía, tras abandonar su humanismo de juventud (como algunos «marxistas humanistas» sostenían hace décadas)? Todo este tema debe rechazarse: aquí no hay oposición, la Caída ha de inscribirse en los mismos orígenes. (Para decirlo de manera más mordaz, tal búsqueda del intruso que infectó el modelo original y desencadenó la degeneración de este no puede sino reproducir la lógica del antisemitismo). Lo que esto quiere decir es que, aun si —o, mejor,

---

[1] En este sentido, algunos marxistas occidentales atribuyeron el estalinismo a la influencia del «modo asiático de producción», que consideraban una nueva forma de «despotismo oriental», cuando la ironía es que, para los rusos tradicionales, lo que sucedió fue exactamente lo contrario: «En Occidente siempre se pensó en Stalin y Lenin como déspotas "orientales"». Los grandes tiranos rusos de los siglos XVIII y XIX eran occidentalizadores» (L. Chamberlain, *The Philosophy Steamer,* Londres, Atlantic Books, 2006, p. 270).

especialmente si– uno somete el pasado marxista a una crítica implacable, primero tiene que reconocerlo como «propio de uno», asumiendo la plena responsabilidad por él, no desentenderse cómodamente del «mal» giro de las cosas atribuyéndolo a un intruso externo (el «malo» de Engels, que era demasiado estúpido para comprender la dialéctica de Marx; el «malo» de Lenin, que no alcanzó el núcleo de la teoría marxista; el «malo» de Stalin, que arruina los nobles planes del «bueno» de Lenin, etc.).

Lo primero que se ha de hacer, pues, es aceptar plenamente el desplazamiento en la historia del marxismo que se concentra en dos grandes pasos (o, mejor, violentos cortes): el paso de Marx a Lenin, así como el paso de Lenin a Mao. En cada caso, hay un desplazamiento de la constelación original: del país más avanzado (como Marx esperaba) a un país relativamente atrasado –la revolución «se produjo en un país equivocado»–; de los obreros a los (pobres) campesinos como principal agente revolucionario, etc. De la misma manera que Cristo necesitó la «traición» de Pablo para que el cristianismo surgiera como una Iglesia universal (¡recuérdese que, entre los doce apóstoles, Pablo viene a ocupar el lugar dejado vacante por el traidor Judas!), Marx necesitó de la «traición» de Lenin para poner en marcha la primera revolución marxista: es una necesidad interna de la doctrina «original» admitir y sobrevivir a esta «traición», sobrevivir a este violento acto por el que uno se ve arrancado de su contexto original y arrojado a un paisaje extraño donde tiene que reinventarse a sí mismo: *solo así nace la universalidad*.

De manera que, por lo que a la segunda transposición violenta, la de Mao, se refiere, es demasiado fácil condenar su reinvención del marxismo como teóricamente «inadecuada», como una regresión con respecto a los principios de Marx (es fácil demostrar que los campesinos carecen de la desustanciada subjetividad proletaria), pero no es menos inadecuado desdibujar la violencia del corte y aceptar la reinvención de Mao como una continuación lógica de la «aplicación» del marxismo (confiando, como suele suceder, en la simple expansión metafórica de la lucha de clases: «hoy día, la lucha de clases predominante ya no se da entre los capitalistas y el proletariado de cada país, se ha convertido en el enfrentamiento entre el Tercer Mundo y el Primero, entre las naciones burguesas y las proletarias»). Los logros de Mao en este terreno son tremendos: su nombre representa la movilización política de los cientos de millones de trabajadores anónimos del Tercer Mundo cuyo trabajo suministra la «sustancia», la base, invisible del desarrollo histórico; la movilización de todos aquellos a los que incluso un poeta de la «otridad» como Lévinas despreció como el «peligro amarillo» –del que posiblemente es su texto más raro, «El debate ruso-chino y la dialéctica» (1960), véase un comentario sobre el conflicto chino-soviético:

> ¡El peligro amarillo! No es racional, es espiritual. No implica valores inferiores; implica una extrañeza radical, algo extraño al peso de su pasado, desde donde no se filtra ninguna voz o inflexión familiar, un pasado lunar o marciano[2].

¿No recuerda esto a la insistencia de Heidegger, en los años 1930, en que la principal misión del pensamiento occidental hoy día consiste en defender el avance griego, el gesto fundacional de «Occidente», la superación del universo prefilosófico, mítico, «asiático», luchar contra la renovada amenaza «asiática»: el gran antagonista de Occidente es «lo místico en general y lo asiático en particular»[3]? Es *esta* «radical extrañeza» asiática lo que el movimiento comunista de Mao Tse-Tung moviliza, politiza.

En su *Fenomenología del espíritu*, Hegel introduce su famosa idea de que la feminidad constituye «la eterna ironía de la comunidad»: la feminidad

---

[2] E. Lévinas, *Les Imprévus de l'histoire*, Montpellier, Fata Morgana, 1994, p. 172 [ed. cast.: *Los imprevistos de la historia*, Salamanca, Sígueme, 2006, pp. 164-165].

[3] M. Heidegger, *Schelling's Treatise on Human Freerdom*, Athens, OH, Ohio University Press, 1985, p. 146 [ed. cast.: *Schelling y la libertad humana*, Venezuela, Monte Ávila, 1985, p. 178].

cambia por medio de la intriga el fin universal del gobierno en un fin privado, transforma su actividad universal en una obra de un individuo particular y pervierte la propiedad universal del Estado al convertirla en posesión y ornamento de la familia[4].

En contraste con la ambición masculina, una mujer quiere el poder a fin de promover sus propios estrechos intereses familiares o, aún peor, su capricho personal, incapaz como es de percibir la dimensión universal de la política del Estado. ¿Cómo no recordar la tesis de F. W. J. Schelling según la cual «el mismo principio que en su inoperatividad nos porta y sostiene es el que en su operatividad nos consumaría y destruiría»[5]? Un poder que, cuando se mantiene en su lugar adecuado, puede resultar benigno y pacificador, se convierte en lo radicalmente opuesto a él, en la furia más destructiva, en el momento en que interviene en un nivel superior, el nivel que no es el suyo propio: la *misma* feminidad que, dentro del círculo cerrado de la vida familiar, es el poder mismo del amor protectivo se convierte en frenesí obsceno cuando se manifiesta en el nivel de los asuntos públicos y de Estado... En resumen, está bien que una mujer proteste contra el poder estatal público en defensa de los derechos de la familia y el parentesco; pero pobre de una sociedad en la que las mujeres se empeñen en influir directamente en las decisiones concernientes a los asuntos de Estado, manipulando a sus débiles parejas masculinas, emasculándolos efectivamente... ¿No sucede algo parecido con el terror provocado por la perspectiva de despertar a las anónimas masas asiáticas? Estas son aceptables si protestan contra su destino y nos permiten ayudarles (mediante

---

[4] G. W. F. Hegel, *Phenomenology of Spirit*, Oxford, Oxford University Press, 1977, p. 288 [ed. cast.: *Fenomenología del espíritu*, México, Fondo de Cultura Económica, 1973, p. 281].

[5] F. W. J. Schelling, *Die Weltalter. Fragmente. In den Urfassungen von 1811 und 1813*, M. Schroeter (ed.), Múnich, Biederstein, 1979, p. 13 [ed. cast.: *Las edades del mundo,* Madrid, Akal, 2002, p. 57].

acciones humanitarias a gran escala), pero no cuando se «hacen directamente con el poder» ellas mismas, para horror de los comprensivos liberales siempre dispuestos a apoyar la revuelta de los pobres y desposeídos a condición de que se haga con buenos modales.

El admirador secreto de Bourdieu en el Cáucaso de Georgi M. Derlugian[6] cuenta la extraordinaria historia de Musa Shanib de Abjazia, el líder intelectual de esta turbulenta región que de manera increíble se convirtió de intelectual disidente soviético en respetado profesor de filosofía pasando por reformista político democrático y caudillo fundamentalista musulmán, con toda su carrera marcada por la extraña admiración por el pensamiento de Pierre Bourdieu. Hay dos modos de abordar tal figura. La primera reacción consiste en despreciarla en cuanto una excentricidad local, tratarla con ironía benevolente: «Qué elección tan extraña, Bourdieu: a saber lo que este folclórico tipo ve en Bourdieu...». La segunda reacción consiste en afirmar directamente el alcance universal de la teoría: «Mirad si es universal la teoría, que cualquier intelectual, desde París hasta Abjazia, puede debatir las teorías de Bourdieu...». La verdadera tarea, por supuesto, es evitar ambas opciones y afirmar la universalidad de una teoría como resultado de un trabajo y una lucha teóricos muy intensos, una lucha no externa a la teoría: la cuestión no es (solo) que a Shanib le costó mucho trabajo saltarse las limitaciones del contexto local y comprender a Bourdieu: la apropiación de Bourdieu por un intelectual abjazio también afecta a la sustancia misma de la teoría y la transpone a un universo diferente. ¿No hizo –*mutatis mutandis*– Lenin algo parecido con Marx? La desviación de Mao con respecto a Lenin *y* Stalin incumbe a la relación entre la clase obrera y el campesinado: Lenin y Stalin desconfiaban muy profundamente del campesinado, veían como una de las principales tareas del poder soviético acabar con la inercia de los campesinos, su apego

---

[6] G. M. Derluguian, *Bourdieu's Secret Admirer in the Caucasus*, Chicago, The University of Chicago Press, 2005.

sustancial a la tierra, «proletarizarlos» y con ello exponerlos plenamente a la dinámica de la modernización... en claro contraste con Mao, el cual, en sus notas críticas sobre *Los problemas económicos del socialismo en la URSS* de Stalin (1958), señalaba que «los puntos de vista expuestos por Stalin [...] son casi completamente erróneos. Su error fundamental proviene de su falta de confianza en el campesinado»[7]. Las consecuencias teóricas y políticas de esta desviación son verdaderamente tremendas: implican nada menos que una reelaboración a fondo de la noción hegeliana en Marx de la posición proletaria como la posición de la «subjetividad desustanciada», de los reducidos al abismo de su subjetividad.

Este es el movimiento de la «universalidad concreta», esta «transubstanciación» radical por la cual la teoría original tiene que reinventarse en un nuevo contexto: solo sobreviviendo a este transplante puede emerger como efectivamente universal. Y, por supuesto, de lo que aquí se trata no es del proceso pseudohegeliano de «alienación» y «desalienación», de cómo la teoría original es «alienada» y luego tiene que incorporar el contexto ajeno, reapropiárselo, subordinarlo a sí misma: lo que a tal noción pseudohegeliana se le escapa es la manera en que este violento transplante a un contexto ajeno afecta radicalmente a la teoría original misma, de modo que, cuando esta teoría «regresa a sí misma en su otridad» (se reinventa en el contexto ajeno), su misma sustancia cambia... y, sin embargo, esta desviación no es solamente la reacción a una sacudida externa, sigue siendo una transformación inherente de la *misma* teoría de la superación del capitalismo. Así es cómo el capitalismo es una «universalidad concreta»: de lo que se trata no es de aislar lo que todas las formas particulares de capitalismo tienen en común, los rasgos universales que comparten, sino de comprender esta matriz como una fuerza positiva en sí misma, como algo que todas las formas particulares en vigor tratan de contrarrestar a fin de contener sus efectos destructivos.

---

[7] Véase *infra* p. 169.

El signo más fiable del triunfo ideológico del capitalismo es la virtual desaparición del término mismo en las últimas dos o tres décadas: desde los años 1990,

> virtualmente nadie, con la excepción de unos cuantos marxistas supuestamente arcaicos (una «especie en peligro de extinción»), se refería ya al capitalismo. El término simplemente se había suprimido del vocabulario de los políticos, sindicalistas, escritores y periodistas... por no mencionar a los sociólogos, que lo habían relegado al olvido histórico[8].

¿Y qué pasa con el auge del movimiento antiglobalización en los últimos años? ¿No contradice claramente este diagnóstico? En absoluto: un examen minucioso muestra rápidamente cómo también este movimiento sucumbe a «la tentación de transformar una crítica del capitalismo mismo (centrada en los mecanismos económicos, las formas de organización del trabajo y el logro de beneficios) en una crítica del "imperialismo"»[9]. De manera que cuando uno habla de «la globalización y sus agentes», el enemigo se externaliza (normalmente en forma de vulgar antiamericanismo). Desde esta perspectiva, en la que la principal tarea hoy día es combatir al «imperio americano», cualquier aliado es bueno si es antiamericano, y así el desenfrenado capitalismo «comunista» chino, los violentos antimodernidad islámicos, así como el obsceno régimen de Lukashenko en Bielorrusia (véase la visita de Chávez a Bielorrusia en julio de 2006), pueden aparecer como progresistas compañeros de armas antiglobalización... Lo que aquí tenemos es, por consiguiente, otra versión de la infame noción de «modernidad alternativa»: en lugar de la crítica del capitalismo como tal, de enfrentarse a su mecanismo básico, con lo que nos encontramos es con la crítica

---

[8] L. Boltanski y E. Chiapello, *The New Spirit of Capitalism*, Londres, Verso, 2005, p. ix. [ed. cast.: *El nuevo espíritu del capitalismo,* Madrid, Akal, 2002].
[9] *Ibid.*, p. xvii.

del «exceso» imperialista, con la noción (tácita) de la movilización de los mecanismos capitalistas en un marco distinto, más
«progresista».

Así es cómo debería abordarse lo que posiblemente constituye
la principal contribución de Mao a la filosofía marxista, sus elucubraciones sobre el concepto de contradicción: no debería des-
cartárselas como una regresión filosófica sin valor (lo cual, como
puede fácilmente demostrarse, estriba en una vaga noción de
«contradicción» que simplemente significa «lucha de tendencias
opuestas»). La tesis más importante de su gran texto «Sobre la
contradicción» en relación con las dos facetas de las contradicciones, «las contradicciones principales y las no principales en un
proceso, y los aspectos principales y los no principales de una
contradicción», merece ser leída con atención. Lo que Mao re-
procha a los «marxistas dogmáticos» es que «no comprenden que
es precisamente en la particularidad de la contradicción donde
reside la universalidad de la contradicción»:

> Por ejemplo: en la sociedad capitalista, las dos fuerzas contra-
> dictorias, el proletariado y la burguesía, constituyen la contradic-
> ción principal. Las otras contradicciones, como las que existen
> entre los remanentes de la clase feudal y la burguesía, entre la pe-
> queña burguesía campesina y la burguesía, entre el proletariado y
> la pequeña burguesía campesina, entre la burguesía no monopolis-
> ta y la monopolista, entre la democracia y el fascismo en el seno de
> la burguesía, entre los diversos países capitalistas, entre el imperia-
> lismo y las colonias, etc., son todas determinadas por esta contra-
> dicción principal o sujetas a su influencia [...].
> Cuando el imperialismo desata una guerra de agresión contra
> un país así, las diferentes clases de este, excepto un pequeño número
> de traidores, pueden unirse temporalmente en una guerra nacional
> contra el imperialismo. Entonces, la contradicción entre el imperia-
> lismo y el país en cuestión pasa a ser la contradicción principal,
> mientras todas las contradicciones entre las diferentes clases dentro
> del país (incluida la contradicción, que era la principal, entre el sis-

tema feudal y las grandes masas populares) quedan relegadas temporalmente a una posición secundaria y subordinada[10].

Este es el punto clave en Mao: la contradicción principal (universal) no se solapa con la contradicción que debería tratarse como dominante en una situación particular: la dimensión universal *reside* literalmente en esta contradicción particular. En cada situación concreta, la predominante es una contradicción «particular» y diferente en el preciso sentido de que, a fin de ganar la batalla por la resolución de la contradicción principal, una contradicción particular debería ser como la predominante, a la cual deberían subordinarse todas las demás luchas. En la China bajo la ocupación japonesa, la unidad patriótica contra los japoneses era lo principal si el comunismo quería ganar la lucha de clases: *toda concentración directa en la lucha de clases en estas condiciones iba contra la lucha de clases misma*. (Este es, tal vez, el principal rasgo del «oportunismo dogmático»: insistir en la importancia de la contradicción principal en el momento equivocado). El otro punto clave afecta al *aspecto* principal de una contradicción; por ejemplo, con respecto a la contradicción entre las fuerzas productivas y las relaciones de producción,

las fuerzas productivas, la práctica y la base económica desempeñan por regla general el papel principal y decisivo; quien niegue esto no es materialista. Pero hay que admitir también que, bajo ciertas condiciones, las relaciones de producción, la teoría y la superestructura desempeñan, a su vez, el papel principal y decisivo. Cuando el desarrollo de las fuerzas productivas se hace imposible sin un cambio de las relaciones de producción, este cambio desempeña el papel principal y decisivo[11].

Lo que desde el punto de vista político está en juego en este debate es decisivo: lo que Mao intenta es afirmar el papel clave,

---

[10] Véase *infra*, pp. 125-126.
[11] Véase *infra*, p. 131.

en la lucha política, de aquello a lo que la tradición marxista suele referirse como el «factor subjetivo»: la teoría, la superestructura. Esto es lo que, según Mao, Stalin pasó por alto:

> Desde el principio hasta el final de su libro *[Los problemas económicos del socialismo en la URSS]*, Stalin no habla de la superestructura en ningún sitio. No tiene en cuenta al hombre. Ve las cosas, pero no al hombre. [...] Los soviéticos no se interesan más que en las relaciones de producción. Ignoran la superestructura, la política y el papel del pueblo. Es imposiblre pasar al comunismo si no hay movimiento comunista[12].

Alain Badiou, un verdadero maoísta aquí, aplica esto a la constelación actual y evita centrarse en la lucha anticapitalista, ridiculiza incluso la forma principal que adopta hoy día (el movimiento antiglobalización) y define la lucha por la emancipación en términos estrictamente políticos como la lucha contra la democracia (liberal), la forma ideológico-política hoy predominante. «Hoy día el enemigo no se llama ni Imperio ni Capital. Se llama Democracia»[13]. Lo que, hoy día, impide el cuestionamiento radical del capitalismo mismo es precisamente *la creencia en la forma democrática de la lucha contra el capitalismo*. La postura de Lenin contra el «economicismo» así como contra la política «pura» es crucial hoy día por lo que se refiere a la actitud dividida hacia la economía en (lo que queda de) la Izquierda: por un lado, los «políticos puros» que abandonan la economía como el escenario de la lucha y la intervención; por otro lado, los «economistas», fascinados por el funcionamiento de la economía global hoy día, que descartan toda posibilidad de una intervención política propiamente dicha. Con respecto a esta división, hoy más que nunca deberíamos volver a Lenin: sí, la economía es el do-

---

[12] Véase *infra* pp. 169-170.
[13] A. Badiou, «Prefazione all'edizione italiana», en *Metapolitica*, Nápoles, Cronopio, 2002, p. 14.

minio clave, ahí es donde se decidirá la batalla, uno tiene que romper el hechizo del capitalismo global... *pero* la intervención debería ser propiamente *política,* no económica. Hoy, cuando todo el mundo es «anticapitalista», hasta e incluso las películas «sociocríticas» de Hollywood sobre la conspiración (desde *Enemigo público* hasta *El dilema*) en las que el enemigo lo constituyen las grandes empresas con su implacable persecución del beneficio, el significante «anticapitalismo» ha perdido su aguijón subversivo. Lo que debería problematizarse es lo manifiestamente opuesto a este «anticapitalismo»: la fe en la sustancia democrática de los americanos honestos que desmontarán la conspiración. Este es el núcleo duro del universo capitalista global actual, su verdadero significante-maestro: la democracia[14]. La otra elucubración de Mao sobre el concepto de contradicción en su «Sobre el tratamiento correcto de las contradicciones en el seno del pueblo» (1957) tampoco puede reducirse a su rasgo más famoso, la cuestión más bien de sentido común de distinguir entre las contradicciones antagónicas y no antagónicas:

> Las contradicciones entre nosotros y el enemigo son antagónicas. En cuanto a las contradicciones en el seno del pueblo, las que existen dentro de las masas trabajadoras no son antagónicas, mientras que las existentes entre la clase explotada y la explotadora tienen, además del aspecto antagónico, otro no antagónico. [...] Bajo la dictadura democrática popular, deben usarse dos métodos diferentes –la dictadura y la democracia– para resolver dos tipos de contradicciones de distinto carácter: las contradicciones entre nosotros y el enemigo, y las existentes en el seno del pueblo[15].

---

[14] Véase M. Hardt y A. Negri, *Empire*, Cambridge MA, Harvard University Press, 2000 [ed. cast.: *Imperio,* Barcelona, Paidós, 2002], y *Multitude,* Londres, Hamish Hamilton, 2005 [ed. cast.: *Multitud,* Barcelona, Debate, 2004].
[15] Véase *infra,* pp. 189 y 197.

Esta distinción debería leerse siempre junto con su más «ominoso» complemento, una advertencia de que los dos aspectos pueden solaparse: «En circunstancias normales, las contradicciones en el seno del pueblo no son antagónicas. Sin embargo, pueden llegar a serlo si no las tratamos como es debido o si aflojamos nuestra vigilancia y nos adormecemos políticamente». El diálogo democrático, la coexistencia pacífica de diferentes orientaciones en el seno de la clase obrera, no es algo simplemente dado, un estado de cosas natural, sino algo conseguido y conservado por la vigilancia y la lucha. También aquí la lucha tiene prioridad sobre la unidad: el mismo espacio de la unidad tiene que ganarse mediante la lucha.

¿Y qué hacemos con estas elucubraciones? Habría que ser muy preciso al diagnosticar, en el muy abstracto nivel de la teoría, en qué Mao tenía razón y en qué se equivocaba. Mao tenía razón al rechazar la noción clásica de «síntesis dialéctica» como la «reconciliación» de los opuestos, como una unidad superior que comprende la lucha de estos; se equivocaba al formular este rechazo, esta insistencia en la prioridad de la lucha, de la división, por encima de toda síntesis o unidad, en términos de una cosmología-ontología general de la «eterna lucha de opuestos»: por eso es por lo que se vio atrapado en la simplista, propiamente hablando *no dialéctica,* noción de la «mala infinitud» de la lucha. Mao regresa claramente aquí al primitivo proverbio pagano sobre cómo toda criatura, toda forma determinada de vida, más tarde o más temprano llega a su fin: «Una cosa destruye a otra, las cosas nacen, se desarrollan y son destruidas, en todas partes sucede así. Si las cosas no son destruidas por otras, entonces se destruyen a sí mismas». A Mao habría que reconocerle la razón que tiene en este nivel: él va todo el tiempo en esta dirección y aplica el principio no solamente al comunismo mismo; véase el siguiente pasaje, en el que Mao da un gigantesco «salto adelante» ontológico desde la división de los núcleos atómicos en protones, antiprotones, etc., hasta la inevitable división del comunismo en etapas:

Yo no creo que el comunismo no se divida en etapas y que no haya cambios cualitativos. Lenin decía que todas las cosas pueden dividirse. Como ejemplo puso el átomo, del que dijo que no solo podía dividirse, sino que también el electrón podía dividirse. Antiguamente, sin embargo, se sostenía que el átomo no se podía dividir; la rama de la ciencia dedicada a la división del núcleo atómico es todavía muy joven, solo tiene veinte o treinta años de edad. En las últimas décadas, los científicos han descompuesto el núcleo del átomo en sus constituyentes, como los protones, antiprotones, neutrones, antineutrones, mesones y antimesones[16].

Él da incluso un paso más allá hasta llegar a la humanidad misma, y prevé, de una manera protonietzscheana, la «superación» del hombre:

La vida de la dialéctica es el movimiento continuo hacia los opuestos. La humanidad también acabará por desaparecer. Cuando los teólogos hablan del día del Juicio Final, son pesimistas y aterran a la gente. Nosotros decimos que el fin de la humanidad es algo producirá algo más avanzado que la humanidad. La humanidad se halla todavía en su infancia[17].

Y, más aún, el ascenso de (algunos) animales mismos a lo que hoy día consideramos un nivel de conciencia exclusivamente humano:

En el futuro los animales continuarán desarrollándose. No creo que solo los hombres sean capaces de tener dos manos. ¿No pueden evolucionar los caballos, las vacas, las ovejas? ¿Solo los monos pueden evolucionar? Y, más aún, ¿puede ser que de todos los monos solo una especie pueda evolucionar y todas las

---

[16] Véase *infra,* p. 265.
[17] Véase *infra,* p. 264.

demás sean incapaces de hacerlo? Dentro de un millón de años, diez millones de años, ¿serán los caballos, las vacas y las ovejas lo mismo que ahora? Yo creo que no dejarán de cambiar. Los caballos, las vacas, las ovejas y los insectos, todos cambiarán[18].

Para Mao esta «perspectiva cósmica» no es solamente un irrelevante *caveat* filosófico; tiene precisas consecuencias éticopolíticas. Cuando Mao desprecia prepotentemente la amenaza de la bomba atómica, no está minimizando el peligro: él es plenamente consciente de que la guerra nuclear puede llevar a la extinción de la humanidad como tal, de manera que, para justificar su desafío, tiene que adoptar la «perspectiva cósmica» desde la que el final de la vida sobre la Tierra «no significaría mucho para el universo en su conjunto»:

> Ese montoncillo de bombas atómicas que poseen los EEUU no es suficiente para acabar con los chinos. Aun en el caso de que los EEUU, contando con bombas atómicas de un poderío mucho mayor que el actual, las arrojaran sobre China hasta horadar el globo terrestre y volarlo, eso, aunque podría ser un acontecimiento de gran magnitud para el sistema solar, no significaría mucho para el universo en su conjunto[19].

Esta «perspectiva cósmica» se halla asimismo en la base de la desdeñosa actitud de Mao hacia los costes humanos de los esfuerzos económicos y políticos. Si se ha de creer la última biografía de Mao[20], él causó la mayor hambruna de la historia al exportar comida a Rusia para comprar industrias nucleares y armamentísti-

---

[18] Véase *infra*, p. 254.

[19] Véase *infra*, p. 152.

[20] J. Chang y J. Halliday, *Mao: The Unknown Story*, Nueva York, Knopf, 2005 [ed. cast.: *Mao, la historia desconocida*, Madrid, Taurus, 2006)]. Sin embargo, no todo en esta obra debería creerse a pies juntillas; véase la crítica de Andrew Nathan en «Jade and Plastic», *London Review of Books*, 17 de noviembre de 2005.

cas: entre 1958 y 1961, el hambre y los trabajos forzados causaron la muerte de 38 millones de personas. Mao sabía exactamente lo que estaba sucediendo y dijo: «Bien pudiera ser que tuviera que morir la mitad de la China». Esta es la actitud instrumental en su formulación más radical: matar como parte de un intento implacable de lograr un objetivo, reducir a las personas a un medio disponible; y lo que no debería perderse de vista es que el holocausto nazi *no* fue lo mismo: el exterminio de los judíos no formaba parte de una estrategia racional, sino de un objetivo autotélico, un exceso «irracional» meticulosamente planeado (recuérdese la deportación de los últimos judíos de las islas griegas en 1944, justo antes de la retirada alemana, o el empleo masivo de trenes para transportar judíos en lugar de material de guerra en 1944). Por eso Heidegger se equivoca cuando reduce el holocausto a la producción industrial de cadáveres: eso lo fue el comunismo estalinista, pero *no* el nazismo[21].

La consecuencia conceptual de esta «mala infinitud» que pertenece al evolucionismo vulgar es el coherente rechazo por parte de Mao de la «negación de la negación» como una ley dialéctica universal. En polémica explícita contra Engels (y, dicho sea de paso, siguiendo a Stalin, que, en su *Sobre el materialismo dialéctico e histórico,* tampoco menciona la «negación de la negación» entre los «cuatro rasgos principales de la dialéctica marxista»):

> Engels hablaba de las tres categorías, pero personalmente no creo en dos de esas categorías. (La unidad de los opuestos es la ley más básica, la transformación de la cualidad en cantidad y viceversa es la unidad de los opuestos cualidad y cantidad, y la negación de la negación no existe en absoluto). [...] La nega-

---

[21] Heidegger también se equivoca en su carta a Marcuse cuando compara el holocausto con la deportación de alemanes de la Europa oriental en 1946-1947; Herbert Marcuse tuvo razón en su respuesta: la diferencia entre el destino de los judíos y el de los alemanes de Europa oriental constituía, en ese momento, la estrecha frontera que separaba la barbarie de la civilización.

ción de la negación no existe. Afirmación, negación, afirmación, negación... en el desarrollo de las cosas, cada eslabón de la cadena de acontecimientos es a la vez afirmación y negación. La sociedad esclavista negaba la sociedad primitiva, pero en relación con la sociedad feudal constituía, a su vez, la afirmación. La sociedad feudal constituía la negación en relación con la sociedad capitalista. La sociedad capitalista era la negación en relación con la sociedad feudal, pero es, a su vez, la afirmación en relación con la sociedad socialista[22].

Según esto, Mao rechaza mordazmente la categoría de la «síntesis dialéctica» de los opuestos y promueve su propia versión de la «dialéctica negativa»: para él, en último término, toda síntesis es lo que Adorno en su crítica de Lukács llamó la «erpresste Versöhnung» (reconciliación impuesta), en el mejor de los casos una pausa momentánea en la lucha en curso, que ocurre no cuando los opuestos son unidos, sino cuando un bando simplemente derrota al otro:

> ¿Qué es la síntesis? Todos habéis sido testigos de cómo los dos opuestos, el Kuomintang y el Partido Comunista, se sintetizaron en el continente. La síntesis se produjo así: sus ejércitos vinieron, y nosotros los devoramos, nos los comimos a mordiscos. [...] Una cosa comiéndose a otra, el pez grande comiéndose al pez pequeño, eso es la síntesis. En los libros nunca se ha explicado así. Tampoco yo lo he explicado nunca de este modo en mis libros. Por su parte, Yang Hsien-chen cree que dos se combinan en uno, y que la síntesis es el vínculo indisoluble entre dos opuestos. ¿Qué vínculos indisolubles hay en este mundo? Las cosas pueden unirse, pero al final tienen que separarse. No hay nada que no se pueda separar[23].

---

[22] Véase *infra,* p. 262.
[23] Véase *infra,* pp. 259-261.

(Nótese el tono de estar compartiendo un secreto no destinado a hacerse público, como si Mao estuviera divulgando su «doctrina secreta», la cruel pero realista lección que socava el dichoso optimismo público...). Esto es lo que se hallaba en el centro del famoso debate, a finales de los años 1950, sobre el Uno y el Dos (¿se une el Dos en Uno, o bien se divide el Uno en Dos?): «En todas las cosas, la unidad de los opuestos es condicional, temporal y transitoria y, por tanto, relativa, mientras que la lucha de los opuestos es absoluta». Esto nos lleva a lo que se está tentado de llamar el mandamiento ético-político de Mao: parafraseando las últimas palabras de *L'innommable* de Beckett, «en el silencio uno no sabe, uno debe seguir cortando, yo no puedo seguir, seguiré cortando»[24]. A este mandamiento debería encontrársele su adecuado linaje filosófico. Hablando en líneas generales, de una constelación antagonista de o bien/o bien caben dos enfoques filosóficos: o bien uno opta por un polo contra el otro (el bien contra el mal, la libertad contra la opresión, la moralidad contra el hedonismo, etc.), o bien uno adopta una actitud «más profunda» haciendo hincapié en la complicidad de los opuestos y abogando por una medida adecuada o por su unidad. Aunque la dialéctica de Hegel parece una versión del segundo enfoque (la «síntesis» de los opuestos), él opta por una inaudita *tercera* versión: la manera de resolver el punto muerto no consiste ni en comprometerse en el combate en favor del bando «bueno» contra el «malo», ni en tratar de unirlos en una «síntesis» equilibrada, sino en optar por el bando *malo* del o bien/o bien inicial. Por supuesto, esta «elección de lo peor» fracasa, pero en su fracaso socava todo el campo de alternativas y, por tanto, nos posibilita la superación de sus términos.

El primero en proponer tal matriz de divisiones fue Gorgias. Su *Sobre la naturaleza, o lo no existente* (el texto únicamente sobrevivió en forma resumida en Sexto Empírico, y en el *Sobre Meliso,*

---

[24] S. Beckett, *Trilogy,* Londres, Calder, 2003, p. 418 [ed. cast.: *El innombrable,* Madrid, Alianza, 1981, p. 182].

Jenófanes y Gorgias de Aristóteles) puede compendiarse en tres proposiciones. (a) Nada existe; (b) Si algo existiese, no podría ser conocido; (c) Si algo existiese y pudiese ser conocido, no podría ser comunicado a los demás. Si alguna vez hubo un caso claro de la lógica freudiana de la tetera prestada (que suministra razones mutuamente excluyentes), es este[25]: (1) Nada existe. (2) Lo que existe no puede ser conocido. (3) Lo que conocemos no podemos comunicarlo a otros... Pero más interesante es el repetido modo «diagonal» de división del género en especies. Las cosas existen o no. Si existen, pueden ser conocidas o no. Si pueden ser conocidas, pueden ser comunicadas a otros o no. Sorprendentemente, encontramos la misma diferenciación progresiva en el final opuesto de la historia de la filosofía occidental, en la sofistería del siglo xx llamada el «materialismo dialéctico» *(Diamat)*. En *Sobre el materialismo dialéctico e histórico* de Stalin, cuando se enumeran los cuatros rasgos de la dialéctica:

> Los principales rasgos del método dialéctico marxista son los siguientes:
>
> Por oposición a la metafísica, la dialéctica no considera a la naturaleza como un conglomerado casual de objetos, de fenómenos, desligados, aislados e independientes unos de otros, sino como un todo articulado e integral [...].
>
> Por oposición a la metafísica, la dialéctica no considera a la naturaleza como algo quieto e inmóvil, estancado e inmutable, sino como algo sujeto a movimiento y cambio continuos, de renovación y desarrollo continuos [...].
>
> Por oposición a la metafísica, la dialéctica no examina el proceso de desarrollo de los fenómenos como un simple proceso de crecimiento, en el que los cambios cuantitativos no se traducen en cambios cualitativos, sino como un desarrollo en que se pasa de cambios cuantitativos insignificantes e imperceptibles a cambios «fundamen-

---

[25] Véase S. Žižek, *Iraq: The Borrowed Kettle,* Londres, Verso, 2005 [ed. cast.: *Irak: la tetera prestada,* Buenos Aires, Losada, 2006].

tales» manifiestos, a cambios cualitativos, un desarrollo en el que los cambios cualitativos se producen, no de modo gradual, sino rápida y abruptamente, en forma de saltos de un estado a otro [...].

Por oposición a la metafísica, la dialéctica considera que las contradicciones son inherentes a todas las cosas y fenómenos de la naturaleza, pues todos ellos tienen su lado positivo y su lado negativo, un pasado y un futuro, algo en trance de desaparición y algo en desarrollo; y que la lucha entre estos [...] constituye el contenido interno del proceso de desarrollo, el contenido interno del proceso de desarrollo[26].

En primer lugar, la naturaleza no es un conglomerado de fenómenos dispersos, sino un todo articulado. En segundo lugar, este Todo no es inmóvil, sino que está en movimiento y cambio constantes. Además, este cambio no es solo un gradual amontonamiento cuantitativo, sino que implica saltos y rupturas cualitativos. Finalmente, este desarrollo cualitativo no es en absoluto un desarrollo armonioso, sino que lo propulsa la lucha de opuestos... La trampa aquí es que nosotros en efecto *no* nos hallamos ante la diéresis platónica, la subdivisión gradual de un género en especies y luego de las especies en subespecies: la premisa subyacente es la de que este proceso «diagonal» de división es en realidad vertical, es decir, que ante lo que nos hallamos son los diferentes aspectos de la *misma* división. Para decirlo en la jerga estalinista: un Todo inmóvil no es en realidad un Todo, sino solo un conglomerado de elementos; un desarrollo que no implica saltos cualitativos no es en realidad un desarrollo, sino solo una estasis; un cambio cualitativo que no implica lucha de los opuestos no es en realidad un cambio, sino solo un monótono movimiento cuantitativo... O, dicho en términos más ominosos: quienes abogan por el cambio cualitativo sin lucha de los opuestos *en realidad* se oponen al cambio y abogan

---

[26] Véase en [http://www.marxists.org.reference/archive/stalin/works/1938/09.htm] [ed. cast.: http://www.eroj.otg/biblio/stalin/diamat/MaterDialectHistor.html].

por la continuación de lo mismo; quienes abogan por el cambio sin saltos cualitativos *en realidad* se oponen al cambio y abogan por la inmovilidad... El aspecto político de esta lógica es claramente discernible: «quienes abogan por la transformación del capitalismo en el socialismo sin lucha de clases *en realidad* rechazan el socialismo y abogan por la continuación del capitalismo», etcétera.

Hay dos famosas ocurrencias de Stalin basadas en esta lógica. Cuando Stalin respondió a la pregunta: «¿Qué desviación es peor, la derechista o la izquierdista?», diciendo: «¡Las dos son peores!», la premisa subyacente es que la izquierdista *en realidad* («objetivamente», como a Stalin le gustaba decirlo) no es izquierdista en absoluto, sino ¡una desviación derechista disimulada! Cuando Stalin escribió, en un informe presentado en un congreso del Partido, que los delegados, con una mayoría de votos, habían aprobado unánimemente la resolución del Comité Central, la premisa subyacente es, una vez más, que de hecho en el Partido no había ninguna minoría: quienes votaron en contra se excluyeron con ello a sí mismos del Partido... En todos estos casos, el *género se solapa (coincide por entero) repetidamente con una de sus especies.* Esto es también lo que permite a Stalin leer la historia retroactivamente, de modo que las cosas «se aclaran» retroactivamente: no es que Trotsky primero luchara por la revolución con Lenin y Stalin y luego, en una determina fase, optara por una estrategia diferente de aquella por la que Stalin abogaba; esta última oposición (Trotsky/Stalin) «aclara» cómo, «objetivamente», Trotsky estuvo todo el tiempo en contra de la revolución.

El mismo procedimiento encontramos en el *impasse* clasificatorio al que los ideólogos y activistas políticos estalinistas se enfrentaron en su lucha por la colectivización en los años 1928-1933. Al intentar explicar su lucha por aplastar la resistencia de los campesinos en términos marxistas «científicos», dividieron a los campesinos en tres categorías (clases): los campesinos pobres (que, sin tierra o con una cantidad mínima de tierra, trabajaban para otros), los aliados naturales de los obreros; los campesinos autónomos medios, que oscilaban entre los explotados y los explotadores; los campesinos ricos, los «kulaks» (que empleaban a otros trabajadores, les prestaban dinero o semillas, etc.), la «clase enemiga» explotadora que, en cuanto tal, había que «liquidar». No obstante, en la práctica esta clasificación fue haciéndose cada vez más difusa e inoperativa: en el estado de pobreza generalizada los criterios claros iban quedando sin aplicación, y las otras dos categorías solían unirse a los kulaks en su resistencia a la colectivización forzosa. Se introdujo por consiguiente una categoría adicional, la de un «subkulak», un campesino que, aunque por su situación económica era demasiado pobre para considerarlo un kulak propiamente dicho, sin embargo compartía la actitud «contrarrevolucionaria» de los kulaks. El «subkulak» fue por tanto

> un término carente de cualquier contenido social real incluso para los parámetros estalinistas, sino meramente enmascarador de una manera bastante poco convincente en cuanto tal. Como oficialmente se estipulaba, «por "kulak" entendemos al exponente de ciertas tendencias políticas con suma frecuencia discernibles en el subkulak, masculino y femenino». En consecuencia, todo campesino era susceptible de deskulakización; y el profuso empleo del concepto de «subkulak» ampliaba la categoría de las víctimas mucho más allá de las mayores estimaciones oficiales de kulaks propiamente dichos[27].

No tiene nada de extraño que los ideólogos y economistas oficiales acabaran por renunciar cualquier esfuerzo por dar una definición «objetiva» de kulak: «Las razones aducidas en un comentario soviético son que "las antiguas actitudes de un kulak han casi desaparecido, y las nuevas no permiten su reconoci-

---

[27] R. Conquest, *The Harvest of Sorrow,* Nueva York, Oxford University Press, 1986, p. 119.

miento"»[28]. El arte de identificación de un kulak ya no era una cuestión de análisis social objetivo; se convirtió en asunto de una compleja «hermenéutica de la sospecha», de identificación de las «verdaderas actitudes políticas» de uno ocultas bajo engañosas proclamas públicas, de modo que *Pravda* tuvo que admitir que «incluso los mejores activistas no pueden en muchas ocasiones identificar al kulak»[29].

A lo que todo esto apunta es a la mediación dialéctica de la dimensión «subjetiva» y «objetiva»: el «subkulak» ya no designa una categoría social «objetiva»; designa el punto en el que el análisis social objetivo fracasa y la actitud política subjetiva se inscribe directamente en el orden «objetivo»; en lacanés, el «subkulak» constituye el punto de subjetivización de la cadena «objetiva»: campesino pobre-campesino medio-kulak. No es una subcategoría (o subdivisión) «objetiva» de la clase de los «kulaks», sino simplemente el nombre de la actitud política subjetiva «kulak»; lo cual explica la paradoja de que, aunque aparece como una subdivisión de la clase de los «kulaks», la clase de los «subkulaks» es una especie que desborda a su propio género (el de los kulaks), pues «subkulaks» pueden también encontrarse entre los campesinos medios e incluso pobres. En resumen, el «subkulak» denomina la división política como tal, el Enemigo cuya presencia atraviesa el *entero* cuerpo social de los campesinos, razón por la cual puede encontrarse en todas partes, en las tres clases campesinas sin excepción. Esto nos devuelve al procedimiento de la diéresis estalinista: el «subkulak» denomina el elemento excesivo que atraviesa todas las clases, la excrecencia que ha de eliminarse.

Y, para volver a Gorgias, su argumentación debería leerse del mismo modo. Tal vez parezca que Gorgias procede en tres divisiones coherentes: en primer lugar, las cosas existen o no; luego, si existen, pueden ser conocidas o no; finalmente, si pueden ser conocidas, este conocimiento lo podemos comunicar a otros o

---

[28] *Ibid.*, p. 120.
[29] *Ibid.*

no. Sin embargo, la verdad de esta subdivisión gradual vuelve a ser la repetición de una y la misma línea de división: si no podemos comunicar algo a los otros, significa que «en realidad» nosotros mismos no lo conocemos; si no podemos conocer algo, significa que «en realidad» no existe en sí mismo. En esta lógica hay una verdad: como ya Parménides, maestro y referencia de Gorgias, dijo, pensar (conocer) es lo mismo que ser, y el pensamiento (conocimiento) mismo está enraizado en el lenguaje (la comunicación). «Los límites de mi lenguaje constituyen el límite de mi mundo».

La lección de Hegel (y de Lacan) aquí es que a esta diéresis habría que darle la vuelta: solo podemos hablar de cosas que *no* existen (esto Jeremy Bentham lo intuye en su teoría de las ficciones); o, más modesta y precisamente, el habla (presu)pone una carencia/agujero en el orden positivo del ser. Así que no solo podemos pensar en cosas no-existentes (razón por la cual la religión es consustancial a la «naturaleza humana», su eterna tentación); también podemos hablar sin pensar: no solo en el sentido vulgar de simplemente farfullar incoherentemente, sino en el sentido freudiano de «decir más de lo que queríamos», de producir un sintomático *lapsus linguae*. De manera que no es que aunque conozcamos algo no podemos comunicárselo a otros: podemos comunicar a otros cosas que no conocemos (o, más precisamente, para parafrasear a Donald Rumsfeld, cosas que no sabemos que sabemos, pues, para Lacan, el inconsciente en cuanto *une bévue* es *un savoir qui ne se sait pas*). Por eso la posición hegeliano-lacaniana no es ni la de Platón ni la de sus oponentes sofistas; contra Platón, habría que afirmar que no solo *podemos* hablar de cosas que no entendemos-pensamos, sino que en último término *solamente* hablamos de ellas, de ficciones. Y, contra los sofistas, habría que afirmar que esto no devalúa en absoluto la verdad, pues, como dice Lacan, la verdad tiene la estructura de una ficción.

Así que ¿en qué se queda corto Mao aquí? En la manera en que *opone* este mandamiento de separar, de dividir, la síntesis dialéctica. Cuando Mao se refiere burlonamente a la «sintetización» como la destrucción del enemigo o su subordinación, su error estriba en esta misma actitud burlona: no ve que esta *es* la verdadera síntesis hegeliana... ¿Qué es, pues, la «negación de la negación» hegeliana? En primer lugar, el viejo orden es negado en su propia forma ideológico-política; luego, esta forma misma ha de ser negada. Quienes vacilan, quienes temen dar el segundo paso en la superación de esta forma misma, son quienes (para repetir a Robespierre) quieren una «revolución sin revolución»; y Lenin despliega toda la fuerza de su «hermenéutica de la sospecha» en el discernimiento de las diferentes formas de esta retirada. La verdadera victoria (la verdadera «negación de la negación») se produce cuando el enemigo habla tu idioma. En este sentido, una verdadera victoria es una victoria en la derrota: ocurre cuando el mensaje específico de uno es aceptado como fundamento universal, incluso por el enemigo. (Por ejemplo, en el caso de la ciencia racional frente a la creencia, la verdadera victoria de la ciencia tiene lugar cuando la Iglesia comienza a defenderse en el idioma de la ciencia). O, en la política contemporánea del Reino Unido, como no pocos comentaristas perspicaces han observado, la revolución thatcheriana fue en sí misma caótica, impulsiva, marcada por contingencias impredecibles, y solamente el gobierno blairita de la «Tercera Vía» fue capaz de *institucionalizarla,* de estabilizarla en nuevas formas institucionales o, para decirlo en hegeliano, de ascender a necesidad (lo que al principio pareció) una contingencia, un accidente histórico. En este sentido, Blair repitió el thatcherismo, elevándolo a concepto, del mismo modo que, para Hegel, Augusto repitió a César, transformando-sublimando un (contingente) nombre personal en concepto, en título. Thatcher no fue thatcheriana, simplemente fue ella misma: solo Blair (más que John Major) hizo verdaderamente del thatcherismo una noción. La ironía dialéctica de la historia es que solo un (nominal) enemigo ideológico-político puede hacerle esto a uno, puede elevarle a uno a concepto: el instigador empírico tiene que ser depuesto (Julio César tuvo que ser asesinado, Thatcher tuvo que ser ignominiosamente depuesta).

Las últimas décadas han dado una lección sorprendente, la lección de la socialdemocracia de la Tercera Vía en la Europa Occidental, pero también la lección de los comunistas chinos presidiendo lo que posiblemente constituye el desarrollo más explosivo del capitalismo en toda la historia: *nosotros podemos hacerlo mejor.* Recuérdese la clásica explicación marxista de la superación del capitalismo: el capitalismo desencadenó la imponente dinámica de la productividad que se autoalimenta; en el capitalismo «todo lo que es sólido se evapora en el aire», el capitalismo es el mayor revolucionario en toda la historia de la humanidad. Por otro lado, esta dinámica capitalista es propulsada por su propio obstáculo o antagonismo interno: el límite último del capitalismo (de la autopropulsada productividad capitalista) es el capital mismo, esto es, los incesantes desarrollo y revolución capitalistas de sus propias condiciones materiales, la demencial danza de su incondicional espiral de productividad, no son en último término más que una desesperada huida hacia delante para escapar a su propia debilitadora contradicción inherente... El error fundamental de Marx aquí fue concluir, a partir de estas intuiciones, que es posible un orden social nuevo, superior (el comunismo), un orden que no solo mantendría sino que elevaría a un grado superior y efectivamente liberaría el potencial de la espiral autopropulsada de la productividad que, en el capitalismo, debido a su inherente obstáculo/contradicción, se ve una y otra vez frustrada por crisis económicas socialmente destructivas. En resumen, lo que a Marx se le pasó por alto es que, para decirlo en términos derrideanos clásicos, este inherente obstáculo/antagonismo en cuanto la «condición de imposibilidad» de todo el despliegue de las fuerzas productivas es simultáneamente su «condición de posibilidad»: si abolimos el obstáculo, la contradicción inherente al capitalismo, no obtenemos el impulso plenamente desencadenado a la productividad finalmente librada de su impedimento, sino que perdemos precisamente la productividad que parecía generada y simultáneamente frustrada por el capitalismo: si quitamos el obstáculo, el mismo potencial frustrado por este obstáculo se disipa... Y es como si esta lógica del «obstáculo en cuanto condición positiva» que subyacía al fracaso de los intentos socialistas de superar el capitalismo estuviera ahora regresando con una venganza sobre el capitalismo mismo: el capitalismo puede prosperar plenamente no en el reino sin gravedad del mercado, sino solo cuando un obstáculo (las mínimas intervenciones del Estado del bienestar, hasta el gobierno político directo del Partido Comunista, como en el caso de la China) restringe su reino sin trabas.

De manera que, irónicamente, esta es la «síntesis» del capitalismo y el comunismo en el sentido de Mao: en un ejemplo único de la justicia poética de la historia, fue el capitalismo el que se «sintetizó» con el comunismo maoísta. La noticia clave procedente de la China en los últimos años es la aparición de movimientos obreros a gran escala que protestan contra las condiciones laborales que constituyen el precio de la rápida conversión de la China en la primera potencia industrial del mundo, y la brutalidad con que las autoridades los han aplastado... una nueva prueba, si es que era menester otra, de que la China constituye hoy día el Estado capitalista ideal: libertad para el capital, con el Estado llevando a cabo el «trabajo sucio» de controlar a los trabajadores. La China es la superpotencia emergente del siglo XXI y, por tanto, parece encarnar una nueva clase de capitalismo: indiferencia hacia las consecuencias ecológicas, represión de los derechos laborales, todo subordinado al implacable impulso al desarrollo y a la conversión en la nueva superpotencia. La gran pregunta es: ¿qué hará la China con respecto a la revolución biogenética? ¿No es una apuesta segura que se lanzarán a las manipulaciones genéticas sin restricciones de plantas, animales y humanos, soslayando todos nuestros prejuicios y limitaciones morales «occidentales»?

Este es el precio final por el error teórico de Mao consistente en el rechazo de la «negación de la negación», en su incapacidad para comprender cómo la «negación de la negación» no es un compromiso entre una posición y su negación demasiado radical, sino por el contrario, la única verdadera negación[30]. Y como Mao es incapaz de formular teóricamente esta negación autorrelacionada de la forma misma, se ve atrapado en la «mala infinitud» de la negación infinita, las escisiones en dos, la subdivisión... En hegeliano, la dialéctica de Mao permanece en el nivel del Entendimiento, de las oposiciones conceptuales fijas; es incapaz de formular la autorrelación propiamente hablando dialéctica de las determinaciones conceptuales. Es este «grave error» (para emplear el término estalinista) lo que llevó a Mao, cuando fue lo bastante valiente para extraer todas las consecuencias de sus posturas, a llegar a una conclusión propiamente hablando sin sentido según la cual, a fin de vigorizar la lucha de clases, uno debería abrir directamente el campo al enemigo:

> Dejémosles participar en el capitalismo. La sociedad es muy compleja. Solo participar en el socialismo y no en el capitalismo, ¿no es eso demasiado simple? ¿No nos faltaría entonces la unidad de los opuestos y sería meramente unilateral? Dejémosles hacerlo. Dejémosles que nos ataquen como locos, que se manifiesten en las calles, que tomen las armas para rebelarse: yo apruebo todas estas cosas. La sociedad es muy compleja: no hay una sola comuna, un solo *hsien,* un solo departamento del Comité Central, que uno no pueda dividir en dos[31].

Una vez más, lo que Mao no consigue hacer aquí es proceder a la «identidad de los opuestos» propiamente hablando hegeliana, y reconocer efectivamente que la Revolución está luchando y tra-

---

[30] No sorprende, pues, que cuando describe el «método democrático de resolver contradicciones en el seno del pueblo», Mao *tenga* que evocar su propia versión de, precisamente, la «negación de la negación», bajo el disfraz de la fórmula «unidad – crítica – unidad»: «partir del deseo de unidad, resolver las contradicciones a través de la crítica o la lucha y alcanzar una nueva unidad sobre una base nueva. Según nuestra experiencia, este es el método correcto para resolver las contradicciones en el seno del pueblo». Véase *infra*, p. 194.

[31] Véase *infra*, pp. 247-248.

tando de aniquilar *su propia esencia*, como en *El hombre que era jueves* de G. K. Chesterton, donde el jefe de la policía secreta que está organizando la búsqueda del líder anarquista y este misterioso líder acaban por parecer una y la misma persona (Dios mismo, dicho sea de paso). ¿Y no desempeñó en último término el mismo Mao un papel similar, un papel de Dios secular que es al mismo tiempo el mayor rebelde contra sí mismo? Lo que esta identidad chestertoniana del buen señor con el rebelde anarquista activa es la lógica del *carnaval* social llevada al extremo de la autorreflexión: los estallidos anarquistas no son una transgresión de la ley y el orden –en nuestras sociedades, el anarquismo ya *está* en el poder con la máscara de la ley y el orden: la justicia es la parodia de la justicia, el espectáculo de la ley y el orden es un carnaval obsceno–, cosa que dejan claros el que posiblemente es el más grande poema político escrito en inglés, «La máscara de la anarquía» de Shelley, que describe el obsceno desfile de las figuras del poder:

> Y muchas más Destrucciones se produjeron
> en esta espantosa mascarada,
> todos disfrazados, hasta los ojos,
> de Obispos, abogados, pares o espías.

> Finalmente llegó la Anarquía: montaba
> un caballo blanco, salpicado de sangre;
> él estaba pálido hasta los labios,
> como la Muerte en el Apocalipsis.

> Y llevaba una corona real;
> y en su garra brillaba un cetro;
> sobre su ceja vi esta marca:
> «¡YO SOY DIOS, Y EL REY Y LA LEY!».

¿Y este cambio hegeliano-chesternoniano de la transgresión criminal de la ley y el orden a la ley y el orden mismos no es como la suprema transgresión criminal directamente promulgada por

Mao mismo? Por eso, aunque poniendo en movimiento y manejando en secreto los hilos del carnaval autodestructivo, Mao, sin embargo, quedó exento de su turbulencia: en ningún momento hubo una seria amenaza de que Stalin (o Mao) mismo fuera ritualmente depuesto, tratado como «ayer un rey, hoy un mendigo»; él no era el amo tradicional, sino el «Señor del desgobierno»:

> En la Edad Media europea era costumbre en las grandes casas elegir un «Señor del desgobierno». La persona escogida debía presidir los festejos en los que brevemente se invertían o parodiaban las jerarquías sociales y económicas convencionales... Al término del breve reinado de desgobierno se restauraba el orden acostumbrado de las cosas: los señores del desgobierno volvían a sus ocupaciones serviles, mientras que sus superiores en la escala social reasumían su estatus habitual [...]. A veces la idea del Señor del desgobierno se trasladaba del ámbito de la fiesta al ámbito de la política [...]. Los aprendices sustituían a sus maestros gremiales durante uno o dos días de excesos [...] los papeles sexuales se invertían durante un día en el que las mujeres asumían las tareas y las actitudes normalmente reservadas a los hombres [...]. A los filósofos chinos también les encantaban las paradojas del estatus invertido como un modo en que el ingenio o la vergüenza podían desinflar las pretensiones y llevar a repentinos cambios de perspectiva [...]. El gran logro de Mao consistió en hacer suyas tales perspectivas de los antiguos filósofos chinos, combinarlas con elementos extraídos del pensamiento socialista occidental y usar unas y otros juntos para prolongar el limitado concepto de desgobierno hasta convertirlo en una larguísima aventura de agitación. Para Mao, nunca debería permitirse el retorno de los antiguos señores y maestros; él sentía que no eran superiores a él y que la sociedad quedó liberada con su supresión. También pensaba que el orden acostumbrado de las cosas nunca debería restaurarse[32].

---

[32] J. Spence, *Mao*, Londres, Weidenfeld & Nicolson 1999, pp. xii-xiv [ed. cast.: *Mao Zedong*, Barcelona, Folio, 2001, pp. 16-18].

¿No es, sin embargo, ese «gran logro» el gesto elemental de
todo verdadero revolucionario? ¿Por qué, pues, la revolución si no
pensamos que «el orden acostumbrado de las cosas nunca debería
restaurarse»? Lo que Mao hace es privar a la transgresión de su
carácter ritualizado, lúdico, tomándoselo en serio: la revolución
no es simplemente una válvula temporal de seguridad, una explosión carnavalesca destinada a ser seguida por una aleccionadora
mañana posterior. Su problema era precisamente la falta de la
«negación de la negación», el fracaso de los intentos de transponer
la negatividad revolucionaria a un orden positivo verdaderamente
nuevo: toda estabilización temporal de la revolución equivalía a
otras tantas restauraciones del viejo orden, así que la única manera de mantener viva la revolución era la «infinitud espuria» de la
negación repetida hasta el infinito que alcanzó su cima en la gran
Revolución Cultural[33]. En sus *Logiques des mondes,* Badiou elaboró dos actitudes subjetivas de enfrentarse a un acontecimiento: el
«sujeto reactivo» y el «sujeto oscuro»[34]. Si está dispuesto a asumir
el riesgo de llamar a la reintroducción del capitalismo en la China
una especie de acontecimiento, uno puede afirmar que la Revolución Cultural y el Revisionismo identificado con el nombre «Deng
Xiaoping» representan, respectivamente, al sujeto oscuro y al reactivo. Deng orquestó la reintegración del capitalismo en la nueva
China comunista, mientras que la Revolución Cultural aspiraba
a su aniquilación total y constituyó en cuanto tal lo que Badiou
llama *un désastre obscur.* El mismo Badiou concede que el resultado final de la Revolución Cultural fue negativo:

> todo comenzó cuando, entre 1966 y 1968, saturando *en lo Real* las
> hipótesis previas, los alumnos de la Escuela Superior de Guardias

---

[33] Por limitaciones de espacio, hemos decidido acabar esta selección de textos
justo antes de la Revolución Cultural. Quizá siga un segundo volumen de
selecciones de este periodo posterior.
[34] A. Badiou, *Logiques des mondes*, París, Éditions du Seuil, 2006, pp. 62-70.
Traducción del autor.

Rojos, y luego los obreros de Shanghái, prescribieron para las décadas por venir la *realización afirmativa* de este comienzo, del cual ellos mismos, puesto que su furia seguía atrapada en aquello contra lo que se estaban levantando, solo exploraron la superficie de la negación pura[35].

Aquí uno debería dar un paso más allá: ¿y si la Revolución Cultural hubiera sido «negativa» no solo en el sentido de despejar el panorama y abrir el camino para un nuevo comienzo, sino *negativa en sí misma*, negativa en cuanto un indicio de su *incapacidad* para generar lo Nuevo? En este preciso sentido, *hay* efectivamente un paralelismo entre la Revolución Cultural y las purgas estalinistas, cuando Stalin hizo el arriesgado movimiento de apelar directamente a las bases mismas, solicitando de ellas que articularan sus quejas contra el gobierno arbitrario de los jefes locales del Partido (un movimiento similar a la Revolución Cultural): la furia de estos contra el régimen, incapaz de expresarse directamente, explotó tanto más brutalmente contra las personalizadas dianas sucedáneas. Como incluso en las purgas mismas la nomenklatura superior conservó al mismo tiempo su poder ejecutivo, esto puso en movimiento un brutal ciclo autodestructivo propiamente hablando carnavalesco en el que virtualmente todo el mundo se encontraba bajo amenaza. Otro aspecto del brutal ciclo espiral fue la fluctuación misma de las directrices emanadas desde arriba en relación con la rigurosidad de las purgas: los de arriba demandaban medidas severas al mismo tiempo que advertían contra los excesos, de modo que los ejecutores quedaban en la insostenible posición de que hicieran lo que hicieran estaba mal. Si no arrestaban a bastantes traidores y descubrían bastantes conspiraciones, se los consideraba demasiado indulgentes y como que apoyaban la contrarrevolución; así, bajo esta presión, a fin de cumplir por así decir la cuota, tenían que fabricar pruebas e inventarse complots... con lo cual se exponían ellos mismos a la

---

[35] *Ibid.*, pp. 543-544.

crítica de ser saboteadores y arruinar a miles de comunistas honrados en beneficio de las potencias extranjeras... La estrategia de
Stalin de dirigirse abiertamente a las masas del Partido y alimen-
tar las actitudes antiburocráticas de estas fue, por consiguiente,
muy peligrosa:

> Esto no solo amenazaba con exponer la política de la elite al
> escrutinio público, sino que también corría el riesgo de desacre-
> ditar a todo el régimen bolchevique, del cual Stalin mismo for-
> maba parte... Finalmente, en 1937, Stalin violó todas las reglas
> de juego –de hecho, destruyó el juego completamente– y de-
> sencadenó un terror de todos contra todos[36].

Uno puede discernir con mucha precisión la dimensión de
superego de estos acontecimientos: esta misma violencia infligi-
da por el Poder comunista a sus propios miembros atestigua la
radical autocontradicción del régimen, esto es, el hecho de que,
en los orígenes del régimen, hubo un «auténtico» proyecto revolucionario: las purgas incesantes eran necesarias no solo para
borrar las huellas de los propios orígenes del régimen, sino también como una especie de «retorno de los reprimidos», un recor-
datorio de la radical negatividad instalada en el corazón del régimen. Las purgas estalinistas de las capas más altas del Partido
estribaban en esta tradición fundamental: los acusados eran
efectivamente culpables en la medida en que, en cuanto miembros de la nueva nomenklatura, traicionaban la revolución. El
terror estalinista no constituye simplemente una traición a la
revolución, esto es, un intento de borrar las huellas del auténtico pasado revolucionario; más bien atestigua una especie de
«demonio de la perversidad» que compele al nuevo orden pos-
revolucionario a (re)inscribir su traición a la revolución en esta
misma, a «reflejarlo» o a «resaltarlo» bajo el disfraz de arrestos y

---

[36] *Ibid.*

asesinatos arbitrarios que amenazaban a todos los miembros de la nomenklatura: como en el psicoanálisis, la confesión estalinista de culpa oculta la verdadera culpa. (Como es bien sabido, Stalin reclutaba prudentemente para la NKVD a personas de origen social inferior, capaces por ello de demostrar su odio a la nomenklatura arrestando y torturando a los altos apparatchiks). Esta tensión inherente entre la estabilidad del gobierno de la nueva nomenklatura y el perverso «retorno de los reprimidos» bajo el disfraz de las repetidas purgas en las filas de la nomenklatura ocupa el centro mismo del fenómeno estalinista: las purgas son la auténtica forma en que la traicionada herencia revolucionaria sobrevive y acecha al régimen...

Esto nos devuelve a la debilidad central en el pensamiento y la política de Mao. Muchos comentaristas han hecho observaciones irónicas sobre la evidente torpeza estilística de los títulos de los libros y artículos comunistas soviéticos, como es su carácter tautológico o el uso repetido de la misma palabra (como «dinámica revolucionaria en las primeras fases de la revolución rusa», o «contradicciones económicas en el desarrollo de la economía soviética»). Sin embargo, ¿y si esta tautología no hiciera sino traslucir la conciencia de la lógica de la traición óptimamente traducida por el clásico reproche de Robespierre al oportunismo dantonista: «Lo que tú quieres es una revolución sin revolución»? La repetición tautológica señala, por consiguiente, las ganas de repetir la negación, de relacionarla consigo misma: la verdadera revolución es la «revolución con revolución», una revolución que, en su curso, revolucione sus propios presupuestos de partida. Hegel presintió esta necesidad cuando escribió: «Constituye una estupidez moderna alterar un sistema ético corrupto, su constitución y legislación, sin cambiar la religión, tener una revolución sin reforma»[37]. Con ello anun-

---

[37] G. W. F. Hegel, *Enzyklopädie der philosophischen Wissenschaften*, Hamburgo, Franz Meiner Verlag, 1959, p. 436 [ed. cast.: *Enciclopedia de las ciencias filosóficas*, Madrid, Alianza, 2000, p. 576].

ciaba la necesidad de la Revolución Cultural como la condición de la revolución social exitosa. Lo que esto significa es que el problema de los intentos revolucionarios hasta ahora no ha sido que fueran «demasiado extremos», sino que no eran *lo bastante radicales,* que no cuestionaban sus propias premisas. En un magnífico ensayo sobre *Chevengur,* la gran utopía campesina escrita por Platonov en 1927 y 1928 (justo antes de la colectivización forzosa), Fredric Jameson describe los dos momentos del proceso revolucionario. Comienza con el gesto de la negatividad radical:

> el primer momento de reducción del mundo, de destrucción de los ídolos y de hundimiento de un viejo mundo en la violencia y el dolor es él mismo la precondición para la reconstrucción de algo diferente. Es necesario un primer momento de inmanencia, la pizarra en blanco de la absoluta inmanencia o ignorancia campesinas, antes de que puedan surgir sensaciones y sentimientos nuevos y nunca soñados[38].

Viene luego la segunda fase, la invención de una nueva vida: no solo la construcción de la nueva realidad social en la que se realizarían nuestros sueños utópicos, sino la (re)construcción de estos mismos sueños:

> un proceso que sería demasiado simple y equívoco llamar reconstrucción o construcción utópica, pues en efecto implica el mismo esfuerzo por encontrar una manera de comenzar a imaginar la utopía por la que habría que comenzar. Quizá en un tipo de lenguaje psicoanalítico más occidental [...] podríamos pensar en una nueva puesta en marcha del proceso utópico como una especie de desear, de aprender a desear, la invención del deseo llamado utopía en primer lugar, junto con nuevas re-

---

[38] F. Jameson, *The Seeds of Time*, Nueva York, Columbia University Press, 1994, p. 89 [ed. cast.: *Las semillas del tiempo,* Barcelona, Trotta, 2000, p. 85].

glas para fantasear o soñar tal cosa: un conjunto de protocolos narrativos sin ningún precedente en nuestras instituciones literarias previas[39].

La referencia al psicoanálisis es aquí crucial y muy precisa: en una revolución radical las personas no solo «realizan sus viejos sueños (emancipatorios, etc.)»; más bien tienen que reinventar sus mismos modos de soñar. ¿No es esta la fórmula exacta del vínculo entre el impulso a la muerte y la sublimación? Ahí reside la necesidad de la Revolución Cultural claramente comprendida por Mao: como Herbert Marcuse dijo en otra estupenda fórmula circular de la misma época, la *libertad* (de las coerciones ideológicas, del modo predominante de soñar) *es la condición de la liberación,* esto es, si solo cambiamos la realidad a fin de realizar nuestros sueños, y no cambiamos estos mismos sueños, más tarde o más temprano regresamos a la vieja realidad. Lo que aquí funciona es una hegeliana «postulación de premisas»: el duro trabajo de liberación forma retroactivamente sus propias premisas.

Es *solamente* esta referencia a lo que sucede *tras* la revolución, a la «mañana después», lo que nos permite distinguir entre los patéticos estallidos libertarios y los verdaderos levantamientos revolucionarios: aquellos pierden su energía en cuanto uno tiene que afrontar el prosaico trabajo de reconstrucción social: en este punto aparece la letargia. Por contra, recuérdese la inmensa creatividad de los jacobinos justo antes de su caída, las numerosas propuestas sobre la nueva religión cívica, sobre cómo preservar la dignidad de los ancianos, etc. Ahí reside también el interés de leer los informes sobre la vida diaria en la Unión Soviética a comienzos de la década de 1920, con el entusiasta impulso de inventar nuevas reglas para la existencia cotidiana. ¿Qué clase de matrimonio tenía que haber en la nueva sociedad? ¿Cuáles son las nuevas reglas de cortejo? ¿Có-

---

[39] *Ibid.*, p. 90 [ed. cast.: *ibid.*, p. 86].

mo debían celebrarse los cumpleaños? ¿Qué clase de entierros?...[40].

En esto la Revolución Cultural fracasó penosamente. Es difícil pasar por alto la ironía del hecho de que Badiou, que se opone categóricamente al concepto de acto en cuanto negativo, sitúa la significación histórica de la Revolución Cultural maoísta precisamente en el gesto negativo de señalar «el final del Partido-Estado como el producto más importante de la actividad política revolucionaria». Es aquí donde debería haber sido coherente y negado el estatus de acontecimiento de la Revolución Cultural: lejos de ser un acontecimiento, fue más bien una muestra suprema de aquello a lo que Badiou gusta de referirse como el «mórbido impulso a la muerte». La destrucción de los viejos monumentos no era una verdadera negación del pasado, sino más bien un impotente *passage à l'acte* que atestiguaba el fracaso del empeño en deshacerse del pasado.

Así, en cierto modo hay una especie de justicia poética en el hecho de que el resultado final de la Revolución Cultural de Mao sea la explosión sin precedentes del dinamismo capitalista que actualmente se está produciendo en China. Lo cual equivale a decir que, con el pleno desarrollo del capitalismo, especialmente del «capitalismo tardío» de hoy, es la vida «normal» misma la que, en cierto sentido, se «carnavaliza», con su constante autorrevolución, con sus reversiones, crisis, reinvenciones. Brian Massumi formuló claramente este punto muerto, basado en el hecho de que el capitalismo contemporáneo ya ha superado la lógica de la normalidad totalizadora y ha adoptado la lógica del exceso errático:

---

[40] ¿La retirada del Che Guevara de todas las funciones oficiales, incluso su renuncia a la ciudadanía cubana, en 1965, a fin de dedicarse a la revolución mundial –este gesto suicida de cortar los lazos con el universo institucional– fue realmente un *acto*? ¿O fue una huida de la imposible tarea de la construcción positiva del socialismo, del mantenimiento de la fidelidad a las *consecuencias* de la revolución, es decir, una admisión implícita del fracaso?

cuanto más variado, e incluso errático, mejor. La normalidad empieza a perder apoyos. Las regularidades comienzan a relajarse. La relajación de la normalidad forma parte de la dinámica del capitalismo. No es una simple liberación. Es la forma de poder propia del capitalismo. Ya no es el poder institucional disciplinario el que lo define todo, es el poder del capitalismo de producir variedad... porque los mercados se saturan. Produce variedad y producirás un mercado especializado. Las más raras de las tendencias afectivas son aceptables... siempre y cuando compensen. El capitalismo comienza intensificando o diversificando el afecto, pero solo a fin de extraer plusvalía. Secuestra el afecto a fin de intensificar el potencial de beneficio. Literalmente valoriza el afecto. La lógica capitalista de la producción de plusvalía comienza por apoderarse del campo relacional que también constituye el dominio de la ecología política, el campo ético de la resistencia a la identidad y las sendas predecibles. Es muy perturbador y confuso, pues a mi parecer entre la dinámica del poder capitalista y la dinámica de la resistencia ha habido cierto nivel de convergencia[41].

Hay, pues, más allá de todas las burlas baratas y analogías superficiales, una profunda homología estructural entre la permanente autorrevolución maoísta, la permanente lucha contra la osificación de las estructuras estatales, y la dinámica inherente del capitalismo. Uno está tentado a parafrasear aquí a Brecht −«¿Qué es el robo de un banco comparado con la fundación de un banco?»− una vez más: ¿Qué son los violentos y destructivos estallidos de un guardia rojo atrapado en la Revolución Cultural comparados con la verdadera Revolución Cultural, la disolución permanente de todas las formas de vida que la reproducción capitalista necesita? El verdadero Señor del desgobierno es el reino del actual capitalismo global. Esta reapropiación capitalista del dinamismo revolucionario no carece de cómicos efectos

---

[41] B. Massumi, «Navigating Movements», M. Zournazi (ed.), en *Hope*, Nueva York, Routledge, 2002, p. 224.

colaterales. Recientemente se hizo público que, a fin de concep-
tualizar la guerra urbana de la Fuerza de Defensa Israelí contra
los palestinos, las academias militares de la FDI se refieren siste-
máticamente a Deleuze y Guattari, especialmente a *Mil mesetas,*
utilizándolas como «teoría operacional»: las consignas empleadas
son «Entidades rivales informes», «Maniobra fractal», «Veloci-
dad frente a ritmo», «La máquina de matar wahhabis», «Anarquistas postmodernos», «Terroristas nómadas». Una de las dis-
tinciones clave en las que se basan es aquella entre espacio «liso»
y «estriado», que reflejan los conceptos organizativos de la «máquina de guerra» y el «aparato estatal». La FDI ahora emplea
con frecuencia el término «alisar el espacio» cuando quiere referirse a la operación en un espacio como si no tuviera fronteras.
Las zonas palestinas se piensan como «estriadas» en el sentido de
que están cercadas por vallas, muros, zanjas, controles de carre-
teras, etcétera:

> El ataque llevado a cabo por unidades de la FDI sobre la
> ciudad de Nablus en abril de 2002 fue descrito por su coman-
> dante, el general de brigada Aviv Kkhavi, como «geometría in-
> versa», lo cual explicó como «la reorganización de la sintaxis ur-
> bana mediante una serie de acciones microtácticas». Durante la
> batalla los soldados se movieron en el interior de la ciudad pa-
> sando por cientos de metros de túneles de superficie excavados a
> través de una estructura urbana densa y contigua. Aunque varios
> miles de soldados y guerrilleros palestinos estaban maniobrando
> simultáneamente en la ciudad, estaban tan «saturados» en el te-
> jido urbano que pocos de ellos habrían sido visibles desde el aire.
> Es más, no utilizaban ninguna de las calles, carreteras, callejones
> o patios de la ciudad, ni ninguna de las puertas externas, escale-
> ras internas y ventanas, sino que se movían horizontalmente a
> través de los muros y verticalmente a través de agujeros abiertos
> en los techos y suelos. La forma de movimiento, descrita por los
> militares como «infestación», trata de definir el interior como
> exterior, y los interiores domésticos como vías de paso. La estra-

tegia de la FDI de «atravesar los muros» implica una concepción de la ciudad no solo como el lugar, sino como el verdadero medio del combate: «un medio flexible, casi líquido, siempre contingente y en flujo»[42].

¿Qué se sigue, pues, de todo esto? No, por supuesto, la absurda acusación de que Deleuze y Guattari eran teóricos de la colonización militarista, sino la conclusión de que la máquina conceptual articulada por Deleuze y Guattari, lejos de ser simplemente «subversiva», también se adapta al modo operativo (militar, económico e ideológico-político) del capitalismo contemporáneo. ¿Cómo, por consiguiente, hemos de revolucionar un orden cuyo mismo principio es la constante autorrevolución? Esta es tal vez *la* cuestión hoy día, y esta es la manera en que uno debería *repetir* a Mao, reinventando su mensaje a los miles de millones de oprimidos, un simple y conmovedor mensaje de coraje: «La grandeza no es nada que haya que temer. Los grandes serán derribados por los pequeños. Los pequeños se harán grandes». El mismo mensaje de coraje sostiene también la infame/famosa postura de Mao en relación con la guerra mundial atómica:

Estamos resueltamente por la paz y contra la guerra. Pero, si los imperialistas insisten en desencadenar una guerra, no debemos sentir temor. Nuestra actitud ante este asunto es la misma que ante cualquier otro «desorden»: en primer lugar, estamos en contra; en segundo, no lo tememos. Tras la Primera Guerra Mundial apareció la Unión Soviética, con 200 millones de habitantes; tras la Segunda Guerra Mundial surgió el campo socialista, que abarca a 900 millones de seres. Puede afirmarse que si, a pesar de todo, los imperialistas desencadenan una tercera guerra mundial, otros centenares de millones pasarán inevita-

---

[42] E. Weizman, «Israeli Military Using Post-Structuralism as "Operational Theory"», disponible en [www.frieze.com].

blemente al lado del socialismo, y a los imperialistas no les quedará ya mucho espacio en el mundo[43].

Es demasiado fácil desdeñar estas líneas como la vacía toma de postura de un líder dispuesto a sacrificar a millones de personas a sus metas políticas (la extensión *ad absurdum* de la implacable decisión de Mao de matar de hambre a millones de personas a finales de la década de 1950). La otra cara de esta actitud desdeñosa es el mensaje básico: «No debemos tener miedo». ¿No es esta la única actitud correcta con respecto a la guerra: «En primer lugar, estamos en contra; en segundo, no la tememos»? Definitivamente, en esta actitud hay algo que resulta aterrador; sin embargo, este terror no es nada menos que la condición de la libertad.

---

[43] Véase *infra*, p. 230.

Otra bibliografía seleccionada

Ediciones

Mao's Road to Power: Revolutionary Writings, 1912-1949, S. R. Schram (ed.), Armonk, NY, M. E. Sharper:
Volumen I: The Pre-marxist Period, 1912-1920 (1992);
Volumen II: National Revolution and Social Revolution, December 1920-June 1927 (1995);
Volumen III: From the Jinggangshan to the Establishment of the Jiangxi Soviets, July 1927-December 1930 (1995);
Volumen IV: The Rise and Fall of the Chinese Soviet Republic, 1931-1934 (1997);
Volumen V: Toward the Second United Front, January 1935-July 1937 (1999);
Volumen VI: The New Stage (August 1937-1938) (2004);
Volumen VII: New Democracy (1939-1941) (2005).
KNIGHT, N. (ed.), *Mao Zedong on Dialectical Materialism: Writings on Philosophy, 1937*, Armonk, NY, M. F. Sharpe, 1990.

Comentarios

DIRLIK, A.; HEALY, P. M. y KNIGHT, N. (eds.), *Critical Perspectives on Mao Zedong's Thought*, Atlantic Highlands, NJ, Humanity Books, 1977.

KNIGHT, N., *Marxist Philosophy in China: From Qu Qiubai to Mao Zedong, 1923-1945*, Nueva York, Springer, 2005.

MEISNER, M. y SCHOTT, G., *Mao Zedong: A Political and Intellectual Portrait*, Cambridge, Polity Press, 2006.

SCHRAM, S., *The Thought of Mao Tse-Tung*, Cambridge, Cambridge University Press, 1989.

SPENCE, J., *Mao Zedong*, Londres, Penguin, 2006 [ed. cast.: *Mao Zedong*, Barcelona, Folio, 2001].

Nota sobre la traducción

Para los capítulos 1, 3, 4 y 5 se ha utilizado el texto recogido en *Obras escogidas de Mao Tse-Tung,* tomo I, Ediciones en Lenguas Extranjeras, Pekín, 1971; para los capítulos 6, 7 y 10, *ibidem,* tomo V; para el capítulo 11, *Textos escogidos de Mao Tse-Tung,* Ediciones en Lenguas Extranjeras, Pekín, 1977; para los capítulos 2 y 12, *Slavoj Žižek presents Mao Tse-Tung. On Practice and Contradiction,* Londres, Verso, 2007, según la traducción de A. Brotons Muñoz; y, finalmente, para los capítulos 8 y 9, la misma edición inglesa según la traducción elaborada por el equipo editorial.

SOBRE LA PRÁCTICA
Y LA CONTRADICCIÓN

1

Una sola chispa puede incendiar la pradera

5 de enero de 1930

Carta escrita por el camarada Mao Tse-Tung para criticar ciertas ideas pesimistas que existían en aquel tiempo dentro del Partido.

Parte de los camaradas de nuestro Partido aún no saben cómo apreciar correctamente la situación actual, ni cuáles son las acciones que esta situación exige de nosotros. Aunque están convencidos de que es inevitable un auge revolucionario, no creen que pueda surgir pronto. Por consiguiente, no aprueban el plan para conquistar Chiangsí y solo están de acuerdo con las acciones guerrilleras errantes en las tres zonas en los límites entre Fuchién, Kuangtung y Chiangsí. Además, no están profundamente convencidos de la necesidad de establecer el Poder rojo en las zonas guerrilleras, ni, en consecuencia, de la necesidad de consolidar y extender este Poder rojo a fin de promover el auge de la revolución en todo el país. Al parecer, consideran inútil dedicarse al duro trabajo de establecer el Poder en momentos en que el auge revolucionario está lejano todavía; pretenden ampliar nuestra influencia política recurriendo a un método más fácil: las acciones guerrilleras errantes y, una vez cumplida enteramente o hasta cierto punto la labor de ganarse a las masas en todo el país, iniciar un levantamiento armado en toda China, levantamiento que, con la participación del Ejército Rojo, desembocaría en una gran revolución de amplitud nacional. Esta teoría sobre la necesidad de ganarse primero a las masas a escala nacional y en todas partes, y establecer después el Poder, no corresponde a las condiciones reales de la Revolución china. Su origen es principalmente la falta de una comprensión clara del hecho de que China es una semicolonia que se disputan muchos países imperialistas. Si se llega a entender esto con claridad, se comprenderá, en primer lugar, por qué es China el único país en el mundo que experimenta un fenómeno tan insólito como es el de las prolongadas e intrincadas guerras en el seno de las clases dominantes, por qué estas guerras se agudizan y se extienden día a día, y por qué no ha habido jamás un régimen unificado en el país. En segundo lugar, se comprenderá lo grave que es el problema campesino y, en consecuencia, por qué las insurrecciones en el campo se han desarrollado con tal amplitud que abarcan hoy todo el país. En tercer lugar, se comprenderá la justeza de la consigna: «Por un Poder democrático obrero-campesino». En cuarto lugar, se comprenderá otro fenómeno insólito –igualmente desconocido fuera de China y surgido en relación con el fenómeno inusitado de las prolongadas e intrincadas guerras en el seno de las clases dominantes de China–, el de la existencia y desarrollo del Ejército Rojo y los destacamentos guerrilleros y, junto con ellos, la existencia y desarrollo de pequeñas zonas rojas rodeadas por el régimen blanco. En quinto lugar, se comprenderá también que en la China semicolonial, la creación y desarrollo del Ejército Rojo, los destacamentos guerrilleros y las zonas rojas, es la forma más alta de la lucha campesina dirigida por el proletariado, el resultado inevitable del desarrollo de la lucha campesina en una semicolonia y, sin duda alguna, el factor más importante para promover el auge revolucionario en todo el país. Y en sexto lugar, se comprenderá asimismo que con la política de simples acciones guerrilleras errantes no se puede cumplir la tarea de promover el auge revolucionario a escala nacional, en tanto que es indudablemente correcta la política adoptada por Chu Te y Mao Tse-Tung, y también por Fang Chi-min[1], que consiste en crear bases de apoyo, establecer el Poder de manera sistemática, realizar en profundidad la revolución agraria, engrosar las fuerzas armadas populares siguiendo el proceso de formar primero destacamentos cantonales de guardias rojos, luego territoriales, después distritales, posteriormente fuerzas locales del Ejército Rojo y, por último, un Ejército Rojo regular, y extender el Poder a modo de oleadas, etc. Solo así se puede infundir fe a las masas revolucionarias de todo el país, tal como lo hace la Unión Soviética respecto al mundo entero. Solo así se puede ocasionar inmensas dificultades a las clases dominantes reaccionarias, sacudir sus cimientos y precipitar su desintegración interna. Y solo así se puede crear efectivamente un Ejército Rojo, que servirá de instrumento principal para la gran revolución venidera. En una palabra, solo así se puede promover el auge de la revolución.

Los camaradas que padecen del mal de la precipitación revolucionaria sobrestiman las fuerzas subjetivas de la revolución[2] y subestiman las fuerzas de la contrarrevolución. Semejante apreciación nace principalmente del subjetivismo, e indudablemente terminará conduciendo al camino del putchismo. Por otra parte, la subestimación de las fuerzas subjetivas de la revolución y la sobreestimación de las fuerzas de la contrarrevolución cons-

---

[1] El camarada Fang Chi-min, natural del distrito de Yiyang, provincia de Chiangsí, miembro del Comité Central elegido en el VI Congreso Nacional del Partido Comunista de China, fue fundador de la zona roja en el Noreste de Chiangsí y creador del Décimo Cuerpo de Ejército del Ejército Rojo. En 1934 partió hacia el Norte de China al mando de los destacamentos de vanguardia del Ejército Rojo para la resistencia contra los invasores japoneses. En enero de 1935 fue hecho prisionero en un combate con las tropas contrarrevolucionarias del Kuomintang. En julio del mismo año murió heroicamente en Nanchang, Chiangsí.

[2] Con la expresión «Fuerzas subjetivas de la revolución», el camarada Mao Tse-Tung se refiere aquí a las fuerzas organizadas de la revolución.

tituyen también una apreciación inadecuada, que producirá inevitablemente resultados negativos, aunque de otro orden. Por consiguiente, al juzgar la situación política de China, es necesario comprender los siguientes puntos esenciales:

1. A pesar de que las fuerzas subjetivas de la Revolución china son débiles en la actualidad, lo es también toda la organización (el Poder, las fuerzas armadas, los partidos, etc.) de las clases dominantes reaccionarias, organización que se basa en la atrasada y frágil estructura social y económica de China. Así se explica por qué la revolución no puede estallar inmediatamente en los países de Europa occidental, donde, aunque actualmente las fuerzas subjetivas de la revolución son quizás algo más poderosas que en China, las clases dominantes reaccionarias tienen un poderío muchas veces superior al que poseen las clases dominantes reaccionarias de nuestro país. Y aunque en China las fuerzas subjetivas de la revolución son ahora débiles, sin duda la revolución avanza hacia su auge más rápidamente que en Europa occidental, porque aquí las fuerzas de la contrarrevolución son relativamente débiles también.

2. Después de la derrota de la revolución en 1927, las fuerzas subjetivas de la revolución han quedado, en efecto, considerablemente debilitadas. Es muy poco lo que resta de ellas, y resulta natural que aquellos camaradas que juzgan las cosas solo por las apariencias tengan ideas pesimistas. Pero si se examina la esencia de las cosas, se ve un cuadro completamente distinto. Aquí viene al caso un antiguo proverbio chino: «Una sola chispa puede incendiar la pradera». En otras palabras, nuestras fuerzas, aunque muy pequeñas ahora, se desarrollarán con gran rapidez. En las condiciones de China, su desarrollo no solo es posible, sino prácticamente inevitable. Esto lo demostraron completamente el Movimiento del 30 de Mayo y la Gran Revolución que le siguió. Al tratar un asunto, debemos examinar su esencia y considerar su apariencia solo como guía que nos conduce a la entrada, y, una vez que cruzamos el umbral, debemos captar la esencia. Este es el único método de análisis seguro y científico.

3. En forma similar, al evaluar a las fuerzas de la contrarrevolución, de ninguna manera debemos ver solo su apariencia, sino examinar su esencia. En el periodo inicial del establecimiento de nuestro régimen independiente en los límites entre Junán y Chiangsí, algunos camaradas creyeron de buena fe en la incorrecta apreciación que hizo entonces el Comité Provincial del Partido en Junán, y consideraron que nuestro enemigo de clase no valía un centavo. «Sumamente tambaleante» y «totalmente presa de pánico», dos expresiones que todavía nos causan risa, fueron las que utilizó en aquel tiempo (de mayo a junio de 1928) el Comité Provincial de Junán para valorar a Lu Ti-ping[3], gobernante de dicha provincia. Tales apreciaciones condujeron inevitablemente al putchismo en el terreno político. Pero durante los cuatro meses que van de noviembre de 1928 a febrero de 1929 (antes del estallido de la guerra entre Chiang Kai-shek y los caudillos militares de Kuangsí[4]), cuando enfrentábamos a la tercera «campaña conjunta de aniquilamiento»[5] del enemigo contra las montañas Chingkang, algunos camaradas plantearon la siguiente cuestión: «¿Cuánto tiempo podremos mantener flameando la bandera roja?». En realidad, la lucha entre Inglaterra, los Estados Unidos y el Japón en China se había vuelto entonces muy desembozada y habían madurado las condiciones para una guerra intrincada entre Chiang Kai-shek, los caudillos militares de Kuangsí y Feng Yu-siang. Este era, en esencia, el momento en que la marea contrarrevolucionaria comenzaba a bajar y la marea revolucionaria, a crecer de nuevo. Sin embargo, durante ese periodo existían ideas pesimistas no solo en el Ejército Rojo

---

[3] Caudillo militar del Kuomintang, fue en 1928 gobernador de la provincia de Junán.

[4] Se trata de la guerra librada en marzo y abril de 1929 entre los caudillos militares kuomintanistas: la camarilla de Chiang Kai-shek en Nankín y la camarilla de Li Tsung yen y Pai Chung-si en Kuangsí.

[5] Se refiere a la tercera ofensiva de los caudillos militares kuomintanistas de Junán y Chiangsí contra la base de apoyo del Ejército Rojo en las montañas Chingkang, desde fines de 1928 hasta comienzos de 1929.

y en las organizaciones locales del Partido, sino que incluso el Comité Central se dejó engañar por las apariencias y adoptó un tono pesimista. La carta de febrero del Comité Central[6] es una prueba del análisis pesimista que se hacía entonces en el Partido.

4. La actual situación objetiva todavía puede desorientar fácilmente a los camaradas que solo ven las apariencias y no penetran en la esencia. Especialmente los que trabajan en el Ejército Rojo, cuando sufren una derrota, cuando están rodeados o acosados por poderosas fuerzas enemigas, a menudo, sin quererlo, generalizan y exageran su situación momentánea, particular y local, como si globalmente fuera poco brillante la situación de todo el país y del mundo entero, y vagas y remotas las perspectivas de victoria de la revolución. En su observación de las cosas, estos camaradas se aferran a las apariencias y pasan por alto la esencia, porque no han efectuado un análisis científico de la esencia de la situación general. A la pregunta de si surgirá pronto en China un auge revolucionario, se puede dar una respuesta precisa solo después de haber examinado en detalle si realmente están en desarrollo las diversas contradicciones que conducen a este auge. Dado que, en el plano internacional, se desarrollan las contradicciones entre los países imperialistas, entre estos países y sus colonias y entre los imperialistas y el proletariado de sus propios países, los imperialistas sienten con mayor apremio la necesidad de disputarse China. A medida que se intensifica la disputa entre los imperialistas por adueñarse de China, se desarrollan simultáneamente en el territorio chino tanto la contradicción entre el imperialismo y toda la nación china como las contradicciones de los imperialistas entre sí, por lo cual se producen guerras intrincadas cada vez más extensas y violentas entre las distintas camarillas de gobernantes reaccionarios de China, y se desarrollan diariamente las contradicciones entre estas. Las contradicciones entre las distintas camarillas de

---

[6] Se refiere a la carta del Comité Central del Partido Comunista de China dirigida al Comité del Frente, fechada el 9 de febrero de 1929. Su contenido se expone en líneas generales en la carta del Comité del Frente al Comité Central.

gobernantes reaccionarios –las guerras intrincadas entre los caudillos militares– van acompañadas del aumento de los impuestos, lo
que conduce a la agudización diaria de la contradicción entre las
grandes masas de contribuyentes y los gobernantes reaccionarios.
La contradicción entre el imperialismo y la industria nacional china va acompañada del hecho de que esta última no puede obtener
concesiones del primero, lo cual agudiza la contradicción entre la
burguesía y la clase obrera de China: los capitalistas chinos tratan
de encontrar una salida a través de la desenfrenada explotación de
los obreros, y estos les oponen resistencia. La agresión comercial
de los países imperialistas, la explotación por parte del capital mercantil chino, el aumento de los impuestos por el gobierno, etc.,
traen consigo una profundización aún mayor de la contradicción
entre la clase terrateniente y el campesinado, es decir, se agrava la
explotación por medio del arriendo de la tierra y la usura, y crece
el odio de los campesinos hacia los terratenientes. A causa de la
presión de las mercancías extranjeras, del agotamiento de la capacidad adquisitiva de las grandes masas de obreros y campesinos y
del aumento de los impuestos por el gobierno, los comerciantes en
productos nacionales y los productores independientes se ven em-
pujados cada vez más a la quiebra. Como el gobierno reaccionario
incrementa ilimitadamente sus tropas, pese a la escasez de provi-
siones y fondos para mantenerlas y como, a consecuencia de ello,
las guerras se hacen cada día más frecuentes, las masas de soldados
sufren constantes privaciones. Debido al aumento de los impuestos estatales, a la creciente carga de los arriendos e intereses exigi-
dos por los terratenientes y a la diaria ampliación de los desastres
de la guerra, el hambre y el bandolerismo se han extendido por
todo el país y las grandes masas campesinas y los pobres de la ciudad se encuentran en una situación en la que apenas pueden sub-
sistir. A causa de la carencia de fondos para el sostenimiento de
escuelas, muchos alumnos temen no poder continuar sus estudios;
debido al carácter atrasado de la producción, muchos estudiantes
graduados no tienen esperanzas de encontrar empleo. Comprendiendo todas estas contradicciones, sabremos en qué desesperada

situación y en qué caótico estado se encuentra China, y veremos que inevitablemente y muy pronto surgirá el auge de la revolución dirigida contra los imperialistas, los caudillos militares y los terratenientes. Toda China está llena de leña seca, que arderá pronto en una gran llamarada. El proverbio «Una sola chispa puede incendiar la pradera» es una descripción apropiada de cómo se desarrollará la situación actual. Basta echar una mirada a las huelgas obreras, las insurrecciones campesinas, los motines de soldados y las huelgas estudiantiles, que están desarrollándose en muchos lugares, para darse cuenta de que esa «sola chispa», sin duda alguna, no tardará en «incendiar la pradera».

La idea general de lo expuesto anteriormente estaba contenida ya en la carta del Comité del Frente al Comité Central, fechada el 5 de abril de 1929, en la que se decía:

> En su carta [del 9 de febrero de 1929] el Comité Central ha hecho una apreciación demasiado pesimista de la situación objetiva y de nuestras fuerzas subjetivas. La tercera campaña de «aniquilamiento» lanzada por el Kuomintang contra las montañas Chingkang marcó el punto culminante de la marea contrarrevolucionaria. Pero allí se detuvo y desde entonces se han iniciado el gradual descenso de esta marea y el progresivo ascenso de la marea revolucionaria. La capacidad combativa y organizativa del Partido, a pesar de haberse debilitado tanto como lo señala el Comité Central, se recobrará con gran rapidez y pronto desaparecerá la pasividad entre sus cuadros, con el descenso gradual de la marea contrarrevolucionaria. Las masas nos seguirán sin duda alguna. La política de matanza[7] solo sirve para «empujar los peces hacia las aguas profundas»[8], y el reformismo, a su vez, ha

---

[7] Se refiere a los medios sangrientos a los que recurría la contrarrevolución frente a las fuerzas revolucionarias del pueblo.

[8] Cita de Mencio, quien compara al tirano que con sus brutalidades empuja al pueblo a buscar un soberano benévolo, con la nutria que «empuja los peces hacia las aguas profundas».

dejado de atraer a las masas. Sin duda, las ilusiones de las masas con respecto al Kuomintang se desvanecerán muy pronto. En la situación que va a surgir, ningún otro partido podrá competir con el Partido Comunista en la conquista de las masas. La línea política y la línea de organización trazadas por el VI Congreso Nacional del Partido[9] son correctas: la revolución en la etapa actual es democrática, y no socialista; la tarea actual del Partido [aquí debería haberse agregado: «en las grandes ciudades»][10] consiste en ganarse a las masas y no en organizar insurrecciones inmediatas. Pero, la revolución se desarrollará con gran rapidez, y debemos adoptar una actitud positiva en la propaganda y la preparación para las insurrecciones armadas. En la caótica situación actual, podremos dirigir a las masas solo a base de consignas y actitud positivas. Igualmente, solo adoptando tal actitud, el Partido podrá recuperar su capacidad de combate. [...] La dirección del proletariado constituye la única clave para la victoria de la revolución. Asentar al Partido sobre una base proletaria y establecer células en las empresas industriales de los centros urbanos, son en este momento importantes tareas en el terreno organizativo; pero al mismo tiempo, el desarrollo de la lucha en el campo, el establecimiento del Poder rojo en pequeñas zonas, la creación y engrosamiento del Ejército Rojo son, antes que nada, los principales requisitos para ayudar a la lucha en las ciudades y promover el auge revolucionario. Por consiguiente, es erróneo renunciar a la lucha en las ciudades; pero, en nuestra opinión,

---

[9] Se refiere al VI Congreso Nacional del Partido Comunista de China, celebrado en julio de 1928. El Congreso indicó que, después de la derrota de 1927, la Revolución china continuaba siendo, por su carácter, una revolución democrático-burguesa antiimperialista y antifeudal, y que era inevitable un nuevo auge revolucionario; pero, como este nuevo auge revolucionario no había surgido todavía, la línea general para la revolución en aquel tiempo consistía en ganarse a las masas. El VI Congreso barrió con el capitulacionismo de derecha de Chen Tu-siu, aparecido en 1927, y también sometió a crítica el putchismo «izquierdista» que se manifestó en el Partido a fines de 1927 y comienzos de 1928.

[10] El texto entre corchetes es añadido del autor de la carta *[N. del E.]*.

también se equivocará todo miembro del Partido que tema el desarrollo de la fuerza campesina, creyendo que la revolución será perjudicada si esa fuerza supera a la obrera. Pues en la China semicolonial, la revolución fracasa inevitablemente cuando la lucha campesina no cuenta con la dirección de los obreros, pero jamás se perjudica porque la fuerza de los campesinos se torne, en el curso de la lucha, mayor que la de los obreros.

En cuanto al problema de la táctica de acción del Ejército Rojo, la carta dio la siguiente respuesta:

A fin de preservar el Ejército Rojo y movilizar a las masas, el Comité Central nos propone dividir las fuerzas en unidades muy pequeñas, dispersarlas por el campo y alejar de las filas a Chu Te y Mao Tse-Tung, ocultando así los grandes blancos al enemigo. Esta es una idea apartada de la realidad. Ya en el invierno de 1927, planeamos dividir nuestras fuerzas en compañías o batallones para que actuaran independientemente, dispersarlas por el campo, movilizar a las masas por medio de las tácticas guerrilleras y evitar convertirnos en blanco del enemigo; esto lo pusimos en práctica en numerosas ocasiones, pero siempre fracasamos. Las causas son: 1) A diferencia de los destacamentos locales de guardias rojos, la mayoría de los soldados de las fuerzas regulares del Ejército Rojo no son nativos de la localidad. 2) La división de las fuerzas en pequeñas unidades da como resultado una dirección débil e incapacidad para enfrentar circunstancias adversas, lo cual conduce fácilmente a la derrota. 3) Es fácil que las pequeñas unidades dispersas sean derrotadas por separado. 4) Cuanto más adversas son las circunstancias, tanto mayor es la necesidad de que las fuerzas se concentren y que los dirigentes luchen con firmeza, porque solo así se puede conseguir la unidad interna y hacer frente al enemigo. Solo en circunstancias favorables es aconsejable dividir las fuerzas para operaciones guerrilleras, y solo entonces los dirigentes no tienen tanta necesidad, como en circunstancias adversas, de permanecer con sus tropas todo el tiempo.

Las consideraciones arriba expuestas tienen un defecto: los argumentos que se invocan contra la división de las fuerzas son todos de carácter negativo, y esto está muy lejos de ser suficiente. He aquí la razón positiva en favor de la concentración de las fuerzas: solo la concentración nos permitirá aniquilar unidades enemigas relativamente grandes y ocupar poblados. Solo después de haber aniquilado unidades enemigas relativamente grandes y ocupado poblados, podremos movilizar a las masas en gran escala y establecer el Poder en zonas que abarquen varios distritos colindantes. Solo así podremos llamar la atención de las poblaciones próximas y lejanas (esto es lo que se llama extender la influencia política) y contribuir efectivamente a la promoción del auge revolucionario. Por ejemplo, tanto el Poder que creamos el año antepasado en los límites entre Junán y Chiangsí, como el Poder creado en el Oeste de Fuchién el año pasado[11], fueron el resultado de nuestra política de concentración de las fuerzas. Este es un principio general. Pero, ¿se dan o no casos en que es necesario dividir las fuerzas? Sí, se dan. En la carta del Comité del Frente al Comité Central se habla de las tácticas guerrilleras del Ejército Rojo, incluida la división de las fuerzas dentro de un radio reducido:

> Las tácticas que hemos extraído de la lucha durante los últimos tres años son realmente distintas de todas las otras tácticas, antiguas o modernas, chinas o extranjeras. Gracias a nuestras tácticas, la movilización de las masas para la lucha se realiza en una escala siempre creciente, y ningún enemigo, por poderoso que sea, podrá habérselas con nosotros. Las nuestras son tácticas guerrilleras, que consisten principalmente en los siguientes puntos:
>
> «Dividir las fuerzas para movilizar a las masas y concentrarlas para hacer frente al enemigo».

---

[11] En 1929, el Ejército Rojo emprendió una expedición hacia el Este, desde las montañas Chingkang hasta la provincia de Fuchién, donde creó una nueva base de apoyo revolucionaria, y estableció el Poder revolucionario popular en los distritos de Lungyen, Yungting y Shangjang, en el Oeste de dicha provincia.

«Cuando el enemigo avanza, retrocedemos; cuando acampa, lo hostigamos; cuando se fatiga, lo atacamos; cuando se retira, lo perseguimos».

«Para ampliar las bases de apoyo estables[12], adoptamos la táctica de avanzar en oleadas. Cuando nos persigue un enemigo poderoso, adoptamos la táctica de dar rodeos».

«Movilizar a la mayor cantidad de masas en el menor tiempo posible y con los mejores métodos a nuestro alcance».

Estas tácticas son como manejar una red; debemos ser capaces de tenderla o recogerla en cualquier momento. La tendemos para ganarnos a las masas, y la recogemos para hacer frente al enemigo. Tales son las tácticas de que nos hemos servido durante los últimos tres años.

Aquí «tender la red» significa dividir nuestras fuerzas dentro de un radio reducido. Así, por ejemplo, cuando tomamos por primera vez la capital del distrito de Yungsin, en los límites entre Junán y Chiangsí, dividimos los 29.º y 31.º Regimientos dentro de los límites de dicho distrito. Otro ejemplo, cuando tomamos por tercera vez Yungsin, dividimos nuestras fuerzas despachando el 28.º Regimiento a la frontera de Anfu, el 29.º a Lienjua y el 31.º a la frontera de Chían. Un ejemplo más, en abril y mayo del año pasado, nuestras fuerzas se dividieron en los distritos del Sur de Chiangsí y, en julio, en los distritos del Oeste de Fuchién. En cuanto a la división de las fuerzas en un amplio radio, solo es posible bajo dos condiciones: que las circunstancias sean más o menos favorables y que el organismo dirigente sea relativamente fuerte. Pues la división de nuestras fuerzas tiene por objetivo asegurarnos mayores posibilidades para ganarnos a las masas, realizar en profundidad la revolución agraria, establecer el Poder y ampliar las filas del Ejército Rojo y las fuerzas armadas locales. Es preferible no dividir las fuerzas si resulta imposible alcanzar tales

---

[12] Se refiere a las bases de apoyo revolucionarias relativamente sólidas, establecidas por el Ejército Rojo de Obreros y Campesinos.

objetivos, o si, lo que es peor, existe la posibilidad de que la división conduzca a la derrota y al debilitamiento del Ejército Rojo, como sucedió en agosto del año antepasado, cuando dividimos nuestras fuerzas en la Región Fronteriza de Junán-Chiangsí para atacar Chenchou. Pero, si existen las dos condiciones arriba mencionadas, es indudable que debemos dividir las fuerzas, porque en este caso la división es más ventajosa que la concentración.

La carta de febrero del Comité Central no fue correcta en su espíritu, y ha ejercido una mala influencia sobre una parte de los camaradas del Partido en el 4.º Cuerpo de Ejército. En esa época, el Comité Central emitió, además, una circular en la que afirmaba que no estallaría necesariamente la guerra entre Chiang Kai-shek y los caudillos militares de Kuangsí. Pero desde entonces, las apreciaciones y directivas del Comité Central han sido correctas en lo fundamental. Ya ha emitido otra circular para corregir la que contenía aquella evaluación inadecuada. Aunque no ha rectificado dicha carta dirigida al Ejército Rojo, en sus directivas ulteriores ya no se observa el mismo tono pesimista y su punto de vista sobre las acciones del Ejército Rojo coincide ahora con el nuestro. Todavía subsiste, sin embargo, la mala influencia que ha ejercido la carta del Comité Central sobre una parte de los camaradas. Por lo tanto, estimo que aún sigue siendo necesario aclarar esta cuestión.

El plan para conquistar la provincia de Chiangsí en el término de un año fue propuesto también en abril del año pasado por el Comité del Frente al Comité Central, y luego se adoptó en Yutu una decisión a este respecto. Las razones aducidas entonces y que se exponían en la carta al Comité Central eran las siguientes:

> Las tropas de Chiang Kai-shek y las de los caudillos militares de Kuangsí se están aproximando unas a otras en la zona de Chiuchiang, y una gran batalla está a punto de estallar. A consecuencia de la reanudación de la lucha de las masas, unida al crecimiento de las contradicciones entre los gobernantes reaccionarios, probablemente surgirá pronto un auge revolucionario.

Al planear nuestro trabajo en estas circunstancias, consideramos que, en las provincias del Sur, las fuerzas armadas de la burguesía compradora y de los terratenientes de Kuangtung y Junán son demasiado grandes, y además, en Junán, debido a los errores putchistas cometidos por la organización del Partido, hemos perdido casi por completo nuestra base de masas, tanto dentro como fuera del Partido. Pero la situación es diferente en las provincias de Fuchién, Chiangsí y Chechiang. En primer lugar, las fuerzas armadas del enemigo en estas tres provincias son las más débiles. En Chechiang solo hay una reducida guarnición provincial a las órdenes de Chiang Po-cheng[13]. En Fuchién, aunque hay catorce regimientos bajo cinco comandos, la brigada de Kuo Feng-ming ya ha sido puesta fuera de combate; las tropas de Chen Kuo-jui y Lu Sing-pang[14] están integradas por bandidos y tienen poca capacidad de combate, y las dos brigadas de infantería de marina acampadas a lo largo de la costa no han entrado nunca en acción e indudablemente tampoco tienen gran capacidad de combate. Solo las tropas de Chang Chen[15] son, en cierta medida, capaces de combatir, pero, según el análisis hecho por el Comité Provincial del Partido en Fuchién, únicamente dos regimientos de esas tropas tienen una capacidad de combate relativamente elevada. Además, en Fuchién reina ahora un estado de completo caos y desunión. En Chiangsí hay dos agrupaciones, la de Chu Pei-te[16] y la de Siung Shi-jui[17], que constan en total de dieciséis regimientos; allí las fuerzas armadas son superiores a las de Fuchién o Chechiang, pero muy inferiores a las de Junán. En

---

[13] Entonces comandante de las Fuerzas de Preservación del Orden del Kuomintang en la provincia de Chechiang.

[14] Conocidos bandidos de la provincia de Fuchién, cuyas fuerzas fueron incorporadas al ejército del Kuomintang.

[15] Jefe de una división de las tropas del Kuomintang.

[16] Caudillo militar del Kuomintang, entonces gobernador de la provincia de Chiangsí.

[17] Entonces jefe de una división de las tropas del Kuomintang acantonadas en la provincia de Chiangsí.

segundo lugar, se han cometido menos errores putchistas en esas tres provincias. No conocemos muy bien el caso de Chechiang, pero sí sabemos que las organizaciones del Partido y su base de masas en Chiangsí y Fuchién son más fuertes que en Junán. Por lo que atañe a Chiangsí, en su parte norte, todavía tenemos cierta base en Tean, Siushui y Tungku; en su parte oeste, el Partido y los destacamentos de guardias rojos aún conservan su fuerza en Ningkang, Yungsin, Lienjua y Suichuan; en el Sur, nuestras perspectivas son aún más brillantes, ya que la fuerza de los 2.º y 4.º Regimientos del Ejército Rojo está creciendo día a día en los distritos de Chían, Yungfeng y Singkuo; las tropas del Ejército Rojo al mando de Fang Chi-min no han sido liquidadas en modo alguno. De esta manera se ha creado una situación de cerco a Nanchang. Por la presente proponemos al Comité Central: durante el largo periodo de guerras entre los caudillos militares del Kuomintang, disputar a Chiang Kai-shek y a los caudillos militares de Kuangsí la provincia de Chiangsí, así como el Oeste de Fuchién y el Oeste de Chechiang; aumentar los efectivos del Ejército Rojo en estas tres provincias y crear allí un régimen independiente popular, dándonos como plazo un año para el cumplimiento de este plan.

Lo que hubo de erróneo en la proposición para la conquista de Chiangsí fue que se fijó como límite el plazo de un año. En cuanto a la posibilidad de la conquista de Chiangsí, la proposición se basaba no solo en las condiciones de la provincia misma, sino también en las perspectivas de la pronta aparición de un auge revolucionario en todo el país. Porque si no hubiéramos estado convencidos de que surgiría pronto un auge revolucionario, no habríamos podido, de ningún modo, llegar a la conclusión de que se podría conquistar Chiangsí en el término de un año. El defecto de esa proposición fue que fijó indebidamente el plazo de un año, e imprimió así cierto matiz de impaciencia a la palabra «pronto» en la afirmación de que «surgirá pronto un auge revolucionario». Por lo demás, merecen particular atención las condiciones subjetivas y objetivas existentes en Chiangsí. Aparte de las condiciones subjetivas, ya expuestas en la carta al Comité Central, se pueden señalar ahora con claridad tres condiciones objetivas. En primer lugar, la economía de Chiangsí es principalmente feudal, la fuerza de la burguesía comercial es relativamente débil, y las fuerzas armadas de los terratenientes son más débiles que en ninguna otra provincia del Sur. En segundo lugar, Chiangsí no tiene sus propias tropas provinciales y siempre ha estado guarnecida por tropas de otras provincias. Traídas para el «exterminio de los comunistas» o «exterminio de los bandidos», estas tropas no están familiarizadas con las condiciones existentes en la localidad; y además, como su interés en estas operaciones es mucho menor que el que podrían tener tropas de la propia provincia, suelen mostrar poco entusiasmo. Y en tercer lugar, a diferencia de Kuangtung, que está cerca de Hong Kong y se halla bajo el control de Inglaterra en casi todos los aspectos, Chiangsí se encuentra relativamente lejos de la influencia del imperialismo. Una vez comprendidos estos tres puntos, podremos explicarnos por qué en Chiangsí las insurrecciones en el campo están más extendidas y las unidades del Ejército Rojo y las guerrillas son más numerosas que en ninguna otra provincia.

¿Cómo interpretar la palabra «pronto» en la afirmación de que «surgirá pronto un auge revolucionario»? Muchos camaradas se hacen la misma pregunta. Los marxistas no son adivinos. Deben y pueden señalar solo el rumbo general del desarrollo futuro y los cambios venideros; no deben ni pueden fijar en forma mecánica el día y la hora. Sin embargo, cuando digo que surgirá pronto un auge revolucionario en China, de ningún modo me refiero a algo que, según dicen algunos, «tiene la posibilidad de surgir», algo ilusorio, inalcanzable y absolutamente desprovisto de significado práctico. El auge revolucionario es como un barco en el mar, del cual se divisa ya desde la costa la punta del mástil; es como el sol naciente, cuyos rayos luminosos se ven a lo lejos en el Oriente desde la cumbre de una alta montaña; es como una criatura que va a nacer y se agita impaciente en el vientre de la madre.

Oponeos a la veneración de los libros

Mayo de 1930

I. Sin investigación no hay derecho a hablar

Si no habéis investigado un problema, os veréis privados de vuestro derecho a hablar sobre él. ¿No es eso demasiado duro? En absoluto. Si no habéis ahondado en un problema, en los hechos presentes y en su historia pasada, y no sabéis nada de lo que en él resulta esencial, todo lo que digáis sobre él carecerá indudablemente de sentido. Decir cosas sin sentido no resuelve los problemas, como todo el mundo sabe, así que ¿qué tiene de injusto privaros del derecho a hablar? Son bastantes los camaradas que siempre tienen los ojos cerrados y dicen cosas sin sentido, y para un comunista eso es vergonzoso. ¿Cómo puede un comunista tener los ojos cerrados y decir cosas sin sentido?

¡No funcionará!
¡No funcionará!
¡Debéis investigar!
¡No debéis decir cosas sin sentido!

II. Investigar un problema es resolverlo

¿Que no podéis resolver un problema? ¡Pues poneos a investigarlo, tanto la situación actual como su historia pasada! Una vez hayáis investigado el problema por entero, sabréis cómo resolverlo. Las conclusiones siguen invariablemente a la investigación, no la preceden. Únicamente un imbécil se devana los sesos solo o en grupo para «encontrar una solución» o «desarrollar una idea» sin primero hacer una investigación. Debe hacerse hincapié en que sin esto es imposible llegar a una solución eficaz o a una buena idea. En otras palabras, inevitablemente llegará a una solución errónea o a una idea equivocada.

No son pocos los camaradas que se dedican al trabajo de inspección, así como los líderes guerrilleros y altos funcionarios recién nombrados para el cargo, que gustan de hacer pronunciamientos políticos en el mismo momento en que llegan a un lugar y que se pavonean por ahí criticando esto y condenando aquello cuando solo han visto la superficie de las cosas o detalles menores. Esas declaraciones sin sentido y puramente subjetivas son de hecho detestables. Esas personas liarán inevitablemente las cosas, perderán la confianza de las masas y demostrarán su incapacidad absoluta para resolver un problema.

Ante problemas difíciles, son bastantes las personas en puestos de liderazgo que simplemente exhalan un suspiro sin ser capaces de resolverlos. Pierden la paciencia y piden que se les traslade aduciendo que «no tienen la capacidad y no pueden desempeñar el cargo». Estas son palabras de cobardes. Lo que tenéis que hacer es mover las piernas, pasaros por todas las secciones a vuestro cargo y «preguntar por todo»[1], como hizo Confucio. De ese modo podréis resolver los problemas por más limitada que sea vuestra capacidad. Pues, por más vacía que podáis tener la cabeza antes de salir al exterior, cuando regreséis no estará vacía sino que conten-

---

[1] Véase *Analectas de Confucio*, libro III, «Pa Yi»: «Cuando Confucio entró en el Templo de los Ancestros, preguntó por todo».

drá todo el material necesario para la solución de los problemas. Y así es como se resuelven los problemas. ¿Tenéis que salir fuera? No necesariamente. Podéis convocar una reunión de personas más familiarizadas con la situación a fin de recabar información que lleve a la raíz lo que llamáis un problema difícil y a saber cómo está ahora, y entonces vuestro difícil problema se resolverá fácilmente.

La investigación se puede comparar a los largos meses de embarazo, y la solución del problema al día del parto. Investigar un problema es, en realidad, resolverlo.

III. Oponeos a la veneración de los libros

Si se dice en un libro, es cierto: esa sigue siendo la mentalidad de los campesinos chinos culturalmente atrasados. De manera bastante extraña, en el Partido Comunista hay también personas que en el curso de un debate siempre dicen: «Muéstrame el libro en que eso está escrito». Cuando decimos que una directriz de un órgano rector superior es correcta, eso no es solo porque proviene de «un órgano rector superior», sino porque sus contenidos son conformes a las circunstancias objetivas y subjetivas de la lucha y se ajustan a las necesidades de esta. Es una gran equivocación adoptar una actitud formalista y aplicar ciegamente las directrices sin debatirlas y examinarlas a la luz de las condiciones reales simplemente porque proceden de un órgano superior. Ese es el error que comete ese formalismo que explica por qué la línea y la táctica del Partido no echan raíces más profundas entre las masas. Aplicar ciegamente una directriz de un órgano superior, y aparentemente sin ninguna disconformidad, no es en realidad aplicarla, sino la forma más astuta de oponerse a ella y sabotearla.

Del mismo modo, el método de estudiar sociología exclusivamente con libros es sumamente peligroso y puede incluso llevarlo a uno al camino de la contrarrevolución. Una demostración clara de esto la constituyen los muchos comunistas chicos que, por haberse limitado a los libros en sus estudios de sociología, se han convertido en contrarrevolucionarios. Cuando decimos que el marxismo es correcto, desde luego no es porque Marx fuera un «profeta», sino porque su teoría ha demostrado ser correcta en nuestra práctica y en nuestra lucha. En nuestra lucha tenemos necesidad del marxismo. Al aceptar su teoría, jamás entra en nuestras mentes ninguna formalización de conceptos místicos como «profecía». Muchos lectores de libros marxistas han renegado de la revolución, mientras que son frecuentes los campesinos analfabetos que comprenden muy bien el marxismo. Por supuesto que debemos estudiar los libros marxistas, pero este estudio debe integrarse en las condiciones reales de nuestro país. Necesitamos libros, pero debemos superar la veneración de los libros, que está divorciada de la situación real.

¿Cómo puede superarse la veneración de los libros? La única manera de hacerlo consiste en investigar la situación real.

IV. Si no se investiga la situación actual, necesariamente se producirá una evaluación idealista de las fuerzas de las clases y una guía idealista en el trabajo, de lo cual resultará bien el oportunismo, bien el golpismo

¿Ponéis en duda esta conclusión? Los hechos os obligarán a aceptarla. Simplemente intentad evaluar la situación política o guiar la lucha sin hacer una investigación, y veréis si es cierto o no que esa evaluación o guía carece de fundamento y es idealista, y si lleva o no a errores oportunistas o golpistas. Por supuesto que sí. Esto no se debe a que no se tracen planes minuciosos antes de pasar a la acción, sino a que no se estudia minuciosamente la situación social específica antes de hacer los planes, como a menudo sucede en las unidades guerrilleras de nuestro Ejército Rojo. Los oficiales del tipo Li Kuei[2] no hacen distingos cuando castigan las in-

---

[2] Li Kuei fue un héroe en la famosa novela china *Shui Hu Chuan* (Los héroes de los pantanos), que describe la guerra campesina ocurrida hacia finales de la

fracciones de sus hombres. Como consecuencia, los infractores se sienten injustamente tratados, los conflictos menudean y los líderes pierden todo su prestigio. ¿No sucede esto con frecuencia en el Ejército Rojo?

Debemos erradicar el idealismo y guardarnos de todos los errores oportunistas y golpistas antes de que podamos conseguir ganar para nuestra causa a las masas y derrotar al enemigo. La única manera de erradicar el idealismo es hacer el esfuerzo de investigar la situación real.

V. El objetivo de la investigación social y económica es llegar a una evaluación correcta de las fuerzas de las clases y luego a formular tácticas correctas para la lucha

Esta es nuestra respuesta a la pregunta: ¿por qué tenemos que investigar las condiciones sociales y económicas? En consecuencia, el objeto de nuestra investigación son todas las clases sociales y no fenómenos sociales fragmentarios. Últimamente los camaradas del Cuarto Ejército del Ejército Rojo vienen prestando, por lo general, cierta atención al trabajo de investigación[3], pero el método que muchos de ellos emplean es erróneo.

---

dinastía del norte Sung (960-1127). Era simple, franco y muy leal a la causa revolucionaria de los campesinos, pero tosco y carente de tacto.

[3] El camarada Mao Tse-Tung siempre ha hecho mucho hincapié en la investigación y considerado la investigación social como la tarea más importante de los líderes y la base para definir su política. En el Cuarto Ejército del Ejército Rojo, el trabajo de investigación se desarrolló gradualmente por iniciativa del camarada Mao Tse-Tung. Este estipuló que la investigación social debía ser una parte regular del trabajo, y el Departamento Político del Ejército Rojo preparó formularios detallados que incluían apartados como el estado de la lucha de masas, la situación de los reaccionarios, la vida económica del pueblo y la cantidad de tierras que cada clase poseía en las zonas rurales. Dondequiera que fuera, el Ejército Rojo primero se familiarizaba con la situación de las clases en el lugar y luego formulaba consignas adecuadas a las necesidades de las masas.

Los resultados de sus investigaciones son, por lo tanto, tan triviales como las explicaciones de un tendero, o se parecen a las muchas historias raras que un paleto de pueblo oye cuando llega a la ciudad, o son como una visión distante de una populosa ciudad desde la cima de una montaña. Esta clase de investigación es de poca utilidad y no puede alcanzar nuestro propósito principal. Nuestro propósito principal es el conocimiento de la situación política y económica de las diversas clases sociales. El resultado de nuestra investigación debería ser una imagen de la situación actual de cada clase y los altibajos de su desarrollo. Por ejemplo, cuando investigamos la composición del campesinado, no solo debemos conocer el número de campesinos-propietarios, campesinos-semipropietarios y campesinos-terratenientes, que se diferencian según las relaciones de terratenentía, sino que más específicamente debemos conocer el número de campesinos ricos, campesinos medios y campesinos pobres, que se diferencian según la clase o el estrato. Cuando investigamos la composición de los comerciantes, no solo debemos conocer el número que hay en cada comercio, como el de cereales, el de ropa, el de hierbas medicinales, etc., sino que más específicamente debemos conocer el número de pequeños comerciantes, comerciantes medianos y grandes comerciantes. Deberíamos investigar no solo el estado de cada comercio, sino más específicamente las relaciones de clase en su seno. Deberíamos investigar las relaciones no solo entre los diferentes comerciantes, sino más específicamente entre las diferentes clases. Nuestro principal método de investigación debe ser diseccionar las diferentes clases sociales, con el propósito último de comprender sus interrelaciones, llegar a una evaluación correcta de las fuerzas de clase y luego formular la táctica correcta para la lucha, definir qué clases constituyen la fuerza principal en la lucha revolucionaria, qué clases han de ganarse como aliadas y qué clases han de ser eliminadas. Este es nuestro único propósito.

¿Cuáles son las clases sociales que requieren investigación? Son las siguientes:

el proletariado industrial;
los trabajadores manuales;
los jornaleros agrícolas;
los campesinos pobres;
los pobres urbanos;
el *lumpenproletariat;*
los maestros artesanos;
los pequeños comerciantes;
los comerciantes mediados;
los campesinos ricos;
los terratenientes;
la burguesía comercial;
la burguesía industrial.

En nuestra investigación deberíamos prestar atención al estado de todas estas clases o estratos. Solo el proletariado industrial y la burguesía industrial están ausentes en las zonas en las que ahora estamos trabajando, y con todas las demás nos encontramos constantemente. Nuestra táctica de combate es una táctica en relación con todas estas clases y estratos.

Otro grave defecto de nuestras investigaciones pasadas ha sido la excesiva atención que se ha prestado al campo en detrimento de las ciudades, de manera que muchos camaradas han sido siempre vagos con respecto a nuestra táctica hacia los pobres urbanos y la burguesía comercial. El desarrollo de la lucha nos ha permitido abandonar las montañas para instalarnos en las llanuras[4]. Hemos descendido físicamente, pero mentalmente seguimos en las montañas. Debemos entender las ciudades lo

---

[4] Aquí «las montañas» son la región montañosa de Chingkang a lo largo de las fronteras de las provincias de Kiangsi y Hunan; las «llanuras» son las del sur de Kiangsi y el oeste de Fukien. En enero de 1929, el camarada Mao Tse-Tung se puso al frente del grueso del Cuarto Ejército del Ejército Roko en su descenso de las montañas de Chingkang al sur de Kiangsi y el oeste de Fukien a fin de establecer dos amplias zonas revolucionarias base.

mismo que el campo, o seremos incapaces de satisfacer las necesidades de la lucha revolucionaria.

VI. La victoria en la lucha revolucionaria china dependerá de la comprensión de las condiciones chinas por parte de los camaradas chinos

El objetivo de nuestra lucha es alcanzar el socialismo a través de la etapa de la democracia. En esta tarea, el primer paso es completar la revolución democrática ganándonos a la mayoría de la clase obrera y levantando a las masas campesinas y a los pobres urbanos para el derrocamiento de la clase terrateniente, el imperialismo y el régimen del Kuomintang. El siguiente paso es llevar a cabo la revolución socialista, la cual será consecuencia del desarrollo de esta lucha. El cumplimiento de esta gran tarea revolucionaria no es un trabajo sencillo o fácil y dependerá por entero de que el partido proletario adopte una táctica correcta y firme. Si su táctica de combate es equivocada, o irresoluta y titubeante, la revolución sufrirá sin duda una derrota temporal. Debe tenerse en cuenta que los partidos burgueses debaten constantemente su táctica de combate. Están estudiando cómo extender las influencias reformistas entre la clase obrera a fin de confundirla y apartarla del liderazgo del Partido Comunista, cómo conseguir que los campesinos ricos aplasten los levantamientos de los campesinos pobres, y cómo organizar bandas de matones que repriman las luchas revolucionarias. En una situación en la que la lucha de clases se hace cada vez más aguda y próxima al cuerpo a cuerpo, para su victoria el proletariado tiene que depender por entero de que nuestro propio partido, el Partido Comunista, adopte una táctica de combate correcta y firme. La táctica de combate correcta y firme del Partido Comunista no pueden bajo ninguna circunstancia crearla unas cuantas personas sentadas en una oficina; surge en el curso de la lucha de masas, esto es, gracias a la experiencia real. Por consiguiente, debemos estudiar a todas horas las condiciones sociales y hacer investigaciones prácticas. Aquellos camaradas que son inflexibles, conservadores, formalistas y infundadamente optimistas piensan que la actual táctica de combate es perfecta, que el «libro de documentos»[5] del Sexto Congreso Nacional del Partido garantiza una victoria duradera, y que uno siempre puede salir victorioso meramente ateniéndose a los métodos establecidos. Estas ideas son absolutamente equivocadas y no tienen nada en común con la idea de que los comunistas deberían crear nuevas situaciones favorables mediante la lucha; representan una línea puramente conservadora. A menos que sea completamente descartada, esta línea causará grandes pérdidas a la revolución y perjudicará a estos mismos camaradas. Evidentemente, en nuestro Ejército Rojo hay algunos camaradas que se contentan con dejar las cosas como están, que no tratan de comprender nada a fondo y son infundadamente optimistas, y que difunden la falacia de que «esto es proletario». Comen hasta hartarse y dormitan en las butacas de sus oficinas todo el día sin nunca dar un paso al frente y salir a investigar entre las masas. Cada vez que abren la boca, sus perogrulladas enferman a la gente. Para despertar a estos camaradas debemos levantar nuestras voces y gritarles:

¡Cambiad sin demora vuestras ideas conservadoras!
¡Sustituidlas por ideas comunistas progresivas y combativas!
¡Sumaos a la lucha!
¡Introducíos entre las masas e investigad los hechos!

---

[5] El «Libro de documentos» consistía en las resoluciones adoptadas en el Sexto Congreso Nacional del Partido Comunista Chino celebrado en julio de 1928, incluidas la resolución política y las resoluciones sobre la cuestión campesina, la cuestión agraria, la organización del poder político, etc. A comienzos de 1929, el Comité del Frente del Cuarto Ejército del Ejército Rojo publicó estas resoluciones en forma de libro para su distribución entre las organizaciones del Partido en el Ejército Rojo y las organizaciones locales del Partido.

VII. La técnica de investigación

1. Mantened reuniones indagatorias y emprended la investigación mediante debates

Esta es la única manera de aproximarse a la verdad, la única manera de extraer conclusiones. Es fácil cometer errores si no celebráis reuniones indagatorias para llevar a cabo la investigación a través de debates, sino que simplemente confiáis en la relación de un individuo con su propia experiencia. Es imposible que en tales debates extraigáis conclusiones más o menos correctas si planteáis las cuestiones de manera informal en lugar de poner a discusión cuestiones clave.

2. ¿Qué clase de personas deberían asistir a las reuniones indagatorias?

Deberían ser personas profundamente conocedoras de la situación social y económica. En cuanto a la edad, las personas mayores son las mejores, pues son ricas en experiencia y no solo saben lo que pasa, sino que conocen las causas y los efectos. También debería incluirse a los jóvenes con experiencia en la lucha, pues tienen ideas progresistas y son perspicaces. Por lo que a la ocupación respecta, debería haber obreros, campesinos, comerciantes, intelectuales y ocasionalmente soldados; a veces, incluso vagabundos. Naturalmente, cuando se esté examinando un tema particular, no es necesaria la presencia de quienes no tengan nada que ver con él. Por ejemplo, los obreros, los campesinos y los estudiantes no es necesario que asistan cuando el tema de investigación sea el comercio.

3. ¿Qué es mejor, una reunión indagatoria grande o pequeña?

Eso depende de la capacidad del investigador para dirigir una reunión. Si se le da bien, puede convocarse una reunión de hasta una docena o incluso veinte o más personas. Una reunión grande tiene sus ventajas: las respuestas de los participantes a vuestras preguntas pueden proporcionaros estadísticas bastante exactas (como el porcentaje de campesinos pobres en la población campesina total) y permitiros llegar a conclusiones bastante correctas (como si es mejor la redistribución de la tierra igual o diferenciada). Por supuesto, también tiene sus desventajas: si no sois hábiles en la dirección de reuniones, os resultará difícil mantener el orden. De manera que el número de personas que asista a una reunión depende de la competencia del investigador. Sin embargo, el mínimo es tres, o de lo contrario la información obtenida será demasiado limitada para corresponderse con la situación real.

4. *Preparad un esbozo detallado de la investigación*

Un esbozo detallado de la investigación debería prepararse de antemano, y el investigador debería formular preguntas según este esbozo, y los presentes en la reunión dar sus respuestas. Deben ponerse a debate todos los puntos que no estén claros o sean dudosos. El esbozo detallado debería incluir los temas principales y subtítulos, y también apartados detallados. Por ejemplo, si el tema principal es el comercio, los subtítulos pueden ser la ropa, los cereales, otras necesidades y las hierbas medicinales; a su vez, la ropa puede contener apartados detallados como el algodón, los tejidos artesanales, y la seda y el satén.

5. *La participación personal*

Todos los que tengan la responsabilidad de ejercer el liderazgo –desde el presidente del gobierno municipal hasta el presidente del gobierno central; desde el jefe de destacamento hasta el comandante en jefe, desde el secretario de una agrupación del Partido hasta el secretario general– deben emprender personalmente la investigación de las condiciones sociales y económicas específicas, y no meramente confiar en la lectura de informes. Pues la investigación y la lectura de informes son dos cosas por entero diferentes.

6. Explorad a fondo

Todo aquel que sea nuevo en el trabajo de investigación debería realizar una o dos exploraciones completas a fin de obtener un conocimiento cabal de un lugar particular (por ejemplo, una aldea o una ciudad) o de un problema particular (por ejemplo, el problema de los cereales o de la moneda). Explorar a fondo un lugar o problema particular debería facilitar la investigación futura de otros lugares o problemas.

7. Tomad vuestras propias notas

El investigador no solo debería presidir las reuniones indagatorias y guiar apropiadamente a los presentes, sino que también debería tomar sus propias notas y registrar los resultados en persona. No es bueno que otros lo hagan por él.

3

Sobre la práctica.
Sobre la relación entre el conocimiento y la práctica, entre el saber y el hacer

Julio de 1937

En nuestro Partido había cierto número de camaradas dogmáticos, que, durante largo tiempo, rechazaron la experiencia de la Revolución china, negaron la verdad de que «el marxismo no es un dogma, sino una guía para la acción», y trataron de intimidar a la gente con palabras y frases de las obras marxistas, sacadas mecánicamente fuera del contexto. Había también cierto número de camaradas empíricos, que, durante largo tiempo, se limitaron a su Fragmentaria experiencia personal, ignoraron la importancia de la teoría para la práctica revolucionaria y no vieron la revolución en su conjunto; aunque trabajaron con diligencia, lo hicieron a ciegas. Las ideas erróneas de unos y otros, y en particular las de los dogmáticos, causaron entre 1931 y 1934 enormes daños a la Revolución china; además, los dogmáticos, disfrazados de marxistas, desorientaron a gran número de camaradas. El camarada Mao Tse-Tung escribió «Sobre la práctica» con el fin de denunciar, desde el punto de vista de la teoría marxista del conocimiento, los errores subjetivistas de dogmatismo y de empirismo en el Partido, especialmente el de dogmatismo. Este trabajo se titula «Sobre la práctica» porque pone énfasis en la denuncia del dogmatismo, variedad del subjetivismo que menosprecia la práctica. Las concepciones contenidas en este trabajo las expuso el camarada Mao Tse-Tung en una serie de conferencias dadas en el Instituto Político y Militar Antijaponés de Yenán.

El materialismo premarxista examinaba el problema del conocimiento al margen de la naturaleza social del hombre y de su desarrollo histórico, y por eso era incapaz de comprender la dependencia del conocimiento respecto a la práctica social, es decir, la dependencia del conocimiento respecto a la producción y a la lucha de clases.

Ante todo, los marxistas consideran que la actividad del hombre en la producción es su actividad práctica más fundamental, la que determina todas sus demás actividades. El conocimiento del hombre depende principalmente de su actividad en la producción material; en el curso de esta, el hombre va comprendiendo gradualmente los fenómenos, las propiedades y las leyes de la naturaleza, así como las relaciones entre él mismo y la naturaleza, y, también a través de su actividad en la producción, va conociendo paulatinamente y en diverso grado determinadas relaciones existentes entre los hombres. No es posible adquirir ninguno de estos conocimientos fuera de la actividad en la producción. En una sociedad sin clases, cada individuo, como miembro de la sociedad, uniendo sus esfuerzos a los de los demás miembros y entrando con ellos en determinadas relaciones de producción, se dedica a la producción para satisfacer las necesidades materiales del hombre. En todas las sociedades de clases, los miembros de las diferentes clases sociales, entrando también, de una u otra manera, en determinadas relaciones de producción, se dedican a la producción, destinada a satisfacer las necesidades materiales del hombre. Esto constituye la fuente fundamental desde la cual se desarrolla el conocimiento humano.

La práctica social del hombre no se reduce a su actividad en la producción, sino que tiene muchas otras formas: la lucha de clases, la vida política, las actividades científicas y artísticas; en resumen, el hombre, como ser social, participa en todos los dominios de la vida práctica de la sociedad. Por lo tanto, va conociendo en diverso grado las diferentes relaciones entre los hombres no solo a través de la vida material, sino también a través de la vida política y la vida cultural (ambas estrechamente ligadas a la vida material). De estas otras formas de la práctica social, la lucha de clases en sus diversas manifestaciones ejerce, en particular, una influencia profunda sobre el desarrollo del conocimiento humano. En la sociedad de clases, cada persona existe como miembro de una determinada clase, y todas las ideas, sin excepción, llevan su sello de clase.

Los marxistas sostienen que la producción en la sociedad humana se desarrolla paso a paso, de lo inferior a lo superior, y que, en consecuencia, el conocimiento que el hombre tiene tanto de la naturaleza como de la sociedad se desarrolla también paso a paso, de lo inferior a lo superior, es decir, de lo superficial a lo profundo, de lo unilateral a lo multilateral. Durante un periodo muy largo en la historia, el hombre se vio circunscrito a una comprensión unilateral de la historia de la sociedad, ya que, por una parte, las clases explotadoras la deformaban constantemente debido a sus prejuicios, y, por la otra, la pequeña escala de la producción limitaba la visión del hombre. Solo cuando surgió el proletariado moderno junto con gigantescas fuerzas productivas (la gran industria), pudo el hombre alcanzar una comprensión global e histórica del desarrollo de la sociedad y transformar este conocimiento en una ciencia, la ciencia del marxismo.

Los marxistas sostienen que la práctica social del hombre es el único criterio de la verdad de su conocimiento del mundo exterior. Efectivamente, el conocimiento del hombre queda confirmado solo cuando este logra los resultados esperados en el proceso de la práctica social (producción material, lucha de clases o experimentación científica). Si el hombre quiere obtener éxito en su trabajo, es decir, lograr los resultados esperados, tiene que hacer concordar sus ideas con las leyes del mundo exterior objetivo; si no consigue esto, fracasa en la práctica. Después de sufrir un fracaso, extrae lecciones de él, modifica sus ideas haciéndolas concordar con las leyes del mundo exterior y, de esta manera, puede transformar el fracaso en éxito: he aquí lo que se quiere decir con «el fracaso es madre del éxito» y «cada fracaso nos hace más listos». La teoría materialista dialéctica del conocimiento coloca la práctica en primer plano; considera que el conocimiento del hombre no puede separarse ni en lo más mínimo de la práctica, y repudia todas las teorías erróneas que niegan su importancia o separan de ella el conocimiento. Lenin dijo: «La práctica es superior al conocimiento (teórico), porque posee no solo la dignidad de la universalidad, sino también la de la realidad inmediata»[1]. La filosofía marxista –el materialismo dialéctico– tiene dos características sobresalientes. Una es su carácter de clase: afirma explícitamente que el materialismo dialéctico sirve al proletariado. La otra es su carácter práctico: subraya la dependencia de la teoría respecto a la práctica, subraya que la práctica es la base de la teoría y que esta, a su vez, sirve a la práctica. El que sea verdad o no un conocimiento o teoría no se determina mediante una apreciación subjetiva, sino mediante los resultados objetivos de la práctica social. El criterio de la verdad no puede ser otro que la práctica social. El punto de vista de la práctica es el punto de vista primero y fundamental de la teoría materialista dialéctica del conocimiento[2].

Pero, ¿cómo el conocimiento humano surge de la práctica y sirve a su vez a la práctica? Para comprenderlo basta con mirar el proceso de desarrollo del conocimiento.

En el proceso de la práctica, el hombre no ve al comienzo más que las apariencias, los aspectos aislados y las conexiones externas de las cosas. Por ejemplo, algunas personas de fuera vienen a Yenán en giras de investigación. En los primeros uno o

---

[1] V. I. Lenin, *Resumen del Libro de Hegel «Ciencia de la lógica»*.
[2] Véanse K. Marx, *Tesis sobre Feuerbach* y V. I. Lenin, *Materialismo y empirio-criticismo*, II, 6.

dos días, ven su topografía, calles y casas, entran en contacto con muchas personas, asisten a recepciones, veladas y mítines, oyen todo tipo de conversaciones y leen diferentes documentos: todo esto son las apariencias de las cosas, sus aspectos aislados y sus conexiones externas. Esta etapa del conocimiento se denomina etapa sensorial, y es la etapa de las sensaciones y las impresiones. Esto es, las cosas de Yenán, aisladas, actuando sobre los órganos de los sentidos de los miembros del grupo de investigación, han provocado sensaciones en ellos y hecho surgir en su cerebro multitud de impresiones junto con una noción aproximativa de las conexiones externas entre dichas impresiones: esta es la primera etapa del conocimiento. En esta etapa, el hombre no puede aún formar conceptos, que corresponden a un nivel más profundo, ni sacar conclusiones lógicas.

A medida que continúa la práctica social, las cosas que en el curso de la práctica suscitan en el hombre sensaciones e impresiones, se presentan una y otra vez; entonces se produce en su cerebro un cambio repentino (un salto) en el proceso del conocimiento y surgen los conceptos. Los conceptos ya no constituyen reflejos de las apariencias de las cosas, de sus aspectos aislados y de sus conexiones externas, sino que captan las cosas en su esencia, en su conjunto y en sus conexiones internas. Entre el concepto y la sensación existe una diferencia no solo cuantitativa sino también cualitativa. Continuando adelante, mediante el juicio y el razonamiento, se pueden sacar conclusiones lógicas. La expresión de la *Crónica de los tres reinos*[3]: «Frunció el entrecejo y le vino a la mente una estratagema», o la del lenguaje corriente: «Déjeme reflexionar», significan que el hombre, empleando conceptos en el cerebro, procede al juicio y al razonamiento. Esta es la segunda etapa del conocimiento. Los miembros del grupo de investigación, después de haber reunido diversos datos y, lo que es más, después de «haber reflexionado»,

---

[3] La *Crónica de los tres reinos (San Kuo Yen Yi)* es una célebre novela histórica china escrita por Luo Kuan-chung (¿1330-1400?).

pueden llegar al juicio de que «la política de frente único nacional antijaponés, aplicada por el Partido Comunista, es consecuente, sincera y genuina». Habiendo formulado este juicio, ellos pueden, si son también genuinos partidarios de la unidad para salvar a la nación, dar otro paso adelante y sacar la siguiente conclusión: «El frente único nacional antijaponés puede tener éxito». Esta etapa, la de los conceptos, los juicios y los razonamientos, es aún más importante en el proceso completo del conocimiento de una cosa por el hombre; es la etapa del conocimiento racional. La verdadera tarea del conocimiento consiste en llegar, pasando por las sensaciones, al pensamiento, en llegar paso a paso a la comprensión de las contradicciones internas de las cosas objetivas, de sus leyes y de las conexiones internas entre un proceso y otro, es decir, en llegar al conocimiento lógico. Repetimos: el conocimiento lógico difiere del conocimiento sensorial en que este concierne a los aspectos aislados, las apariencias y las conexiones externas de las cosas, mientras que aquel, dando un gran paso adelante, alcanza al conjunto, a la esencia y a las conexiones internas de las cosas, pone al descubierto las contradicciones internas del mundo circundante y puede, por consiguiente, llegar a dominar el desarrollo del mundo circundante en su conjunto, en las conexiones internas de todos sus aspectos.

Nadie antes del marxismo elaboró una teoría como esta, la materialista dialéctica, sobre el proceso de desarrollo del conocimiento, el que se basa en la práctica y va de lo superficial a lo profundo. Es el materialismo marxista el primero en resolver correctamente este problema, poniendo en evidencia de manera materialista y dialéctica el movimiento de profundización del conocimiento, movimiento por el cual el hombre, como ser social, pasa del conocimiento sensorial al conocimiento lógico en su compleja y constantemente repetida práctica de la producción y de la lucha de clases. Lenin dijo: «La abstracción de la materia, de una ley de la naturaleza, la abstracción del valor, etc., en una palabra, todas las abstracciones científicas (correctas, serias, no absurdas) reflejan la naturaleza en forma más profunda, veraz y completa»[4]. El marxismo-leninismo sostiene que cada una de las dos etapas del proceso cognoscitivo tiene sus propias características: en la etapa inferior, el conocimiento se manifiesta como conocimiento sensorial y, en la etapa superior, como conocimiento lógico, pero ambas son etapas de un proceso cognoscitivo único. Lo sensorial y lo racional son cualitativamente diferentes; sin embargo, uno y otro no están desligados, sino unidos sobre la base de la práctica. Nuestra práctica testimonia que no podemos comprender inmediatamente lo que percibimos, y que podemos percibir con mayor profundidad solo aquello que ya comprendemos. La sensación solo resuelve el problema de las apariencias; únicamente la teoría puede resolver el problema de la esencia. La solución de ninguno de estos problemas puede separarse ni en lo más mínimo de la práctica. Quien quiera conocer una cosa, no podrá conseguirlo sin entrar en contacto con ella, es decir, sin vivir (practicar) en el mismo medio de esa cosa. En la sociedad feudal era imposible conocer de antemano las leyes de la sociedad capitalista, pues no había aparecido aún el capitalismo y faltaba la práctica correspondiente. El marxismo solo podía ser producto de la sociedad capitalista. Marx, en la época del capitalismo liberal, no podía conocer concretamente, de antemano, ciertas leyes peculiares de la época del imperialismo, ya que no había aparecido aún el imperialismo, fase final del capitalismo, y faltaba la práctica correspondiente; solo Lenin y Stalin pudieron asumir esta tarea. Aparte de su genio, la razón principal por la cual Marx, Engels, Lenin y Stalin pudieron crear sus teorías fue su participación personal en la práctica de la lucha de clases y de la experimentación científica de su tiempo; sin este requisito, ningún genio podría haber logrado éxito. La expresión: «Sin salir de su casa, el letrado sabe todo cuanto sucede en el mundo» no era más que

---

[4] V. I. Lenin, *Resumen del Libro de Hegel «Ciencia de la lógica».*

una frase hueca en los tiempos antiguos, cuando la técnica estaba poco desarrollada; y en nuestra época de técnica desarrollada, aunque tal cosa es realizable, los únicos que tienen auténticos conocimientos de primera mano son las personas que en el mundo se dedican a la práctica. Y solo cuando, gracias a la escritura y a la técnica, llegan al «letrado» los conocimientos que estas personas han adquirido en su práctica, puede este, indirectamente, «saber todo cuanto sucede en el mundo». Para conocer directamente tal o cual cosa o cosas, es preciso participar personalmente en la lucha práctica por transformar la realidad, por transformar dicha cosa o cosas, pues es este el único medio de entrar en contacto con sus apariencias; asimismo, es este el único medio de poner al descubierto la esencia de dicha cosa o cosas y comprenderlas. Tal es el proceso cognoscitivo que en realidad siguen todos los hombres, si bien alguna gente, deformando deliberadamente los hechos, afirma lo contrario. La gente más ridícula del mundo son los «sabelotodo» que, recogiendo de oídas conocimientos fragmentarios y superficiales, se las dan de «máxima autoridad en el mundo», lo que testimonia simplemente su fatuidad. El conocimiento es problema de la ciencia y esta no admite ni la menor deshonestidad ni la menor presunción; lo que exige es ciertamente lo contrario: honestidad y modestia. Si quieres conocer, tienes que participar en la práctica transformadora de la realidad. Si quieres conocer el sabor de una pera, tienes tú mismo que transformarla comiéndola. Si quieres conocer la estructura y las propiedades del átomo, tienes que hacer experimentos físicos y químicos, cambiar el estado del átomo. Si quieres conocer la teoría y los métodos de la revolución, tienes que participar en la revolución. Todo conocimiento auténtico nace de la experiencia directa. Sin embargo, el hombre no puede tener experiencia directa de todas las cosas y, de hecho, la mayor parte de nuestros conocimientos proviene de la experiencia indirecta, por ejemplo, todos los conocimientos de los siglos pasados y de otros países. Estos conocimientos fueron o son, para nuestros antecesores y los extranjeros, producto de la experiencia directa, y merecen confianza si en el curso de esa experiencia directa se ha cumplido la condición de «abstracción científica» de que hablaba Lenin y si reflejan de un modo científico la realidad objetiva; en caso contrario, no la merecen. Por eso, los conocimientos de una persona los constituyen solo dos sectores: uno proviene de la experiencia directa y el otro, de la experiencia indirecta. Además, lo que para mí es experiencia indirecta, constituye experiencia directa para otros. Por lo tanto, considerados en su conjunto, los conocimientos, sean del tipo que fueren, no pueden separarse de la experiencia directa. Todo conocimiento se origina en las sensaciones que el hombre obtiene del mundo exterior objetivo a través de los órganos de los sentidos; no es materialista quien niegue la sensación, niegue la experiencia directa, o niegue la participación personal en la práctica transformadora de la realidad. Es por esto que los «sabelotodo» son ridículos. Un antiguo proverbio chino dice: «Si uno no entra en la guarida del tigre, ¿cómo podrá apoderarse de sus cachorros?» Este proverbio es verdad tanto para la práctica del hombre como para la teoría del conocimiento. No puede haber conocimiento al margen de la práctica.

Para poner en claro el movimiento materialista dialéctico del conocimiento, movimiento de profundización gradual del conocimiento, surgido sobre la base de la práctica transformadora de la realidad, daremos a continuación otros ejemplos concretos.

En el periodo inicial de su práctica, periodo de destrucción de las máquinas y de lucha espontánea, el proletariado se encontraba, en cuanto a su conocimiento de la sociedad capitalista, solo en la etapa del conocimiento sensorial; conocía solo los aspectos aislados y las conexiones externas de los diversos fenómenos del capitalismo. En esa época, el proletariado era todavía una «clase en sí». Sin embargo, el proletariado se convirtió en una «clase para sí» cuando, entrando en el segundo periodo de su práctica, periodo de lucha económica y política consciente y organizada, llegó a comprender la esencia de la sociedad capitalista, las relaciones de explotación entre las clases sociales y sus propias tareas históricas, gracias a su práctica, a su variada experiencia de largos años de lucha y a su educación en la teoría marxista, resumen científico hecho por Marx y Engels de dicha experiencia.

Lo mismo pasó con el conocimiento del pueblo chino respecto al imperialismo. La primera etapa fue la del conocimiento sensorial, superficial, tal como se manifestó en las indiscriminadas luchas contra los extranjeros, ocurridas durante los movimientos del Reino Celestial Taiping, del Yijetuan y otros. Solo en la segunda etapa, la del conocimiento racional, el pueblo chino discernió las diferentes contradicciones internas y externas del imperialismo y comprendió la verdad esencial de que el imperialismo, en alianza con la burguesía compradora y la clase feudal, oprimía y explotaba a las amplias masas populares de China; tal conocimiento no comenzó sino por la época del Movimiento del 4 de Mayo de 1919.

Veamos ahora la guerra. Si los dirigentes militares carecen de experiencia militar, no podrán comprender en la etapa inicial las leyes profundas que rigen la dirección de una guerra específica (por ejemplo, nuestra Guerra Revolucionaria Agraria de los últimos diez años). En la etapa inicial, solo vivirán la experiencia de numerosos combates y, lo que es más, sufrirán muchas derrotas. Sin embargo, esta experiencia (la experiencia de los combates ganados y, sobre todo, la de los perdidos) les permitirá comprender lo que por dentro articula toda la guerra, es decir, las leyes de esa guerra específica, comprender su estrategia y sus tácticas, y de este modo, dirigirla con seguridad. Si en ese momento se confía el mando de la guerra a una persona inexperta, ella también tendrá que sufrir una serie de derrotas (es decir, adquirir experiencia) antes de poder comprender las verdaderas leyes de la guerra.

Con frecuencia, de algún camarada que no tiene coraje para aceptar una tarea, oímos decir: «No estoy seguro de poder cumplirla». ¿Por qué no está seguro de sí mismo? Porque no comprende el contenido y las circunstancias de ese trabajo según las leyes que lo rigen, porque no ha tenido o ha tenido muy poco contacto con semejante trabajo, de modo que no se puede ni hablar de que conozca tales leyes. Pero, después de un análisis detallado de la naturaleza y las circunstancias de ese trabajo, se sentirá relativamente seguro de sí mismo y lo aceptará de buen grado. Si se dedica a él por algún tiempo y adquiere experiencia, y si está dispuesto a examinar la situación con prudencia, en vez de abordarla de una manera subjetiva, unilateral y superficial, será capaz de llegar por sí mismo a conclusiones sobre cómo debe hacer el trabajo y lo hará con mucho mayor coraje. Solo quienes abordan los problemas de manera subjetiva, unilateral y superficial, dictan órdenes presuntuosamente apenas llegan a un nuevo lugar, sin considerar las circunstancias, sin examinar las cosas en su totalidad (su historia y su situación actual en conjunto) ni penetrar en su esencia (su naturaleza y las conexiones internas entre una cosa y otras). Semejantes personas tropiezan y caen inevitablemente.

Así se ve que el primer paso en el proceso del conocimiento es el contacto con las cosas del mundo exterior; esto corresponde a la etapa de las sensaciones. El segundo es sintetizar los datos proporcionados por las sensaciones, ordenándolos y elaborándolos; esto corresponde a la etapa de los conceptos, los juicios y los razonamientos. Solo cuando los datos proporcionados por las sensaciones son muy ricos (no fragmentarios e incompletos) y acordes con la realidad (no ilusorios), pueden servir de base para formar conceptos correctos y una lógica correcta.

Aquí hay que subrayar dos puntos importantes. El primero, que se ha señalado más arriba pero que conviene reiterar, es la dependencia del conocimiento racional respecto al conocimiento sensorial. Es idealista quien considere posible que el conocimiento racional no provenga del conocimiento sensorial. En la historia de la filosofía existe la escuela «racionalista», que solo reconoce la realidad de la razón y niega la realidad de la experiencia, considerando que solo es digna de crédito la razón y no la experiencia sensorial; su error consiste en trastrocar los hechos.

Lo racional merece crédito precisamente porque dimana de lo sensorial; de otro modo, lo racional sería arroyo sin fuente, árbol sin raíces, algo subjetivo, autogenerado e indigno de confianza. En el orden que sigue el proceso del conocimiento, la experiencia sensorial viene primero; si subrayamos la importancia de la práctica social en el proceso del conocimiento, es porque solo ella puede dar origen al conocimiento humano y permitir al hombre comenzar a adquirir experiencia sensorial del mundo exterior objetivo. Para una persona que cierra los ojos y se tapa los oídos y se aísla totalmente del mundo exterior objetivo, no hay conocimiento posible. El conocimiento comienza con la experiencia: este es el materialismo de la teoría del conocimiento.

El segundo punto es que el conocimiento necesita profundizarse, necesita desarrollarse de la etapa sensorial a la racional: esta es la dialéctica de la teoría del conocimiento[5]. Pensar que el conocimiento puede quedarse en la etapa inferior, sensorial, y que solo es digno de crédito el conocimiento sensorial y no el racional, significa caer en el «empirismo», error ya conocido en la historia. El error de esta teoría consiste en ignorar que los datos proporcionados por las sensaciones, aunque constituyen reflejos de determinadas realidades del mundo exterior objetivo (aquí no me refiero al empirismo idealista, que reduce la experiencia a la llamada introspección), no pasan de ser unilaterales y superficiales, reflejos incompletos de las cosas, que no traducen su esencia. Para reflejar plenamente una cosa en su totalidad, para reflejar su esencia y sus leyes internas, hay que proceder a una operación mental, someter los ricos datos suministrados por las sensaciones a una elaboración que consiste en desechar la cáscara para quedarse con el grano, descartar lo falso para conservar lo verdadero, pasar de un aspecto a otro y de lo externo a lo interno, formando así un sistema de conceptos y teorías; es necesario dar un salto del conocimiento sensorial al racional. Los conocimientos así

---

[5] V. I. Lenin dice: «Para comprender, hay que comenzar a comprender y a estudiar de una manera empírica, y elevarse de lo empírico a lo general», *Ibid.*

elaborados no son menos substanciosos ni menos dignos de confianza. Por el contrario, todo aquello que en el proceso del conocimiento ha sido científicamente elaborado sobre la base de la práctica, refleja la realidad objetiva, como dice Lenin, en forma más profunda, veraz y completa. Los «prácticos» vulgares no proceden así; respetan la experiencia pero desprecian la teoría, y en consecuencia no pueden tener una visión que abarque un proceso objetivo en su totalidad, carecen de una orientación clara y de una perspectiva de largo alcance, y se contentan con sus éxitos ocasionales y con fragmentos de la verdad. Si esas personas dirigen una revolución, la conducirán a un callejón sin salida.

El conocimiento racional depende del conocimiento sensorial, y este necesita desarrollarse hasta convertirse en conocimiento racional: tal es la teoría materialista dialéctica del conocimiento. En la filosofía, ni el «racionalismo» ni el «empirismo» entienden el carácter histórico o dialéctico, del conocimiento, y aunque cada una de estas escuelas contiene un aspecto de la verdad (me refiero al racionalismo y al empirismo materialistas, y no idealistas), ambas son erróneas en cuanto a la teoría del conocimiento en su conjunto. El movimiento materialista dialéctico del conocimiento desde lo sensorial a lo racional ocurre tanto en un pequeño proceso cognoscitivo (por ejemplo, conocer una sola cosa, un solo trabajo) como en uno grande (por ejemplo, conocer una sociedad o una revolución).

Sin embargo, el movimiento del conocimiento no acaba ahí. Detener el movimiento materialista dialéctico del conocimiento en el conocimiento racional sería tocar solo la mitad del problema y, más aún, según la filosofía marxista, la mitad menos importante. La filosofía marxista considera que el problema más importante no consiste en comprender las leyes del mundo objetivo para estar en condiciones de interpretar el mundo, sino en aplicar el conocimiento de esas leyes para transformarlo activamente. Para el marxismo, la teoría es importante, y su importancia está plenamente expresada en la siguiente frase de Lenin: «Sin teoría revolucionaria, no puede haber tampoco movimiento revolucionario»[6]. Pero el marxismo subraya la importancia de la teoría precisa y únicamente porque ella puede servir de guía para la acción. Si tenemos una teoría justa, pero nos contentamos con hacer de ella un tema de conversación y la dejamos archivada en lugar de ponerla en práctica, semejante teoría, por buena que sea, carecerá de significación. El conocimiento comienza por la práctica, y todo conocimiento teórico, adquirido a través de la práctica, debe volver a ella. La función activa del conocimiento no solamente se manifiesta en el salto activo del conocimiento sensorial al racional, sino que también, lo que es más importante, debe manifestarse en el salto del conocimiento racional a la práctica revolucionaria. El conocimiento que alcanza las leyes del mundo hay que dirigirlo de nuevo a la práctica transformadora del mundo, hay que aplicarlo nuevamente a la práctica de la producción, a la práctica de la lucha de clases revolucionaria y de la lucha nacional revolucionaria, así como a la práctica de la experimentación científica. Este es el proceso de comprobación y desarrollo de la teoría, la continuación del proceso global del conocimiento. El problema de saber si una teoría corresponde a la verdad objetiva no se resuelve ni puede resolverse completamente en el arriba descrito movimiento del conocimiento desde lo sensorial a lo racional. El único medio para resolver completamente este problema es dirigir de nuevo el conocimiento racional a la práctica social, aplicar la teoría a la práctica y ver si conduce a los objetivos planteados. Muchas teorías de las ciencias naturales son reconocidas como verdades no solo porque fueron creadas por los científicos, sino porque han sido comprobadas en la práctica científica ulterior. Igualmente, el marxismo-leninismo es reconocido como verdad no solo porque esta doctrina fue elaborada científicamente por Marx, Engels, Lenin y Stalin, sino porque ha sido comprobada en la ulterior práctica de la lucha de clases revolucionaria y de la

---

[6] V. I. Lenin, *¿Qué hacer?*, I, d, Madrid, Akal, 2015.

lucha nacional revolucionaria. El materialismo dialéctico es una verdad universal porque nadie, en su práctica, puede escapar a su dominio. La historia del conocimiento humano nos enseña que la verdad de muchas teorías era incompleta y que la comprobación en la práctica ha permitido completarla. Numerosas teorías eran erróneas, y la comprobación en la práctica ha permitido corregirlas. Es por esto que la práctica es el criterio de la verdad y que «el punto de vista de la vida, de la práctica, debe ser el punto de vista primero y fundamental de la teoría del conocimiento»[7]. Stalin tenía razón al decir: «La teoría deja de tener objeto cuando no se halla vinculada a la práctica revolucionaria, exactamente del mismo modo que la práctica es ciega si la teoría revolucionaria no alumbra su camino»[8].

¿Se consuma aquí el movimiento del conocimiento? Nuestra respuesta es sí y no. Cuando los hombres, como seres sociales, se dedican a la práctica transformadora de un determinado proceso objetivo (sea natural o social) en una etapa determinada de su desarrollo, pueden, a consecuencia del reflejo del proceso objetivo en su cerebro y de su propia actividad consciente, hacer avanzar su conocimiento desde lo sensorial a lo racional, y crear ideas, teorías, planes o proyectos que correspondan, en términos generales, a las leyes que rigen el proceso objetivo en cuestión. Luego, aplican estas ideas, teorías, planes o proyectos a la práctica del mismo proceso objetivo. Si alcanzan los objetivos planteados, es decir, si en la práctica de este mismo proceso logran hacer realidad las ideas, teorías, planes o proyectos previamente formulados, o hacerlos realidad en líneas generales, entonces puede considerarse consumado el movimiento del conocimiento de este proceso específico. Pueden darse por logrados los objetivos previstos cuando, por ejemplo, en el proceso de transformar la naturaleza, se realiza un proyecto de ingeniería, se verifica una hipótesis científica, se fabrica un utensilio o se cosecha un cultivo,

---

[7] V. I. Lenin, *Materialismo y empiriocriticismo*, II, 6.
[8] J. V. Stalin, *Los fundamentos del leninismo*, III.

o, en el proceso de transformar la sociedad, se gana una huelga, se vence en una guerra, o se cumple un plan educacional. Sin embargo, por lo general, tanto en la práctica que transforma la naturaleza como en la que transforma la sociedad, muy rara vez se realizan sin ninguna alteración las ideas, teorías, planes o proyectos previamente elaborados por el hombre. Esto se debe a que la gente que se dedica a la transformación de la realidad está siempre sujeta a numerosas limitaciones; no solo se encuentra limitada por las condiciones científicas y técnicas existentes, sino también por el desarrollo del propio proceso objetivo y el grado en que este se manifiesta (aún no se han revelado plenamente los diferentes aspectos y la esencia del proceso objetivo). En esta situación, debido a que en el curso de la práctica se descubren circunstancias imprevistas, con frecuencia se modifican parcialmente y a veces incluso completamente las ideas, teorías, planes o proyectos. Dicho de otra manera, se dan casos en que las ideas, teorías, planes o proyectos originales no corresponden, en parte o en todo, a la realidad, son parcial o totalmente erróneos. A menudo, solo después de repetidos fracasos se logra corregir los errores en el conocimiento y hacer concordar a este con las leyes del proceso objetivo y, por consiguiente, transformar lo subjetivo en objetivo, es decir, obtener en la práctica los resultados esperados. En todo caso, cuando se llega a este punto, puede considerarse consumado el movimiento del conocimiento humano respecto a un proceso objetivo dado en una etapa determinada de su desarrollo.

Sin embargo, considerado el proceso en su avance, el movimiento del conocimiento humano no está consumado. En virtud de sus contradicciones y luchas internas, todo proceso, sea natural o social, avanza y se desarrolla, y, en consonancia con ello, también tiene que avanzar y desarrollarse el movimiento del conocimiento humano. En cuanto a los movimientos sociales, los auténticos dirigentes revolucionarios no solo deben saber corregir los errores que se descubran en sus ideas, teorías, planes o proyectos, como ya se ha dicho anteriormente, sino que, además, cuando un determinado proceso objetivo avanza y cambia pasando de una etapa de desarrollo a otra, ellos deben saber avanzar y cambiar, a la par, en su conocimiento subjetivo, y conseguir que todos los que participan en la revolución hagan lo mismo, es decir, deben saber plantear, de acuerdo con los nuevos cambios producidos en la situación, nuevas tareas revolucionarias y nuevos proyectos de trabajo. En un periodo revolucionario, la situación cambia con mucha rapidez, y si el conocimiento de los revolucionarios no cambia también rápidamente en conformidad con la situación, ellos no serán capaces de conducir la revolución a la victoria.

No obstante, sucede a menudo que el pensamiento se rezaga respecto a la realidad; esto se debe a que el conocimiento del hombre está limitado por numerosas condiciones sociales. Nos oponemos a los testarudos en las filas revolucionarias, cuyo pensamiento no progresa en concordancia con las circunstancias objetivas cambiantes y se ha manifestado en la historia como oportunismo de derecha. Estas personas no ven que la lucha de los contrarios ha hecho avanzar el proceso objetivo, mientras que su conocimiento se halla atascado aún en la vieja etapa. Esto es característico del pensamiento de todos los testarudos. Su pensamiento está apartado de la práctica social, y ellos no son capaces de ir delante guiando el carro de la sociedad; se limitan a ir a la rastra, refunfuñando que el carro marcha demasiado rápido y tratando de hacerlo retroceder o dar media vuelta y regresar.

Nos oponemos también a la huera palabrería «izquierdista». El pensamiento de los «izquierdistas» pasa por encima de una determinada etapa de desarrollo del proceso objetivo; algunos toman sus fantasías por verdades, otros pretenden realizar a la fuerza en el presente ideales solo realizables en el futuro. Alejado de la práctica presente de la mayoría de las personas y de la realidad del momento, su pensamiento se traduce en la acción como aventurerismo.

El idealismo y el materialismo mecanicista, el oportunismo y el aventurerismo, se caracterizan por la ruptura entre lo subjetivo y lo objetivo, por la separación entre el conocimiento y la práctica. La teoría marxista-leninista del conocimiento, caracterizada por la práctica social científica, no puede dejar de oponerse categóricamente a estas concepciones erróneas. Los marxistas reconocen que, en el proceso general absoluto del desarrollo del universo, el desarrollo de cada proceso determinado es relativo y que, por eso, en el torrente infinito de la verdad absoluta, el conocimiento humano de cada proceso determinado en una etapa dada de desarrollo es solo una verdad relativa. La suma total de las incontables verdades relativas constituye la verdad absoluta[9]. El desarrollo de todo proceso objetivo está lleno de contradicciones y luchas, y también lo está el desarrollo del movimiento del conocimiento humano. Todo movimiento dialéctico del mundo objetivo se refleja, tarde o temprano, en el conocimiento humano. En la práctica social, el proceso de nacimiento, desarrollo y extinción es infinito. Y así lo es el proceso de nacimiento, desarrollo y extinción en el conocimiento humano. A medida que avanza cada vez más lejos la práctica del hombre que transforma la realidad objetiva de acuerdo con determinadas ideas, teorías, planes o proyectos, más y más profundo se va haciendo el conocimiento que de la realidad objetiva tiene el hombre. Nunca terminará el movimiento de cambio en el mundo de la realidad objetiva, y tampoco tendrá fin la cognición de la verdad por el hombre a través de la práctica. El marxismo-leninismo no ha agotado en modo alguno la verdad, sino que en el curso de la práctica abre sin cesar el camino hacia su conocimiento. Nuestra conclusión es la unidad concreta e histórica de lo subjetivo y lo objetivo, de la teoría y la práctica, del saber y el hacer, y nos oponemos a todas las ideas erróneas, de «izquierda» o de derecha, ideas que se separan de la historia concreta.

En la presente época del desarrollo de la sociedad, la historia ha hecho recaer sobre los hombros del proletariado y su partido

---

[9] Véase V. I. Lenin, *Materialismo y empiriocriticismo,* II, 5.

la responsabilidad de conocer correctamente el mundo y transformarlo. Este proceso, el de la práctica transformadora del mundo, que está determinado con arreglo al conocimiento científico, ha llegado ya a un momento histórico en China y en toda la Tierra, a un gran momento sin precedentes en la historia, esto es, el momento de acabar completamente con las tinieblas en China y en el resto de la Tierra, y transformar nuestro mundo en un mundo luminoso, nunca visto antes. La lucha del proletariado y de los pueblos revolucionarios por la transformación del mundo implica el cumplimiento de las siguientes tareas: transformar el mundo objetivo y, al mismo tiempo, transformar su propio mundo subjetivo, esto es, su propia capacidad cognoscitiva y las relaciones entre su mundo subjetivo y el objetivo. Estas transformaciones ya están en marcha en una parte del globo terrestre, la Unión Soviética. Allí se sigue promoviendo este proceso de transformaciones. Los pueblos de China y del resto del orbe también están pasando o pasarán por semejante proceso. Y el mundo objetivo a transformar incluye también a todas las personas opuestas a estas transformaciones, personas que tienen que pasar por una etapa de coacción antes de poder entrar en la etapa de transformación consciente. La época en que la humanidad entera proceda de manera consciente a su propia transformación y a la del mundo, será la época del comunismo mundial.

Descubrir la verdad a través de la práctica y, nuevamente a través de la práctica, comprobarla y desarrollarla. Partir del conocimiento sensorial y desarrollarlo activamente convirtiéndolo en conocimiento racional; luego, partir del conocimiento racional y guiar activamente la práctica revolucionaria para transformar el mundo subjetivo y el mundo objetivo. Practicar, conocer, practicar otra vez y conocer de nuevo. Esta forma se repite en infinitos ciclos, y, con cada ciclo, el contenido de la práctica y del conocimiento se eleva a un nivel más alto. Esta es en su conjunto la teoría materialista dialéctica del conocimiento, y esta es la teoría materialista dialéctica de la unidad entre el saber y el hacer.

4

Sobre la contradicción

Agosto de 1937

Trabajo filosófico escrito por el camarada Mao Tse-Tung a continuación de su obra «Sobre la práctica» y destinado, como ella, a vencer el pensamiento dogmático, grave error que existía entonces en el Partido. Originalmente dado a conocer en forma de conferencias en el Instituto Político y Militar Antijaponés de Yenán, este escrito fue revisado por el autor para incluirlo en sus Obras escogidas.

La ley de la contradicción en las cosas, es decir, la ley de la unidad de los contrarios, es la ley más fundamental de la dialéctica materialista. Lenin dijo: «La dialéctica, en sentido estricto, es el estudio de la contradicción *en la esencia misma de los objetos [...]*»[1]. Lenin solía calificar esta ley de esencia de la dialéctica y también de núcleo de la dialéctica[2]. Por consiguiente, al estudiar esta ley, no

---

[1] V. I. Lenin, *Resumen del libro del Hegel «Lecciones de historia de la filosofía»*.
[2] En su escrito *En torno a la cuestión de la dialéctica* Lenin dice: «El desdoblamiento de un todo y el conocimiento de sus partes contradictorias [...] es la esencia [...] de la dialéctica». Dice también en su *Resumen del libro de Hegel «Ciencia de la lógica»:* «En una palabra, la dialéctica puede ser definida como la doctrina acerca de la unidad de los contrarios. Esto aprehende el núcleo de la dialéctica, pero exige explicaciones y desarrollo».

podemos dejar de abordar una gran variedad de temas, un buen número de problemas filosóficos. Si obtenemos una clara noción de todos estos problemas, comprenderemos en su esencia misma la dialéctica materialista. Estos problemas son: las dos concepciones del mundo, la universalidad de la contradicción, la particularidad de la contradicción, la contradicción principal y el aspecto principal de la contradicción, la identidad y la lucha entre los aspectos de la contradicción, y el papel del antagonismo en la contradicción.

Ha suscitado vivo interés entre nosotros la crítica a que los círculos filosóficos soviéticos han sometido al idealismo de la escuela de Deborin durante los últimos años. El idealismo de Deborin ha ejercido muy mala influencia en el Partido Comunista de China, y no se puede decir que el pensamiento dogmático en nuestro Partido nada tenga que ver con dicha escuela. Por tanto, nuestro estudio de la filosofía, en la hora actual, debe tener como objetivo principal extirpar el pensamiento dogmático.

I. Las dos concepciones del mundo

A lo largo de la historia del conocimiento humano, siempre han existido dos concepciones acerca de las leyes del desarrollo del universo: la concepción metafísica y la concepción dialéctica, que constituyen dos concepciones del mundo opuestas. Lenin dice:

> Las dos concepciones fundamentales (¿o las dos posibles? ¿o las dos que se observan en la historia?) del desarrollo (evolución) son: el desarrollo como disminución y aumento, como repetición, y el desarrollo como unidad de los contrarios (la división del todo único en dos contrarios mutuamente excluyentes y su relación recíproca)[3].

Lenin se refiere aquí precisamente a estas dos diferentes concepciones del mundo.

---

[3] V. I. Lenin, *En torno a la cuestión de la dialéctica*.

Durante largo tiempo en la historia, tanto en China como en Europa, el modo de pensar metafísico formó parte de la concepción idealista del mundo y ocupó una posición dominante en el pensamiento humano. En Europa, el materialismo de la burguesía en sus primeros tiempos fue también metafísico. Debido a que una serie de países europeos entraron, en el curso de su desarrollo económico-social, en una etapa de capitalismo altamente desarrollado, a que las fuerzas productivas, la lucha de clases y las ciencias alcanzaron en esos países un nivel sin precedentes en la historia y a que allí el proletariado industrial llegó a ser la más grande fuerza motriz de la historia, surgió la concepción marxista, dialéctica materialista, del mundo. Entonces, junto al idealismo reaccionario, abierto y sin disimulo, apareció en el seno de la burguesía el evolucionismo vulgar para oponerse a la dialéctica materialista.

La concepción metafísica del mundo, o concepción del mundo del evolucionismo vulgar, ve las cosas como aisladas, estáticas y unilaterales. Considera todas las cosas del universo, sus formas y sus especies, como eternamente aisladas unas de otras y eternamente inmutables. Si reconoce los cambios, los considera solo como aumento o disminución cuantitativos o como simple desplazamiento. Además, para ella, la causa de tal aumento, disminución o desplazamiento no está dentro de las cosas mismas, sino fuera de ellas, es decir, en el impulso de fuerzas externas. Los metafísicos sostienen que las diversas clases de cosas del mundo y sus características han permanecido iguales desde que comenzaron a existir, y que cualquier cambio posterior no ha sido más que un aumento o disminución cuantitativos. Consideran que las cosas de una determinada especie solo pueden dar origen a cosas de la misma especie, y así indefinidamente, y jamás pueden transformarse en cosas de una especie distinta. Según ellos, la explotación capitalista, la competencia capitalista, la ideología individualista de la sociedad capitalista, etc., pueden ser halladas igualmente en la sociedad esclavista de la Antigüedad, y aun en la sociedad primitiva, y existirán sin cambio para siempre. En cuanto al desarrollo social, lo atribuyen a factores exteriores a la sociedad, tales como el medio geográfico y el clima. De manera simplista, tratan de encontrar las causas del desarrollo de las cosas fuera de ellas mismas, y rechazan la tesis de la dialéctica materialista según la cual el desarrollo de las cosas se debe a sus contradicciones internas. En consecuencia, no pueden explicar ni la diversidad cualitativa de las cosas, ni el fenómeno de la transformación de una calidad en otra. En Europa, este modo de pensar se manifestó como materialismo mecanicista en los siglos XVII y XVIII y como evolucionismo vulgar a fines del siglo XIX y comienzos del XX. En China, el modo metafísico de pensar expresado en el dicho «El cielo no cambia y el *Tao* tampoco»[4], ha sido durante largo tiempo sostenido por la decadente clase dominante feudal. En cuanto al materialismo mecanicista y al evolucionismo vulgar, importados de Europa en los últimos cien años, son sostenidos por la burguesía.

En oposición a la concepción metafísica del mundo, la concepción dialéctica materialista del mundo sostiene que, a fin de comprender el desarrollo de una cosa, debemos estudiarla por dentro y en sus relaciones con otras cosas; dicho de otro modo, debemos considerar que el desarrollo de las cosas es un automovimiento, interno y necesario, y que, en su movimiento, cada cosa se encuentra en interconexión e interacción con las cosas que la rodean. La causa fundamental del desarrollo de las cosas no es externa sino interna; reside en su carácter contradictorio interno. Todas las cosas entrañan este carácter contradictorio; de ahí su movimiento, su desarrollo. El carácter contradictorio interno de una cosa es la causa fundamental de su desarrollo, en tanto que su interconexión y su interacción con otras cosas son causas secundarias. Así, pues, la dialéctica materialista refuta categórica-

---

[4] Palabras de Tung Chung-shu (179-104 a.C.), célebre exponente del confucianismo durante la dinastía Jan. Una vez Tung dijo al emperador Wuti: «El *Tao* se origina en el cielo. El cielo no cambia y el *Tao* tampoco». *Tao,* término comúnmente usado por los filósofos chinos de la Antigüedad, significa «camino», «razón» y también «ley».

mente la teoría metafísica de la causalidad externa o del impulso externo, teoría sostenida por el materialismo mecanicista y el evolucionismo vulgar. Es evidente que las causas puramente externas solo pueden provocar el movimiento mecánico de las cosas, esto es, sus cambios de dimensión o cantidad, pero no pueden explicar la infinita diversidad cualitativa de las cosas ni la transformación de una cosa en otra. De hecho, hasta el movimiento mecánico, impulsado por una fuerza externa, tiene lugar también a través del carácter contradictorio interno de las cosas. El simple crecimiento de las plantas y los animales, su desarrollo cuantitativo, también se debe principalmente a sus contradicciones internas. De la misma manera, el desarrollo de la sociedad no obedece principalmente a causas externas, sino internas. Países de condiciones geográficas y climáticas casi idénticas se desarrollan de un modo muy distinto y desigual. Más aún, en un mismo país se producen enormes cambios sociales sin que haya cambiado su geografía ni su clima. La Rusia imperialista se transformó en la Unión Soviética socialista, y el Japón feudal, cerrado al mundo exterior, se transformó en el Japón imperialista, sin que se hubieran producido cambios en el medio geográfico ni el clima de ninguno de los dos países. China, dominada durante largo tiempo por el feudalismo, ha experimentado enormes cambios en los últimos cien años y ahora está avanzando hacia su transformación en una nueva China, emancipada y libre; sin embargo, no han ocurrido cambios ni en su geografía ni en su clima. Por cierto, se operan cambios en la geografía y el clima de la Tierra en su conjunto y de cada una de sus zonas, pero son insignificantes en comparación con los cambios en la sociedad; los primeros se manifiestan en términos de decenas de miles de años, en tanto que los segundos lo hacen en términos de miles, cientos o decenas de años, e incluso en pocos años o meses (en periodos de revolución). Según la dialéctica materialista, los cambios en la naturaleza son ocasionados principalmente por el desarrollo de las contradicciones internas de esta, y los cambios en la sociedad se deben principalmente al desarrollo de las contradicciones internas de la sociedad, o sea, las contradicciones entre las fuerzas productivas y las relaciones de producción, entre las clases y entre lo viejo y lo nuevo. Es el desarrollo de estas contradicciones lo que hace avanzar la sociedad e impulsa la sustitución de la vieja sociedad por la nueva. ¿Excluye la dialéctica materialista las causas externas? No. La dialéctica materialista considera que las causas externas constituyen la condición del cambio, y las causas internas, su base, y que aquellas actúan a través de estas. A una temperatura adecuada, un huevo se transforma en pollo, pero ninguna temperatura puede transformar una piedra en pollo, porque sus bases son diferentes. Existe constante influencia mutua entre los pueblos de los diferentes países. En la época del capitalismo, especialmente en la época del imperialismo y de la revolución proletaria, son extremadamente grandes la influencia mutua y la interacción entre los diversos países en los terrenos político, económico y cultural. La Revolución socialista de octubre inauguró una nueva era no solo en la historia de Rusia, sino también en la historia mundial. Ha ejercido influencia en los cambios internos de los demás países del mundo y también, con especial profundidad, en los cambios internos de China. Tales cambios, sin embargo, han tenido lugar a través de las respectivas leyes internas de dichos países, incluida China. Cuando dos ejércitos traban combate y uno resulta vencedor y el otro, vencido, tanto la victoria del uno como la derrota del otro son determinadas por causas internas. Uno es el vencedor gracias a su poderío o a la corrección de su mando, y el otro sale derrotado sea por su debilidad o por los errores de su mando; las causas externas actúan a través de las causas internas. En China, la derrota que la gran burguesía infligió al proletariado en 1927 se produjo por obra del oportunismo que existía entonces en el seno del proletariado chino (dentro del Partido Comunista de China). Cuando liquidamos ese oportunismo, la Revolución china volvió a desarrollarse. El que más tarde la Revolución china haya sufrido de nuevo serios golpes de sus enemigos es consecuencia del aventurerismo que surgió en nuestro Partido. Cuando liquidamos el aventurerismo, nuestra causa reanudó su avance. De esto se desprende que si un partido quiere conducir la revolución a la victoria, ha de basarse en la justeza de su línea política y en la solidez de su organización.

La concepción dialéctica del mundo surgió ya en la Antigüedad, tanto en China como en Europa. Sin embargo, la antigua dialéctica tenía un carácter espontáneo e ingenuo; en razón de las condiciones sociales e históricas de entonces, no le era posible constituirse en teoría sistemática, y por eso no podía dar una explicación completa del universo y fue reemplazada más tarde por la metafísica. Hegel, célebre filósofo alemán de fines del siglo XVIII y comienzos del XIX, hizo importantísimas contribuciones a la dialéctica, pero su dialéctica era idealista. Solo cuando Marx y Engels, los grandes protagonistas del movimiento proletario, crearon la gran teoría del materialismo dialéctico y del materialismo histórico sintetizando todo lo positivo conquistado en la historia del conocimiento humano y, en particular, asimilando críticamente los elementos racionales de la dialéctica hegeliana, se produjo en la historia del conocimiento humano una gran revolución sin precedentes. Esta gran teoría ha sido desarrollada posteriormente por Lenin y Stalin. Al ser introducida en nuestro país, provocó enormes cambios en el pensamiento chino.

Esta concepción dialéctica del mundo nos enseña principalmente a observar y analizar el movimiento de los contrarios en las distintas cosas, y a determinar, sobre la base de tal análisis, los métodos para resolver las contradicciones. Por consiguiente, es para nosotros de singular importancia comprender concretamente la ley de la contradicción en las cosas.

II. La universalidad de la contradicción

Para facilitar mi exposición, comenzaré por la universalidad de la contradicción y luego continuaré con la particularidad de la contradicción. Lo haré así porque la universalidad de la contradicción puede ser explicada en pocas palabras, pues ha sido ampliamente reconocida desde que Marx, Engels, Lenin y Stalin, los grandes creadores y continuadores del marxismo, descubrieron la concepción dialéctica materialista del mundo y aplicaron con notables éxitos la dialéctica materialista al análisis de numerosas cuestiones de la historia humana y de la historia de la naturaleza y a la transformación, en muchos terrenos, de la sociedad y la naturaleza (en la Unión Soviética, por ejemplo); en cambio, muchos camaradas, especialmente los dogmáticos, todavía no comprenden claramente la particularidad de la contradicción. No entienden que es precisamente en la particularidad de la contradicción donde reside la universalidad de la contradicción. Tampoco comprenden cuán importante es, para dirigir el curso de la práctica revolucionaria, el estudio de la particularidad de la contradicción en las cosas concretas que tenemos ante nosotros. Es necesario, entonces, estudiar con detenimiento la particularidad de la contradicción y dedicar suficiente espacio a explicarla. Por esta razón, en nuestro análisis de la ley de la contradicción en las cosas, comenzaremos por la universalidad de la contradicción, luego dedicaremos especial atención al análisis de la particularidad de la contradicción, y volveremos finalmente a la primera.

La universalidad o carácter absoluto de la contradicción significa, primero, que la contradicción existe en el proceso de desarrollo de toda cosa, y, segundo, que el movimiento de los contrarios se presenta desde el comienzo hasta el fin del proceso de desarrollo de cada cosa.

Engels dijo: «El movimiento mismo es una contradicción»[5]. Lenin definió la ley de la unidad de los contrarios como «el reconocimiento (descubrimiento) de las tendencias contradictorias, *mutuamente excluyentes,* opuestas, en *todos* los fenómenos y pro-

---

[5] F. Engels, *Anti-Dühring,* primera sección, XII, «Dialéctica. Cantidad y calidad».

cesos de la naturaleza (*incluso* del espíritu y de la sociedad)»[6]. ¿Son correctas estas ideas? Sí lo son. La interdependencia y la lucha entre los contrarios existentes en cada una de las cosas determinan su vida e impulsan su desarrollo. No hay cosa que no contenga contradicción; sin contradicción no existiría el mundo.

La contradicción es la base de las formas simples del movimiento (por ejemplo, el movimiento mecánico) y tanto más lo es de las formas complejas del movimiento.

Engels explicó la universalidad de la contradicción en los siguientes términos:

> Si ya el simple cambio mecánico de lugar encierra una contradicción, tanto más la encierran las formas superiores del movimiento de la materia y muy especialmente la vida orgánica y su desarrollo. [...] La vida consiste precisamente, ante todo, en que un ser es en cada instante el mismo y a la vez otro. La vida, pues, es también una contradicción que, presente en las cosas y los procesos mismos, se está planteando y resolviendo incesantemente; al cesar la contradicción, cesa la vida y sobreviene la muerte. Vimos igualmente cómo tampoco en el mundo del pensamiento podemos librarnos de las contradicciones, y cómo, por ejemplo, la contradicción entre la interiormente ilimitada capacidad cognoscitiva humana y su existencia real solo en hombres exteriormente limitados y que conocen limitadamente, se resuelve en la sucesión, para nosotros al menos prácticamente infinita, de las generaciones, en un progreso ilimitado.
>
> [...] Una de las bases fundamentales de las matemáticas superiores es precisamente la contradicción [...].
>
> Pero ya en las matemáticas inferiores hormiguean las contradicciones[7].

A su vez, Lenin ilustró la universalidad de la contradicción como sigue:

[6] V. I. Lenin, *En torno a la cuestión de la dialéctica*.
[7] F. Engels, *Anti-Dühring*, primera sección, XII, «Dialéctica. Cantidad y calidad».

En matemáticas: + y −. Diferencial e integral.
En mecánica: acción y reacción.
En física: electricidad positiva y negativa.
En química: combinación y disociación de los átomos.
En ciencias sociales: lucha de clases[8].

En la guerra, la ofensiva y la defensiva, el avance y la retirada, la victoria y la derrota, son todas parejas de fenómenos contradictorios. El uno no puede existir sin el otro. La lucha y la interconexión entre ambos aspectos constituyen el conjunto de la guerra, impulsan su desarrollo y resuelven sus problemas.

Toda diferencia entre los conceptos de los hombres debe ser considerada como reflejo de las contradicciones objetivas. El reflejo de las contradicciones objetivas en el pensamiento subjetivo forma el movimiento contradictorio de los conceptos, impulsa el desarrollo del pensamiento y va resolviendo sin cesar los problemas planteados al pensamiento humano.

La oposición y la lucha entre ideas diferentes tienen lugar constantemente dentro del Partido. Este es el reflejo en su seno de las contradicciones entre las clases y entre lo nuevo y lo viejo en la sociedad. Si en el Partido no hubiera contradicciones ni luchas ideológicas para resolverlas, la vida del Partido tocaría a su fin.

Así, pues, queda claro que la contradicción existe universalmente, en todos los procesos, tanto en las formas simples del movimiento como en las complejas, tanto en los fenómenos objetivos como en los fenómenos del pensamiento. Pero ¿existe la contradicción también en la etapa inicial de cada proceso? ¿Existe el movimiento de los contrarios desde el comienzo hasta el fin del proceso de desarrollo de cada cosa?

La escuela de Deborin, a juzgar por los artículos en que la critican los filósofos soviéticos, sostiene que la contradicción no aparece en el comienzo de un proceso, sino solo cuando este ha alcanzado determinada etapa. Si así fuera, el desarrollo del pro-

---

[8] V. I. Lenin, *En torno a la cuestión de la dialéctica*.

ceso hasta ese momento no obedecería a causas internas sino externas. De esta manera, Deborin retrocede a la teoría metafísica de la causalidad externa y al mecanismo. Aplicando este criterio al análisis de problemas concretos, la escuela de Deborin estima que, en las condiciones de la Unión Soviética, solo existen diferencias, pero no contradicción, entre los kulaks y las masas campesinas, y así coincide por entero con la opinión de Bujarin. Al analizar la Revolución francesa, sostiene que antes de ella existían asimismo solo diferencias, pero no contradicciones, dentro del Tercer Estado, integrado por los obreros, los campesinos y la burguesía. Tal punto de vista de la escuela de Deborin es antimarxista. Esta escuela ignora que toda diferencia entraña ya una contradicción, y que la diferencia en sí es contradicción. Trabajadores y capitalistas han estado en contradicción desde el nacimiento mismo de estas dos clases, solo que la contradicción no se agudizó al comienzo. Aun en las condiciones sociales de la Unión Soviética, existen diferencias entre los obreros y los campesinos, y estas diferencias en sí mismas constituyen una contradicción, solo que esta no se intensificará hasta el punto de transformarse en antagónica ni tornará la forma de lucha de clases, como es el caso de la contradicción entre trabajadores y capitalistas; los obreros y los campesinos han formando una sólida alianza en el curso de la construcción socialista y van resolviendo gradualmente esa contradicción en el proceso de desarrollo del socialismo al comunismo. De lo que aquí se trata es de contradicciones de distinto carácter, y no de la presencia o ausencia de contradicciones. La contradicción es universal, absoluta; existe en los procesos de desarrollo de todas las cosas y recorre cada proceso desde el comienzo hasta el fin.

¿Qué es la aparición de un nuevo proceso? La vieja unidad y los contrarios que la constituyen, dejan lugar a una nueva unidad y sus correspondientes contrarios; así nace un nuevo proceso en reemplazo del viejo. Termina el viejo proceso y comienza el nuevo. El nuevo proceso contiene una nueva contradicción e inicia su propia historia, la historia del desarrollo de su contradicción.

Como señaló Lenin, Marx dio en *El capital* un modelo de análisis del movimiento de los contrarios, que recorre todo el proceso de desarrollo de una cosa desde el comienzo hasta el fin. Este es el método que ha de emplearse al estudiar el proceso de desarrollo de cualquier cosa. El propio Lenin también empleó correctamente este método, que impregna todas sus obras.

> En *El capital*, Marx comienza por analizar la *relación* más simple, ordinaria y fundamental, más común, más cotidiana de la sociedad burguesa (mercantil), una relación miles de millones de veces presente: el intercambio de mercancías. El análisis revela en este fenómeno sencillísimo (en esa «célula» de la sociedad burguesa) *todas* las contradicciones (o los gérmenes de *todas* las contradicciones) de la sociedad contemporánea. La posterior exposición nos muestra el desarrollo (*a la vez* crecimiento y movimiento) de dichas contradicciones y de esa sociedad en la Σ [suma] de sus partes individuales, desde su comienzo hasta su fin.

Lenin agregó: «Tal debe ser el método de exposición (o de estudio) de la dialéctica en general [...]»[9].

Los comunistas chinos deben asimilar este método, pues solo así podrán analizar correctamente la historia y la situación actual de la Revolución china y deducir sus perspectivas futuras.

III. La particularidad de la contradicción

La contradicción existe en el proceso de desarrollo de cada cosa y lo recorre desde el comienzo hasta el fin; tal es la universalidad o carácter absoluto de la contradicción. A esto ya nos hemos referido más arriba. Detengámonos ahora en la particularidad o carácter relativo de la contradicción.

Hay que estudiar este problema en varios planos.

---

[9] *Ibid.*

Ante todo, las contradicciones de las diversas formas del movimiento de la materia poseen, cada una, un carácter particular. El conocimiento que el hombre tiene de la materia es el conocimiento de las formas de su movimiento, pues en el mundo no hay más que materia en movimiento, y el movimiento de la materia reviste necesariamente formas determinadas. Al abordar una forma dada del movimiento de la materia, debemos tomar en consideración lo que tiene de común con otras formas del movimiento. Pero aquello que encierra especial importancia, pues sirve de base a nuestro conocimiento de una cosa, es atender a lo que esa forma del movimiento de la materia tiene de particular, o sea, a lo que la distingue cualitativamente de otras formas del movimiento. Solo así podemos distinguir una cosa de otra. Toda forma del movimiento contiene su propia contradicción particular. Esta contradicción particular constituye la esencia particular que diferencia a una cosa de las demás. He aquí la causa interna o, por decirlo así, la base de la infinita variedad de las cosas del mundo. Hay muchas formas del movimiento en la naturaleza: movimiento mecánico, sonido, luz, calor, electricidad, disociación, combinación, etc. Todas estas formas del movimiento de la materia son interdependientes, pero, en su esencia, cada una es diferente de las otras. La esencia particular de cada forma del movimiento de la materia es determinada por la contradicción particular de dicha forma. Esto ocurre no solo en la naturaleza, sino también en los fenómenos de la sociedad y del pensamiento. Todas las formas sociales y todas las formas del pensamiento tienen, cada una, su propia contradicción particular y su esencia particular.

La delimitación entre las diferentes ciencias se funda precisamente en las contradicciones particulares inherentes a sus respectivos objetos de estudio. Así, es la contradicción peculiar de un determinado sector de fenómenos lo que constituye el objeto de estudio de una rama dada de la ciencia. Por ejemplo: los números positivos y los negativos en matemáticas; la acción y la reacción en mecánica; la electricidad positiva y la negativa en física; la disociación y la combinación en química; las fuerzas productivas y las relaciones de producción, y la lucha entre una clase y otra en las ciencias sociales; la ofensiva y la defensiva en la ciencia militar; el idealismo y el materialismo, la concepción metafísica y la concepción dialéctica en filosofía, etc. —cada una de estas parejas de fenómenos constituye una contradicción particular y tiene una esencia particular y, precisamente por eso, ellas son objetos de estudio de ramas distintas de la ciencia—. Cierto es que si no se comprende la universalidad de la contradicción, no hay manera de descubrir la causa universal o base universal del movimiento o desarrollo de las cosas; pero, si no se estudia la particularidad de la contradicción, no hay manera de determinar la esencia particular que diferencia a una cosa de las demás, ni de descubrir la causa particular o base particular del movimiento o desarrollo de cada cosa, ni de distinguir una cosa de otra, ni de delimitar los diversos dominios de la ciencia.

En cuanto al orden que sigue el movimiento del conocimiento humano, el hombre parte siempre del conocimiento de lo individual y particular para llegar gradualmente a conocer lo general. Únicamente después de conocer la esencia particular de multitud de cosas distintas, el hombre puede pasar a la generalización y conocer la esencia común a las diversas cosas. Luego de haber llegado a conocer dicha esencia común, el hombre se sirve de este conocimiento como guía para seguir adelante y estudiar distintas cosas concretas que no han sido estudiadas todavía o que no lo han sido en profundidad, a fin de descubrir la esencia particular de cada una de ellas; solo así puede acrecentar, enriquecer y desarrollar su conocimiento de dicha esencia común y evitar que este conocimiento se marchite o fosilice. Estos son los dos procesos del conocimiento: uno, de lo particular a lo general, y el otro, de lo general a lo particular. El conocimiento humano siempre avanza en forma cíclica y cada ciclo (si se observa estrictamente el método científico) puede elevar el conocimiento humano a una etapa más alta y hacerlo más profundo. El error de nuestros dogmáticos a este respecto consiste en que, por una parte, no comprenden que es imperativo estudiar la particularidad de la contradicción y conocer la esencia particular de las cosas individuales para poder conocer plenamente la universalidad de la contradicción y la esencia común a las diversas cosas, y, por otra parte, no comprenden que aun después de conocer la esencia común a las cosas hay que seguir adelante y estudiar las cosas concretas todavía no estudiadas profundamente o aquellas recién surgidas. Nuestros dogmáticos son perezosos y rehúsan dedicar el menor esfuerzo al estudio de las cosas concretas; consideran las verdades generales como surgidas de la nada y las convierten en fórmulas puramente abstractas, ininteligibles, y, de este modo, niegan por completo e invierten el orden normal que sigue el hombre para llegar a conocer la verdad. Tampoco comprenden la interconexión entre los dos procesos del conocimiento humano: de lo particular a lo general y, luego, de lo general a lo particular. Los dogmáticos no entienden nada de la teoría marxista del conocimiento.

Es preciso estudiar no solo la contradicción particular y la esencia, por ella determinada, de cada gran sistema de formas del movimiento de la materia, sino también la contradicción particular y la esencia de cada proceso en el largo curso del desarrollo de cada forma del movimiento de la materia. En toda forma del movimiento, cada proceso de desarrollo, real y no imaginario, es cualitativamente diferente. En nuestro estudio debemos poner énfasis en este punto y comenzar por él.

Contradicciones cualitativamente diferentes solo pueden resolverse por métodos cualitativamente diferentes. Por ejemplo: la contradicción entre el proletariado y la burguesía se resuelve por el método de la revolución socialista; la contradicción entre las grandes masas populares y el sistema feudal, por el método de la revolución democrática; la contradicción entre las colonias y el imperialismo, por el método de la guerra revolucionaria nacional; la contradicción entre la clase obrera y el campesinado en la sociedad socialista, por el método de la colectivización y la mecanización de la agricultura; las contradicciones en el seno del Partido

Comunista, por el método de la crítica y la autocrítica; la contradicción entre la sociedad y la naturaleza, por el método del desarrollo de las fuerzas productivas. Los procesos cambian, desaparecen viejos procesos y contradicciones y surgen nuevos procesos y contradicciones, y, en consecuencia, varían los métodos para resolver las contradicciones. En Rusia fueron radicalmente diferentes tanto la contradicción resuelta por la Revolución de Febrero y la resuelta por la Revolución de Octubre, como los métodos empleados para resolverlas. Resolver contradicciones diferentes por métodos diferentes es un principio que los marxista-leninistas deben observar rigurosamente. Los dogmáticos no observan este principio, no comprenden las diferencias entre las condiciones de los distintos tipos de revolución y, por eso, tampoco comprenden la necesidad de usar métodos diferentes para resolver contradicciones diferentes; antes al contrario, siguen invariablemente una fórmula que suponen inalterable y la aplican mecánicamente y en todas partes, lo cual solo puede causar reveses a la revolución o llevar a hacer muy mal lo que podría hacerse bien.

Para descubrir la particularidad de las contradicciones en el proceso de desarrollo de una cosa, consideradas en su conjunto, en sus interconexiones, es decir, para descubrir la esencia del proceso de desarrollo de una cosa, hay que descubrir la particularidad de cada uno de los aspectos de cada contradicción de ese proceso; de otro modo, será imposible descubrir la esencia del proceso. En nuestro estudio también debemos prestar mucha atención a esto.

En el proceso de desarrollo de toda cosa grande existen numerosas contradicciones. Por ejemplo, en el proceso de la revolución democrático-burguesa de China, existen la contradicción entre todas las clases oprimidas de la sociedad china y el imperialismo, la contradicción entre las amplias masas populares y el feudalismo, la contradicción entre el proletariado y la burguesía, la contradicción entre el campesinado y la pequeña burguesía urbana, por un lado, y la burguesía, por el otro, las contradicciones entre los distintos grupos dominantes reaccionarios, etc.; la situación es sumamente compleja. Estas contradicciones no pueden ser tratadas de una misma manera, ya que cada una tiene su propia particularidad; además, los dos aspectos de cada contradicción tampoco pueden ser tratados de una misma manera, puesto que cada uno tiene sus propias características. Los que nos dedicamos a la Revolución china no solo debemos comprender la particularidad de las contradicciones en su conjunto, es decir, en sus interconexiones, sino también estudiar los dos aspectos de cada contradicción, único medio para llegar a comprender el conjunto. Comprender cada uno de los aspectos de una contradicción significa comprender qué posición específica ocupa cada uno de ellos, qué formas concretas asumen sus relaciones de interdependencia y contradicción con su contrario, y qué medios concretos emplea en la lucha con su contrario tanto mientras ambos aspectos están en interdependencia y contradicción como después de la ruptura de la interdependencia. Estudiar estos problemas es de suma importancia. A esto se refería Lenin al decir que la esencia misma del marxismo, el alma viva del marxismo, es el análisis concreto de la situación concreta[10]. En contra de las enseñanzas de Lenin, nuestros dogmáticos nunca usan su cerebro para analizar ninguna cosa concretamente, y en sus escritos y discursos recurren siempre a frases vacías y estereotipadas, introduciendo de esta manera una pésima práctica en nuestro Partido.

Al estudiar un problema, debemos guardarnos del subjetivismo, la unilateralidad y la superficialidad. Por subjetivismo se entiende no saber abordar los problemas objetivamente, es decir, no saber abordarlos desde el punto de vista materialista. De esto ya he hablado en mi trabajo «Sobre la práctica». Por unilateralidad se entiende no saber abordar los problemas en todas sus facetas. Por ejemplo, comprender solo a China y no al Japón, solo al Partido Comunista y no al Kuomintang, solo al proletariado y

---

[10] V. I. Lenin, «Comunismo», *Obras completas,* t. XXXI. Véase «Problemas estratégicos de la guerra revolucionaria de China», en *Obras escogidas de Mao Tse-Tung,* tomo I, Pekín, Ediciones en Lenguas Extranjeras, 1971, p. 271, n. 10.

no a la burguesía, solo a los campesinos y no a los terratenientes, solo las condiciones favorables y no las difíciles, solo el pasado y no el futuro, solo las partes y no el todo, solo los defectos y no los éxitos, solo al acusador y no al acusado, solo el trabajo revolucionario secreto y no el trabajo revolucionario abierto, y así por el estilo. En una palabra, significa no comprender las características de cada uno de los aspectos de una contradicción. A esto se llama enfocar un problema unilateralmente; o puede llamarse ver la parte y no el todo, ver los árboles y no el bosque. De esta manera no es posible encontrar el método para resolver las contradicciones, ni cumplir las tareas de la revolución, ni llevar a buen término el trabajo encomendado, ni desarrollar correctamente la lucha ideológica en el seno del Partido. Cuando Sun Tzu decía en su exposición del arte de la guerra: «Conoce a tu adversario y conócete a ti mismo, y podrás librar cien batallas sin correr ningún riesgo de derrota»[11], se refería a las dos partes beligerantes. Wei Cheng[12], de la dinastía Tang, también comprendía lo errónea que es la unilateralidad cuando decía: «Si escuchas a ambas partes, se hará en ti la luz; si escuchas a una sola, permanecerás en tinieblas». Pero nuestros camaradas a menudo examinan los problemas de manera unilateral y, por eso, dan con la cabeza en un muro. En la novela *A la orilla del agua,* Sung Chiang lanza tres ataques contra la aldea de Chu[13]. Dos veces es derrotado porque no conoce las condiciones locales y no emplea métodos correctos. Más tarde cambia de métodos; comienza por investigar la situación y llega a conocer el laberinto de senderos, después logra deshacer la alianza entre las aldeas de Li, Ju y Chu

---

[11] *Sun Tzu,* cap. III, «Plan de ataque».

[12] Wei Cheng (580-643 d.C.), estadista e historiador de la dinastía Tang.

[13] *A la orilla del agua (Shui Hu Chuan)* es una famosa novela china que describe una guerra campesina ocurrida a finales de la disnastía Song del Nort. Sung Chiang es uno de los protagonistas de la novela. La aldea de Chu, bajo la dominación de un terrateniente despótico llamado Chu Chao-feng, estaba cerca de Liangshanpo, base de apoyo de esa guerra campesina.

y, empleando una estratagema similar a la del caballo de Troya de que habla una leyenda extranjera, envía a sus hombres disfrazados a mantenerse a la espera en el campo enemigo. Y en el tercer ataque obtiene la victoria. Hay muchos ejemplos de dialéctica materialista en *A la orilla del agua,* de los cuales el episodio de los tres ataques a la aldea de Chu es el mejor. Lenin dijo:

> Para conocer realmente un objeto hay que abarcar y estudiar todos sus aspectos, todos sus vínculos y «mediaciones». Esto jamás lo conseguiremos por completo, pero la exigencia de estudiar las cosas en todos sus aspectos nos prevendrá contra los errores y la rigidez[14].

Debemos tener presentes sus palabras. Por superficialidad se entiende no considerar ni las características de la contradicción en su conjunto ni las características de cada uno de sus aspectos, no reconocer la necesidad de ir al fondo de las cosas para estudiar minuciosamente las características de la contradicción, sino limitarse a mirar de lejos y, después de una ojeada a los contornos generales de la contradicción, tratar inmediatamente de resolverla (responder a una pregunta, zanjar una disputa, manejar un asunto o dirigir una operación militar). Esta forma de proceder lleva inevitablemente a consecuencias funestas. La razón por la cual los camaradas dogmáticos y empíricos chinos han cometido errores reside precisamente en que su modo de examinar las cosas es subjetivista, unilateral y superficial. La unilateralidad y la superficialidad son también subjetivismo, porque todas las cosas objetivas se hallan en realidad ligadas unas con otras y se rigen por leyes internas; sin embargo, hay personas que, en lugar de reflejar las cosas tal como son, las consideran de modo unilateral o superficial ignorando sus relaciones recíprocas y sus leyes internas; por tanto, el método que siguen es subjetivista.

---

[14] V. I. Lenin, «Una vez más sobre los sindicatos, el momento actual y los errores de Trotsky y Bujarin».

No solo el proceso total del movimiento de las contradicciones en el desarrollo de una cosa, consideradas en sus interconexiones, y cada uno de los aspectos de cada contradicción tienen
rasgos particulares, a los que debemos prestar atención, sino que
cada etapa del proceso tiene también sus rasgos particulares,
que deben ser igualmente atendidos.

La contradicción fundamental del proceso de desarrollo de
una cosa y la esencia de este, determinada por dicha contradicción, no desaparecen mientras el proceso no termina; sin embargo, en un proceso de desarrollo prolongado, la situación ge-
neralmente varía de etapa a etapa. La razón es que, si bien no
cambia ni la naturaleza de la contradicción fundamental del
proceso de desarrollo de la cosa ni la esencia del proceso, la contradicción fundamental se va agudizando a medida que pasa de
una etapa a otra en este proceso prolongado. Además, de las
numerosas contradicciones, grandes y pequeñas, determinadas
por la contradicción fundamental o sujetas a su influencia, unas
se agudizan y otras son temporal o parcialmente resueltas o ate-
nuadas, y surgen algunas nuevas; es por esto que hay etapas en
el proceso. Si no se presta atención a las etapas del proceso de
desarrollo de una cosa, no se puede tratar apropiadamente sus
contradicciones.

Por ejemplo, cuando el capitalismo de la época de la libre
competencia se desarrolló y convirtió en imperialismo, no cam-
bió ni la naturaleza de las dos clases radicalmente contradictorias, el proletariado y la burguesía, ni tampoco la esencia capitalista de la sociedad; pero se agudizó la contradicción entre estas
dos clases, surgió la contradicción entre el capital monopolista
y el no monopolista, se agudizó la contradicción entre las me-
trópolis y las colonias, y se manifestaron con especial intensidad
las contradicciones entre los distintos países capitalistas, origi-
nadas en la desigualdad de su desarrollo; así surgió una fase especial del capitalismo: el imperialismo. El leninismo es el marxismo de la era del imperialismo y de la revolución proletaria
precisamente porque Lenin y Stalin han explicado correctamen-

te estas contradicciones y han formulado la teoría y las tácticas
correctas de la revolución proletaria para resolverlas.

Veamos el proceso de la revolución democrático-burguesa de
China, iniciada con la Revolución de 1911. Ha tenido varias etapas distintas. Constituyen, en particular, dos etapas históricas sumamente diferentes el periodo en que la revolución fue dirigida
por la burguesía y el periodo en que la dirige el proletariado. En
otras palabras, la dirección del proletariado ha provocado un
cambio radical en la fisonomía de la revolución, ha conducido a
un nuevo alineamiento de las clases, ha hecho desencadenarse en
gran escala la revolución campesina, ha impreso un carácter consecuente a la revolución antiimperialista y antifeudal, ha abierto
la posibilidad de la transformación de la revolución democrática
en revolución socialista, etc. Nada de esto era posible en el periodo en que la revolución se hallaba bajo la dirección de la burguesía. Aunque no ha cambiado la naturaleza de la contradicción
fundamental del proceso considerado en su conjunto, ni la naturaleza del proceso en cuanto revolución democrática, antiimperialista y antifeudal (cuyo contrario es la naturaleza semicolonial
y semifeudal del país), este proceso ha pasado por varias etapas de
desarrollo en el curso de más de veinte años, durante los cuales se
produjeron muchos acontecimientos importantes: la derrota de
la Revolución de 1911 y la implantación del régimen de los caudillos militares del Norte, la formación del primer frente único
nacional y la revolución de 1924-1927, la ruptura del frente único y el paso de la burguesía al campo de la contrarrevolución, las
guerras entre los nuevos caudillos militares, la Guerra Revolucionaria Agraria, el establecimiento del segundo frente único nacional y la Guerra de Resistencia contra el Japón. Caracterizan a las
mencionadas etapas la agudización de algunas contradicciones
(por ejemplo, la Guerra Revolucionaria Agraria y la invasión japonesa de las cuatro provincias del Nordeste), la solución parcial
o temporal de otras contradicciones (por ejemplo, la eliminación
de los caudillos militares del Norte y nuestra confiscación de las
tierras de los terratenientes), o la reaparición de ciertas contradic-

ciones (por ejemplo, la lucha entre los nuevos caudillos militares y la recuperación de las tierras por los terratenientes después de que perdimos las bases de apoyo revolucionarias en el Sur).

Al estudiar la particularidad de las contradicciones en cada etapa del proceso de desarrollo de una cosa, debemos no solo considerar las contradicciones en sus interconexiones, en su conjunto, sino también examinar cada uno de los aspectos de cada contradicción.

Tomemos, por ejemplo, al Kuomintang y al Partido Comunista. Veamos un aspecto, el Kuomintang. En el periodo del primer frente único, el Kuomintang aplicaba las Tres Grandes Políticas de Sun Yat-sen: alianza con Rusia, alianza con el Partido Comunista y ayuda a los obreros y campesinos; por eso era revolucionario y vigoroso y constituía una alianza de diversas clases para la revolución democrática. En 1927, sin embargo, el Kuomintang se transformó en su reverso, en un bloque reaccionario de los terratenientes y de la gran burguesía. Después del Incidente de Sían en diciembre de 1936, comenzó a cambiar, orientándose a cesar la guerra civil y a cooperar con el Partido Comunista para luchar juntos contra el imperialismo japonés. Tales son las características del Kuomintang en estas tres etapas. Dichas características obedecen, por supuesto, a diversas causas. Veamos ahora el otro aspecto, el Partido Comunista de China. En el periodo del primer frente único, estaba en su infancia; dirigió valerosamente la revolución de 1924-1927, pero se mostró inmaduro en su comprensión del carácter, las tareas y los métodos de la revolución y, en consecuencia, el chentusiuísmo[15], surgido en el último tiempo de esa revolución, pudo imponerse y conducirla a la derrota. A partir de 1927, el Partido Comunista dirigió con valentía la Guerra Revolucionaria Agraria y creó el ejército revolucionario y las bases de apoyo revolucionarias; sin embargo, cometió errores de aventurerismo, que causaron serias pérdidas

---

[15] Acerca de Chen Tu-siu, véase «Problemas estratégicos de la guerra revolucionaria de China», en en *Obras escogidas de Mao Tse-Tung,* tomo I, p. 269, n. 4.

tanto al ejército como a las bases de apoyo. Desde 1935 el Partido ha corregido estos errores y ha asumido la dirección de un nuevo frente único, el de resistencia al Japón; esta gran lucha está desarrollándose ahora. En la presente etapa, el Partido Comunista es un partido probado en dos revoluciones y poseedor de una rica experiencia. Tales son las características del Partido Comunista de China en las tres etapas. Y también ellas obedecen a diversas causas. Si no estudiamos estas características de los dos partidos, no podremos comprender sus mutuas relaciones particulares en las diferentes etapas: formación de un frente único, ruptura del mismo y creación de otro nuevo. Pero, al estudiar las distintas características de los dos partidos, es aún más fundamental examinar la base de clase de uno y otro y las contradicciones, surgidas de ella en los diferentes periodos, entre cada partido y las demás fuerzas. Por ejemplo, en el periodo de su primera alianza con el Partido Comunista, el Kuomintang, por una parte, se hallaba en contradicción con el imperialismo extranjero y, consiguientemente, se le oponía; por la otra, estaba en contradicción con las vastas masas populares en el interior, y, si bien prometió muchos beneficios al pueblo trabajador, de hecho le dio muy pocos o ninguno. En el periodo en que llevó adelante la guerra anticomunista, el Kuomintang, colaborando con el imperialismo y el feudalismo, se opuso a las grandes masas populares y suprimió de un plumazo todos los beneficios que estas habían conquistado en la revolución, de manera que agudizó su contradicción con ellas. Actualmente, en el periodo de la resistencia antijaponesa, el Kuomintang se encuentra en contradicción con el imperialismo japonés; por una parte, está interesado en cooperar con el Partido Comunista, en tanto que, por la otra, no atenúa su lucha contra este y el pueblo ni la opresión que ejerce sobre ellos. En cuanto al Partido Comunista, ha estado siempre, en cada periodo, al lado de las grandes masas populares contra el imperialismo y el feudalismo; sin embargo, en el presente periodo, el de la resistencia antijaponesa, ha adoptado una política de moderación respecto al Kuomintang y a las fuerzas feudales del país, porque el Kuomintang se ha manifestado a favor de la resistencia al Japón. Todas estas condiciones han llevado ya a la alianza, ya a la lucha, entre los dos partidos; incluso durante los periodos de alianza se presenta un complejo estado de alianza y lucha simultáneas. Si no estudiamos las características de los aspectos de las mencionadas contradicciones, no podremos comprender ni las relaciones de cada uno de los dos partidos con las demás fuerzas, ni sus propias relaciones mutuas.

Así se ve que al estudiar la particularidad de la contradicción en cualquier plano –trátese de la contradicción en cada forma del movimiento de la materia, la contradicción en cada uno de los procesos de desarrollo de cada forma del movimiento de la materia, los dos aspectos de la contradicción en cada proceso, la contradicción en cada etapa de desarrollo de un proceso, o los dos aspectos de la contradicción en cada etapa–, al estudiar la particularidad de la contradicción en cualquiera de estos planos, no debemos ser subjetivos ni arbitrarios, sino que debemos hacer un análisis concreto. Sin un análisis concreto no se puede llegar a conocer la particularidad de la contradicción en ningún plano. Tengamos siempre presentes las palabras de Lenin: análisis concreto de la situación concreta.

Marx y Engels fueron los primeros en ofrecernos excelentes modelos de semejante análisis concreto.

Al aplicar la ley de la contradicción en las cosas al estudio del proceso sociohistórico, Marx y Engels descubrieron la contradicción entre las fuerzas productivas y las relaciones de producción, la contradicción entre las clases explotadoras y las explotadas, así como la contradicción, originada por las anteriores, entre la base económica y su superestructura (política, ideología, etc.), y descubrieron también cómo estas contradicciones conducen inevitablemente, en los diferentes tipos de sociedades de clases, a diferentes tipos de revoluciones sociales.

Al aplicar esta ley al estudio de la estructura económica de la sociedad capitalista, Marx descubrió que la contradicción fundamental de esta sociedad es la contradicción entre el carácter social de la producción y el carácter privado de la propiedad. Esta contradicción se manifiesta en la contradicción entre el carácter organizado de la producción en las empresas individuales y el carácter anárquico de la producción en la sociedad en su conjunto. En términos de relaciones de clase, se manifiesta en la contradicción entre la burguesía y el proletariado.

Dado que la variedad de las cosas es inconmensurable y su desarrollo no tiene límites, lo que es universal en un contexto determinado se hace particular en otro contexto, y viceversa. La contradicción, inherente al sistema capitalista, entre el carácter social de la producción y la propiedad privada de los medios de producción, es común a todos los países donde existe y se desarrolla el capitalismo, y, por tanto, es universal con respecto a este. Sin embargo, la contradicción propia del capitalismo corresponde solo a una determinada etapa histórica en el desarrollo de la sociedad de clases en general, y, por consiguiente, tiene carácter particular respecto a la contradicción entre las fuerzas productivas y las relaciones de producción dentro de la sociedad de clases en general. Ahora bien, al disecar la particularidad de las contradicciones arriba mencionadas de la sociedad capitalista, Marx elucidó en forma aún más profunda, exhaustiva y completa el carácter universal de la contradicción entre las fuerzas productivas y las relaciones de producción dentro de la sociedad de clases en general.

Lo particular y lo universal están unidos, y no solamente la particularidad sino también la universalidad de la contradicción son inherentes a toda cosa: la universalidad reside en la particularidad; por eso, al estudiar una cosa determinada, debemos tratar de descubrir estos dos lados y su interconexión, lo particular y lo universal dentro de la cosa misma y su interconexión, y de descubrir las interconexiones entre dicha cosa y las numerosas cosas exteriores a ella. Stalin, al explicar las raíces históricas del leninismo en su famosa obra *Los fundamentos del leninismo,* analizó la situación internacional en que nació el leninismo, analizó las distintas contradicciones del capitalismo, llegadas a su grado extremo bajo las condiciones del imperialismo, y mostró cómo ellas hicieron de la revolución proletaria una cuestión práctica inmediata y crearon condiciones favorables para el asalto directo al capitalismo. Además, analizó por qué Rusia fue la patria del leninismo, por qué la Rusia zarista constituía el punto de convergencia de todas las contradicciones del imperialismo y por qué el proletariado ruso se convirtió en la vanguardia del proletariado revolucionario internacional. De esta manera, Stalin analizó lo universal de las contradicciones del imperialismo, demostrando que el leninismo es el marxismo de la época del imperialismo y de la revolución proletaria, y, al mismo tiempo, analizó lo que de particular tenían estas contradicciones generales en el caso del imperialismo de la Rusia zarista, explicando por qué Rusia llegó a ser la cuna de la teoría y las tácticas de la revolución proletaria y cómo dicha particularidad encerraba la universalidad de la contradicción. Este análisis de Stalin nos ofrece un modelo para comprender la particularidad y la universalidad de la contradicción y su interconexión.

Al referirse a la aplicación de la dialéctica al estudio de los fenómenos objetivos, Marx y Engels, así como Lenin y Stalin, han enseñado siempre que es preciso deshacerse de todo subjetivismo y arbitrariedad y partir de las condiciones concretas del movimiento objetivo real para descubrir las contradicciones concretas de estos fenómenos, la posición concreta de cada uno de los aspectos de cada contradicción y las interrelaciones concretas de las contradicciones. A nuestros dogmáticos les falta esta actitud en el estudio y, por lo tanto, yerran en todo. Debemos sacar lecciones de sus fracasos y aprender a estudiar con esta actitud, la única correcta.

La relación entre la universalidad y la particularidad de la contradicción es la relación entre el carácter general y el carácter individual de la contradicción. Por carácter general de la contradicción entendemos que esta existe en todos los procesos y los recorre desde el comienzo hasta el fin: movimiento, cosas, procesos y pensamiento, todo es contradicción. Negar la contradicción es negarlo todo. Esta es una verdad universal para todos los tiempos y todos los países, sin excepción. Tal es el carácter general, el carácter absoluto de la contradicción. Sin embargo, lo general está contenido en todo ser individual; sin carácter individual no puede haber carácter general. Si todo lo individual fuera excluido, ¿qué sería de lo general? Cada contradicción es particular y de ahí lo individual. Lo individual existe condicional y temporalmente y es, por tanto, relativo.

Esta verdad referente a lo general y lo individual, a lo absoluto y lo relativo, es la quintaesencia del problema de la contradicción en las cosas; no comprenderla equivale a abandonar la dialéctica.

IV. La contradicción principal y el aspecto principal de la contradicción

En lo tocante a la particularidad de la contradicción, quedan dos cuestiones que requieren un análisis especial: la contradicción principal y el aspecto principal de la contradicción.

En el proceso de desarrollo de una cosa compleja hay muchas contradicciones y, de ellas, una es necesariamente la principal, cuya existencia y desarrollo determina o influye en la existencia y desarrollo de las demás contradicciones.

Por ejemplo: en la sociedad capitalista, las dos fuerzas contradictorias, el proletariado y la burguesía, constituyen la contradicción principal. Las otras contradicciones, como las que existen entre los remanentes de la clase feudal y la burguesía, entre la pequeña burguesía campesina y la burguesía, entre el proletariado y la pequeña burguesía campesina, entre la burguesía no monopolista y la monopolista, entre la democracia y el fascismo en el seno de la burguesía, entre los diversos países capitalistas, entre el imperialismo y las colonias, etc., son todas determinadas por esta contradicción principal o sujetas a su influencia.

En un país semicolonial como China, la relación entre la contradicción principal y las contradicciones no principales ofrece un cuadro complejo.

Cuando el imperialismo desata una guerra de agresión contra un país así, las diferentes clases de este, excepto un pequeño número de traidores, pueden unirse temporalmente en una guerra nacional contra el imperialismo. Entonces, la contradicción entre el imperialismo y el país en cuestión pasa a ser la contradicción principal, mientras todas las contradicciones entre las diferentes clases dentro del país (incluida la contradicción, que era la principal, entre el sistema feudal y las grandes masas populares) quedan relegadas temporalmente a una posición secundaria y subordinada. Tal fue el caso en China durante la Guerra del Opio de 1840, la Guerra Chino-Japonesa de 1894, la Guerra del Yijetuan de 1900, y tal es también el caso de la actual guerra chino-japonesa.

En otras circunstancias, sin embargo, las contradicciones cambian de posición. Cuando el imperialismo no recurre a la guerra, sino a medios relativamente moderados, medios políticos, económicos y culturales, para llevar adelante su opresión, la clase dominante del país semicolonial en cuestión capitula ante el imperialismo y forma con él una alianza para oprimir conjuntamente a las masas populares. En esas circunstancias, las masas populares suelen recurrir a la guerra civil contra la alianza del imperialismo y la clase feudal, en tanto que el imperialismo emplea a menudo métodos indirectos, y no la acción directa, para ayudar a los reaccionarios de dicho país a oprimir al pueblo, y así las contradicciones internas se vuelven particularmente agudas. Esto sucedió en China durante la Guerra Revolucionaria de 1911, la guerra revolucionaria de 1924-1927 y los diez años de la Guerra Revolucionaria Agraria, iniciada en 1927. También entran en esta categoría las guerras intestinas entre los diversos grupos dominantes reaccionarios de los países semicoloniales, como, por ejemplo, las guerras entre los caudillos militares de China.

Cuando la guerra civil revolucionaria se desarrolla hasta el punto en que amenaza la existencia misma del imperialismo y de sus lacayos, los reaccionarios internos, suele aquel adoptar otros métodos para mantener su dominación: o bien trata de dividir el frente revolucionario, o bien envía fuerzas armadas para ayudar directamente a los reaccionarios internos. En tal caso, el imperialismo extranjero y la reacción interna se colocan, sin el menor disimulo, en un polo, y las amplias masas populares se agrupan en el otro, y así se forma la contradicción principal, que determina o influye en el desarrollo de las demás contradicciones. La ayuda prestada por diversos países capitalistas a los reaccionarios rusos tras la Revolución de Octubre es un ejemplo de intervención armada. La traición de Chiang Kai-shek en 1927 es un ejemplo de división del frente revolucionario.

Pero, ocurra lo que ocurra, no cabe ninguna duda de que en cada etapa de desarrollo de un proceso hay solo una contradicción principal, que desempeña el papel dirigente.

De este modo, si en un proceso hay varias contradicciones, necesariamente una de ellas es la principal, la que desempeña el papel dirigente y decisivo, mientras las demás ocupan una posición secundaria y subordinada. Por lo tanto, al estudiar cualquier proceso complejo en el que existan dos o más contradicciones, debemos esforzarnos al máximo por descubrir la contradicción principal. Una vez aprehendida la contradicción principal, todos los problemas pueden resolverse con facilidad. Tal es el método que nos enseñó Marx en su estudio de la sociedad capitalista. Lo mismo nos enseñaron Lenin y Stalin al estudiar el imperialismo y la crisis general del capitalismo y al estudiar la economía soviética. Miles de estudiosos y hombres de acción no comprenden este método, y el resultado es que, perdidos en un mar de humo, no son capaces de llegar a la médula de los problemas y, por consiguiente, no logran encontrar la manera de resolver las contradicciones.

Como queda dicho, no hay que tratar de un mismo modo todas las contradicciones de un proceso, sino distinguir entre la principal y las secundarias y concentrarse en aprehender la principal. Ahora bien, en cada contradicción, sea principal o secundaria, ¿cabe tratar de un mismo modo sus dos aspectos contradictorios? Tampoco. En toda contradicción, el desarrollo de los aspectos contradictorios es desigual. A veces ambos parecen estar en equilibrio, pero tal situación es solo temporal y relativa, en tanto que la desigualdad es el estado fundamental. De los dos aspectos contradictorios, uno ha de ser el principal, y el otro, el secundario. El aspecto principal es el que desempeña el papel dirigente en la contradicción. La naturaleza de una cosa es determinada fundamentalmente por el aspecto principal de su contradicción, aspecto que ocupa la posición predominante.

Pero esta situación no es estática; el aspecto principal y el no principal de una contradicción se transforman el uno en el otro y, en consecuencia, cambia la naturaleza de la cosa. En un determinado proceso de desarrollo de una contradicción o en una etapa dada de este, el aspecto principal es *A* y el aspecto no principal es *B,* pero en otra etapa o proceso, los papeles se invierten; este cambio lo determina el grado en que ha crecido o disminuido la fuerza de cada aspecto en su lucha contra el otro durante el desarrollo de la cosa.

Hablamos corrientemente del «reemplazo de lo viejo por lo nuevo». El reemplazo de lo viejo por lo nuevo es una ley universal, eterna e ineludible. Una cosa se transforma en otra mediante un salto cuya forma varía según la naturaleza de la cosa y las condiciones: este es el proceso del reemplazo de lo viejo por lo nuevo. Dentro de toda cosa existe la contradicción entre lo nuevo y lo viejo, la cual da origen a una serie de luchas llenas de vicisitudes. Como resultado de estas luchas, lo nuevo pasa de pequeño a grande y llega a ser predominante; en cambio, lo viejo pasa de grande a pequeño y se aproxima gradualmente a su desaparición. En el momento en que lo nuevo logra predominar sobre lo viejo, la cosa vieja se transforma cualitativamente en una cosa nueva. De esto se desprende que la naturaleza de una cosa es determinada fundamentalmente por el aspecto principal de su contradicción, el que ocupa la posición predominante. Al cambiar dicho aspecto, cambia en consecuencia la naturaleza de la cosa.

El capitalismo, que en la vieja época feudal ocupa una posición subordinada, pasa a ser la fuerza predominante en la sociedad capitalista y, con ello, la naturaleza de la sociedad se convierte de feudal en capitalista. Las fuerzas feudales pasan de su antigua posición dominante a una posición subordinada en la nueva era capitalista, y se acercan paulatinamente a su desaparición. Así sucedió, por ejemplo, en Inglaterra y Francia. A medida que se desarrollan las fuerzas productivas, la burguesía se transforma de clase nueva, que juega un papel progresista, en clase vieja, que juega un papel reaccionario, y finalmente es derrocada por el proletariado, pasando a ser una clase despojada de sus medios privados de producción y del Poder; entonces también se aproxima de manera gradual a su desaparición. El proletariado, muy superior en número a la burguesía y que crece simultáneamente con esta, pero bajo su dominación, es una fuerza nueva que, dependiente de la burguesía en un comienzo, se robustece poco a poco, llega a ser una clase independiente y que desempeña el papel dirigente en la historia, y finalmente toma el Poder convirtiéndose en la clase dominante. Entonces la sociedad cambia de naturaleza: la vieja sociedad capitalista se transforma en la nueva sociedad socialista. Este es el camino recorrido ya por la Unión Soviética y que seguirán forzosamente todos los demás países.

Veamos el caso de China. El imperialismo ocupa la posición principal en la contradicción en que China se ve reducida al estado de semicolonia; oprime al pueblo chino, mientras China ha sido convertida de país independiente en país semicolonial. Pero este estado de cosas cambiará inevitablemente; en la lucha entre las dos partes, la fuerza del pueblo chino, creciente bajo la dirección del proletariado, transformará inevitablemente a China de semicolonia en país independiente, al paso que el imperialismo será derrocado. La vieja China se transformará inevitablemente en una nueva China.

La transformación de la vieja China en una nueva China entraña además, dentro del país, la transformación de la relación entre las viejas fuerzas feudales y las nuevas fuerzas populares. La vieja clase terrateniente feudal será derrocada, de dominante se convertirá en dominada, y también se aproximará gradualmente a su desaparición. Y el pueblo, bajo la dirección del proletariado, pasará de dominado a dominante. Entonces cambiará la naturaleza de la sociedad china: la vieja sociedad, semicolonial y semifeudal, se transformará en una nueva sociedad democrática.

Transformaciones semejantes se han producido ya en el pasado. La dinastía Ching, que gobernó a China durante casi trescientos años, fue derribada en la Revolución de 1911, en tanto que la Keming Tungmengjui (Liga Revolucionaria), dirigida por Sun Yat-sen, quedó triunfante por algún tiempo. En la guerra revolucionaria de 1924-1927, las fuerzas revolucionarias de la alianza entre el Kuomintang y el Partido Comunista en el Sur se transformaron de débiles en fuertes y obtuvieron la victoria en la Expedición al Norte, mientras que los caudillos militares del Norte, al comienzo dueños de la situación, fueron derrocados. En 1927, las fuerzas populares, encabezadas por el Partido Comunista, se vieron seriamente reducidas bajo los golpes de la reacción kuomintanista; pero, después de eliminar de sus filas el oportunismo, volvieron a crecer paulatinamente. En las bases de apoyo revolucionarias, que dirige el Partido Comunista, los campesinos se han transformando de dominados en dominantes, en tanto que los terratenientes han sufrido la transformación inversa. Siempre ocurre así en el mundo: lo nuevo desplaza a lo viejo, lo viejo es reemplazado por lo nuevo, lo viejo es eliminado para dejar paso a lo nuevo, lo nuevo surge de lo viejo.

En ciertos momentos de la lucha revolucionaria, las dificultades prevalecen sobre las condiciones favorables y constituyen, entonces, el aspecto principal de la contradicción, mientras las condiciones favorables constituyen el aspecto secundario. Sin embargo, los revolucionarios pueden, mediante sus esfuerzos, superar gradualmente las dificultades y crear una situación nueva, favorable; así, una situación difícil cede su lugar a una situación favorable. Tal fue el caso después de la derrota de la Revolución china en 1927 y durante la Gran Marcha del Ejército Rojo de China. En la actual guerra chino-japonesa, nuestro país se encuentra de nuevo en una posición difícil; pero podemos cambiar este estado de cosas y transformar radicalmente la situación de China y la del Japón. A la inversa, las condiciones favorables pueden transformarse en dificultades si los revolucionarios cometen errores. Así, la victoria de la revolución de 1924-1927 se transformó en derrota. Las bases de apoyo revolucionarias que se desarrollaron a partir de 1927 en las provincias del Sur, habían sido todas derrotadas hacia 1934.

En el estudio, sucede lo mismo con la contradicción en el paso del no saber al saber. Cuando comenzamos a estudiar el marxismo, existe una contradicción entre nuestra ignorancia o escasa noción del marxismo y el conocimiento del marxismo. Pero, a través de un estudio tenaz, podemos llegar a transformar esa ignorancia en conocimiento, ese conocimiento escaso, en conocimiento amplio, y la ceguera en la aplicación del marxismo, en libertad en su aplicación.

Algunos estiman que no ocurre así con ciertas contradicciones. Por ejemplo, según ellos, en la contradicción entre las fuerzas productivas y las relaciones de producción, las fuerzas productivas constituyen el aspecto principal; en la contradicción entre la práctica y la teoría, la práctica constituye el aspecto principal; en la contradicción entre la base económica y la superestructura, la base económica constituye el aspecto principal; y los aspectos no cambian de posición entre sí. Esta es una concepción materialista mecanicista, y no materialista dialéctica. Es verdad que las fuerzas productivas, la práctica y la base económica desempeñan por regla general el papel principal y decisivo; quien niegue esto no es materialista. Pero hay que admitir también que, bajo ciertas condiciones, las relaciones de producción, la teoría y la superestructura desempeñan, a su vez, el papel principal y decisivo. Cuando el desarrollo de las fuerzas productivas se hace imposible sin un cambio de las relaciones de producción, este cambio desempeña el papel principal y decisivo.

La creación y divulgación de una teoría revolucionaria desempeña el papel principal y decisivo en determinados momentos, refiriéndose a los cuales dijo Lenin: «Sin teoría revolucionaria, no puede haber tampoco movimiento revolucionario»[16]. Cuando hay una tarea por cumplir (sea la que fuere), pero se carece todavía de orientación; método, plan o política, lo principal y decisivo es determinar una orientación, método, plan o política. Cuando la superestructura (política, cultura, etc.) obstaculiza el desarrollo de la base económica, las transformaciones políticas y culturales pasan a ser lo principal y decisivo. ¿Estamos yendo en contra del materialismo al afirmar esto? No. La razón es que, junto con reconocer que, en el curso general del desarrollo histórico, lo material determina lo espiritual y el ser social determina la conciencia social, también reconocemos y debemos reconocer la reacción que a su vez ejerce lo espiritual sobre lo material, la conciencia social sobre el ser social, y la superestructura sobre la base económica. No vamos así en contra del materialismo, sino que evitamos el materialismo mecanicista y defendemos firmemente el materialismo dialéctico.

Al estudiar la particularidad de la contradicción, a no ser que examinemos estas dos cuestiones —las contradicciones principal y no principales de un proceso, y los aspectos principal y no principal de la contradicción—, es decir, a no ser que examinemos lo que distingue a un término del otro en cada una de estas dos cuestiones, nos veremos empantanados en un estudio abstracto, seremos incapaces de comprender concretamente las contradicciones y, por ende, no podremos encontrar el método correcto para resolverlas. Lo distintivo o lo particular en cada una de estas dos cuestiones representa la desigualdad de las fuerzas en contradicción. Nada en el mundo se desarrolla en forma absolutamente uniforme; debemos combatir la teoría del desarrollo uniforme o teoría del equilibrio. Más aún, es esta caracte-

---

[16] V. I. Lenin, *¿Qué hacer?*, I, d.

rística concreta de la contradicción y el cambio de los aspectos principal y no principal de una contradicción en el curso de su desarrollo lo que muestra la fuerza de lo nuevo que reemplaza a lo viejo. El estudio de las distintas modalidades de la desigualdad en las contradicciones, el estudio de la contradicción principal y las no principales y de los aspectos principal y no principal de la contradicción, es uno de los métodos importantes que permiten a un partido revolucionario determinar correctamente su estrategia y táctica en lo político y lo militar; todos los comunistas deben prestar atención a este método.

V. La identidad y la lucha entre los aspectos de la contradicción

Después de comprendidas la universalidad y la particularidad de la contradicción, debemos proceder al estudio de la identidad y la lucha entre los aspectos de la contradicción.

Identidad, unidad, coincidencia, interpenetración, impregnación recíproca, interdependencia (o mutua dependencia para existir), interconexión o cooperación –todos estos variados términos significan lo mismo y se refieren a los dos puntos siguientes: primero, la existencia de cada uno de los dos aspectos de una contradicción en el proceso de desarrollo de una cosa presupone la existencia de su contrario, y ambos aspectos coexisten en un todo único; segundo, sobre la base de determinadas condiciones, cada uno de los dos aspectos contradictorios se transforma en su contrario. Esto es lo que se entiende por identidad.

Lenin dijo:

> La *dialéctica* es la doctrina de *cómo* los *contrarios* pueden ser y cómo suelen ser (cómo devienen) *idénticos* –en qué condiciones suelen ser idénticos, convirtiéndose el uno en el otro–, por qué el entendimiento humano no debe considerar estos con-

trarios como muertos, petrificados, sino como vivos, condicionales, móviles y que se convierten el uno en el otro[17].

¿Qué significan estas palabras de Lenin?

En todo proceso, los aspectos de una contradicción se excluyen, luchan y se oponen entre sí. Los procesos de desarrollo de
todas las cosas del mundo y todo pensamiento del hombre, sin
excepción, contienen tales aspectos contradictorios. Un proceso
simple contiene solamente una pareja de contrarios, mientras
un proceso complejo contiene más de una. Las diferentes parejas de contrarios, a su vez, se hallan en contradicción. Es así
como están constituidas todas las cosas del mundo objetivo y
todo pensamiento del hombre, y de ahí su movimiento.

Podría parecer entonces que no hay ninguna identidad o unidad. En tal caso, ¿cómo se puede hablar de identidad o unidad?

El caso es que ninguno de los dos aspectos contradictorios
puede existir independientemente del otro. Si falta uno de los
dos contrarios, falta la condición para la existencia del otro.
Piensen: de una pareja de cosas contradictorias o de dos conceptos contradictorios en la conciencia humana, ¿puede uno de los
aspectos existir independientemente? Sin vida no habría muerte;
sin muerte tampoco habría vida. Sin «arriba» no habría «abajo»; sin «abajo» tampoco habría «arriba». Sin desgracia no habría
felicidad; sin felicidad tampoco habría desgracia. Sin facilidad
no habría dificultad; sin dificultad tampoco habría facilidad. Sin
terratenientes no habría campesinos arrendatarios; sin campesinos arrendatarios tampoco habría terratenientes. Sin burguesía
no habría proletariado; sin proletariado tampoco habría burguesía. Sin opresión nacional por parte del imperialismo no habría
colonias ni semicolonias; sin colonias ni semicolonias tampoco
habría opresión nacional por parte del imperialismo. Así sucede
con todos los contrarios: en virtud de determinadas condiciones,
junto con oponerse el uno al otro, están interconectados, se im-

---

[17] V. I. Lenin, *Resumen del libro de Hegel «Ciencia de la lógica»*.

pregnan recíprocamente, se interpenetran y dependen el uno del otro; esto es lo que se denomina identidad. Los aspectos de toda contradicción se llaman contrarios porque, en virtud de determinadas condiciones, existe entre ellos no-identidad. Pero también existe entre ellos identidad, y por eso están interconectados. A esto se refería Lenin cuando dijo que la dialéctica estudia «cómo los *contrarios* pueden [...] ser *idénticos*». ¿Por qué pueden serlo? Porque cada uno constituye la condición para la existencia del otro. Este es el primer sentido de la identidad.

Pero ¿basta con afirmar que cada uno de los dos aspectos contradictorios es la condición para la existencia de su opuesto, que hay identidad entre uno y otro, y que, por consiguiente, ambos pueden coexistir en un todo único? No, no basta. La cuestión no se limita a la interdependencia de los contrarios; más importante aún es la transformación del uno en el otro. Esto significa que, en razón de determinadas condiciones, cada uno de los aspectos contradictorios de una cosa se transforma en su contrario cambiando su posición por la de este. Tal es el segundo sentido de la identidad de los contrarios.

¿Por qué existe identidad aquí también? Obsérvese cómo, a través de la revolución, el proletariado se transforma de clase dominada en clase dominante, en tanto que la burguesía, hasta entonces dominante, se transforma en dominada, cambiando cada cual su posición por la que originalmente ocupaba su contrario. Esto ha tenido lugar ya en la Unión Soviética, y ocurrirá en todo el mundo. De no existir, bajo determinadas condiciones, la interconexión y la identidad entre los contrarios, ¿cómo podría producirse semejante cambio?

El Kuomintang, que desempeñó un papel hasta cierto punto positivo en una determinada etapa de la historia contemporánea de China, pasó a ser un partido contrarrevolucionario en 1927 debido a su inherente naturaleza de clase y a la seducción por el imperialismo (estas son las condiciones); pero, después se ha visto obligado a aceptar la resistencia al Japón debido a la agudización de la contradicción entre China y el Japón y a la política de frente único del Partido Comunista (estas son las condiciones). Los contrarios se transforman el uno en el otro, pues entre ellos existe una determinada identidad.

Nuestra revolución agraria ha sido y será un proceso en que la clase terrateniente, poseedora de tierras, se transforma en una clase que ha perdido sus tierras, mientras los campesinos, antes despojados de sus tierras, se transforman en pequeños propietarios que han obtenido tierras. Debido a determinadas condiciones, poseer y no poseer, obtener y perder, están interconectados; hay identidad entre lo uno y lo otro. Bajo el socialismo, la propiedad privada de los campesinos, a su vez, se transforma en la propiedad social de la agricultura socialista; esto ya ha ocurrido en la Unión Soviética, y ocurrirá también en todo el mundo. Hay un puente que conduce de la propiedad privada a la propiedad social; en filosofía, esto se llama identidad o transformación recíproca o interpenetración.

Consolidar la dictadura del proletariado, o del pueblo, significa, justamente, preparar las condiciones para abolir dicha dictadura y pasar a una etapa más elevada, en la cual no habrá ningún tipo de sistema estatal. Fundar y desarrollar el Partido Comunista significa, precisamente, preparar las condiciones para la desaparición del Partido Comunista y de todos los partidos políticos. Crear un ejército revolucionario bajo la dirección del Partido Comunista y llevar adelante la guerra revolucionaria significa, justamente, preparar las condiciones para acabar para siempre con las guerras. En cada una de estas parejas, los contrarios se sostienen mutuamente.

Como todos saben, la guerra y la paz se transforman la una en la otra. La guerra se transforma en paz; por ejemplo, la Primera Guerra Mundial se transformó en la paz de la posguerra, y la guerra civil en China ha cesado ahora, cediendo su lugar a la paz interna. La paz se transforma en guerra; por ejemplo, en 1927, la cooperación entre el Kuomintang y el Partido Comunista se transformó en guerra, y la actual situación de paz mundial puede también transformarse en una segunda guerra mundial.

¿Por qué sucede esto? Porque en la sociedad de clases, bajo determinadas condiciones, existe identidad entre cosas contrarias como la guerra y la paz.

Todos los contrarios están interconectados; no solo coexisten en un todo único bajo determinadas condiciones, sino que, también bajo determinadas condiciones, se transforman el uno en el otro; este es el significado íntegro de la identidad de los contrarios. A esto se refería Lenin al hablar de «cómo los *contrarios* [...] suelen ser (cómo devienen) *idénticos* –en qué condiciones suelen ser idénticos, convirtiéndose el uno en el otro».

¿Por qué «el entendimiento humano no debe considerar estos contrarios como muertos, petrificados, sino como vivos, condicionales, móviles y que se convierten el uno en el otro»? Porque precisamente así son las cosas objetivas. El caso es que la unidad o identidad de los contrarios en las cosas objetivas no es algo muerto o petrificado, sino algo vivo, condicional, móvil, temporal y relativo; sobre la base de determinadas condiciones, cada uno de los aspectos de la contradicción se transforma en su contrario. Y el reflejo de esto en el pensamiento humano constituye la concepción marxista, dialéctica materialista, del mundo. Solo las clases dominantes reaccionarias del pasado y del presente, y la metafísica a su servicio, no consideran los contrarios como vivos, condicionales, móviles y que se convierten el uno en el otro, sino como muertos y petrificados, y propagan esta falacia por todas partes para engañar a las masas populares, en el intento de perpetuar su dominación. Es tarea de los comunistas denunciar esta falacia de los reaccionarios y de la metafísica, divulgar la dialéctica inherente a las cosas y acelerar la transformación de las cosas, a fin de alcanzar los objetivos de la revolución.

Cuando decimos que, bajo determinadas condiciones, existe la identidad de los contrarios, nos referimos a contrarios reales y concretos, y consideramos que la transformación del uno en el otro es igualmente real y concreta. En la mitología se habla de innumerables transformaciones, por ejemplo, en los mitos de la carrera de Kua Fu tras el Sol en el *Libro de las montañas y lo mares*[18], del derribo de nueve soles a flechazos por Yi, en el *Juai Nan Tsi*[19], de las setenta y dos metamorfosis de Sun Wu-kung en *Peregrinación al Oeste*[20], en los numerosos episodios de fantasmas y zorros metamorfoseados en seres humanos en los *Cuentos extraños de Liaochai*[21], etc. Estas transformaciones de los contrarios, de las que habla la mitología, no son cambios concretos que reflejen contradicciones concretas, sino transformaciones ingenuas, imaginarias, fantásticas, inspiradas a los hombres por las innumerables y complejas transformaciones reales de los contrarios el uno en el otro. Marx decía: «Toda mitología conquista, domina y da formas a las fuerzas de la naturaleza, en la imaginación y mediante ella, y desaparece cuando las fuerzas de la naturaleza son dominadas realmente»[22]. Las innumerables metamorfosis en la mitología (y también en los cuentos infantiles) deleitan a la gente porque describen imaginativamente la conquista de las fuerzas de la naturaleza por el hombre, y los mejores mitos poseen, como señaló Marx, «un encanto eterno»; pero los mitos no se crean basándose

---

[18] El *Libro de las montañas y los mares (Shan Hai Ching)* fue escrito durante la Era de los Reinos Combatientes (403-221 a.C.). En una de sus leyendas se relata que Kua Fu, un ser sobrenatural, corrió en persecución del Sol. Pero murió de sed en el camino. El báculo que llevaba se transformó en un bosque.

[19] Yi es el héroe de una antigua leyenda china, famoso por su destreza en el manejo del arco. Según una leyenda contada en el *Juai Nan Tsi*, obra compilada en el siglo ii a.C., había, en tiempos del emperador Yao, diez soles en el cielo. Para acabar con los daños causados a la vegetación por los abrasadores rayos de los estros, Yao ordenó a Yi que derribara los soles. Otra leyenda, registrada por Wang Yi (siglo ii), cuenta que el arquero derribó nueve de los diez soles.

[20] *Peregrinación al Oeste (Hsi Yu Chi)* es una novela mitológica escrita en el siglo xvi. Su héroe, Sun Wu-kung, el Rey Mono, es valiente e ingenioso y está dotado del poder mágico de adquirir a voluntad setenta y dos formas diferentes, tales como pájaro, bestia, planta, etcétera.

[21] Los *Cuentos extraños de Liaochai* son una famosa colección de cuentos fantásticos, redactados por Po Sung-ling en el siglo xvii. Consta en total de 431 cuentos que en su mayoría hablan de hadas, fantasmas y zorros.

[22] K. Marx, *Introducción a la crítica de la economía política*.

en situaciones determinadas surgidas de contradicciones concretas y, por lo tanto, no son un reflejo científico de la realidad. Esto significa que, en los mitos o en los cuentos infantiles, existe solo una identidad imaginaria y no concreta entre los aspectos que constituyen la contradicción. Es la dialéctica marxista la que refleja científicamente la identidad en las transformaciones reales.

¿Por qué puede un huevo, y no una piedra, transformarse en un pollo? ¿Por qué existe identidad entre la guerra y la paz pero no entre la guerra y una piedra? ¿Por qué los seres humanos son capaces de engendrar solo seres humanos y no otra cosa? La única razón es que la identidad de los contrarios exige determinadas condiciones necesarias. En ausencia de estas, no puede haber ninguna identidad.

¿Por qué en Rusia la revolución democrático-burguesa de febrero de 1917 se ligó directamente a la revolución socialista proletaria de octubre del mismo año, mientras que en Francia la revolución burguesa no se ligó directamente a una revolución socialista y la Comuna de París de 1871 terminó en derrota? ¿Por qué, en cambio, el sistema nómada de Mongolia y Asia Central empalmó directamente con el socialismo? ¿Por qué puede la Revolución china evitar un futuro capitalista y entroncar directamente con el socialismo, sin seguir el viejo camino histórico recorrido por los países occidentales, sin pasar por un periodo de dictadura burguesa? Todo esto no se debe sino a las condiciones concretas de la época. Cuando se presentan determinadas condiciones necesarias, en el proceso de desarrollo de las cosas surgen determinadas parejas de contrarios, y estos contrarios son interdependientes y se transforman el uno en el otro. De no presentarse tales condiciones, nada de esto podría suceder.

Hasta aquí el problema de la identidad. Ahora bien, ¿qué es la lucha? ¿Cuál es la relación entre la identidad y la lucha?

Lenin señala:

> La unidad (coincidencia, identidad, equivalencia) de los contrarios es condicional, temporal, transitoria, relativa. La lu-

cha de los contrarios, mutuamente excluyentes, es absoluta, como es absoluto el desarrollo, el movimiento[23].

¿Qué significan estas palabras de Lenin?

Todo proceso tiene comienzo y fin, todo proceso se transforma en su contrario. La permanencia de todo proceso es relativa, en tanto que la mutabilidad, manifestada en la transformación de un proceso en otro, es absoluta.

En todas las cosas se presentan dos estados de movimiento: el de reposo relativo y el de cambio manifiesto. Ambos tienen su origen en la lucha entre los dos elementos contradictorios que contiene cada cosa. En el primer estado de movimiento, la cosa experimenta solo cambios cuantitativos y no cualitativos y, en consecuencia, parece estar en reposo. La cosa pasa al segundo estado de movimiento cuando los cambios cuantitativos producidos en el primer estado alcanzan ya su punto culminante, dando origen a la disolución de la cosa como todo único, esto es, a un cambio cualitativo; de este modo aparece el estado de cambio manifiesto. La unidad, la cohesión, la unión, la armonía, el equilibrio, el *impasse,* el punto muerto, el reposo, la permanencia, la uniformidad, el aglutinamiento, la atracción, etc., que vemos en la vida diaria, son todas manifestaciones del estado de cambio cuantitativo de las cosas. A la inversa, la disolución del todo único, es decir, la destrucción de esa cohesión, unión, armonía, equilibrio, *impasse,* punto muerto, reposo, permanencia, uniformidad, aglutinamiento, atracción, y su transformación en sus respectivos contrarios, son todas manifestaciones del estado de cambio cualitativo de las cosas, es decir, de la transformación de un proceso en otro. Las cosas cambian constantemente, pasando del primero al segundo estado; la lucha de los contrarios existe en ambos estados, y la contradicción se resuelve a través del segundo estado. Es por esto que la unidad de los contrarios es condicional, temporal y relativa, en tanto que la lucha de los contrarios, mutuamente excluyentes, es absoluta.

---

[23] V. I. Lenin, *En torno a la cuestión de la dialéctica.*

Al afirmar más arriba que entre los contrarios existe identidad y que, por esta razón, ambos pueden coexistir en un todo único y, además, transformarse el uno en el otro, nos hemos referido a la condicionalidad; esto es, bajo determinadas condiciones, dos cosas contrarias pueden unirse y transformarse la una en la otra; en ausencia de tales condiciones, no pueden formar una contradicción, no pueden coexistir en un todo único ni transformarse la una en la otra. La identidad de los contrarios se produce solo a causa de determinadas condiciones, y por eso decimos que es condicional y relativa. Ahora, agregamos que la lucha entre los contrarios recorre los procesos desde el comienzo hasta el fin y origina la transformación de un proceso en otro; la lucha entre los contrarios es omnipresente y, por lo tanto, decimos que es incondicional y absoluta.

La combinación entre la identidad, condicional y relativa, y la lucha, incondicional y absoluta, forma el movimiento de los contrarios en todas las cosas.

Los chinos acostumbramos a decir: «Cosas que se oponen, se sostienen entre sí»[24]. En otras palabras, existe identidad entre cosas que se oponen una a otra. Este dicho es dialéctico y contrario a la metafísica. «Se oponen» significa que los dos aspectos contradictorios se excluyen mutuamente o luchan entre sí. «Se sostienen entre sí» significa que, bajo determinadas condiciones, los dos aspectos contradictorios se interconectan y adquieren identidad. Sin embargo, la lucha está implícita en la identidad; sin lucha no hay identidad.

En la identidad existe la lucha, en lo particular existe lo universal, en lo individual existe lo general. Para citar a Lenin, «*en* lo relativo *existe* lo absoluto»[25].

---

[24] Esta frase apareció por primera vez en la *Historia de la primera dinastía Jan,* escrita por Pan Ku, célebre historiador del siglo I, y ha sido siempre un dicho popular.
[25] V. I. Lenin, *En torno a la cuestión de la dialéctica.*

VI. El papel del antagonismo en la contradicción

El problema de la lucha de los contrarios incluye la cuestión de qué es antagonismo. Nuestra respuesta es que el antagonismo constituye una forma, pero no la única, de la lucha de los contrarios.

En la historia de la humanidad existe el antagonismo de clase, que es una manifestación particular de la lucha de los contrarios. Veamos la contradicción entre la clase explotadora y la clase explotada. En una misma sociedad, sea la esclavista, la feudal o la capitalista, estas dos clases contradictorias coexisten por largo tiempo y luchan entre sí; pero solo al alcanzar cierta etapa en su desarrollo, la contradicción entre las dos clases adopta la forma de antagonismo abierto y se convierte en revolución. De igual manera se verifica la transformación de la paz en guerra dentro de la sociedad de clases.

Antes de estallar, una bomba es un todo único en el cual los contrarios coexisten debido a determinadas condiciones. La explosión tiene lugar solo cuando se hace presente una nueva condición: la ignición. Análoga situación se presenta en todos aquellos fenómenos de la naturaleza en los que la solución de la vieja contradicción y el nacimiento de una cosa nueva se producen, finalmente, bajo la forma de un conflicto abierto.

Es extremadamente importante adquirir conciencia de este hecho, pues nos permite comprender que en la sociedad de clases, son inevitables las revoluciones y las guerras revolucionarias y que sin ellas es imposible realizar saltos en el desarrollo social y derrocar a las clases dominantes reaccionarias, y, por lo tanto, es imposible que el pueblo conquiste el Poder. Los comunistas deben denunciar la engañosa propaganda de los reaccionarios, quienes afirman, entre otras cosas, que la revolución social es innecesaria e imposible; deben perseverar firmemente en la teoría marxista-leninista de la revolución social y ayudar al pueblo a comprender que la revolución no solo es absolutamente necesaria, sino también enteramente posible, y que esta verdad científica ha sido confirmada ya por toda la historia de la humanidad y por el triunfo en la Unión Soviética.

Sin embargo, debemos estudiar concretamente la situación de cada lucha de contrarios y no aplicar impropiamente y a todas las cosas la fórmula arriba mencionada. La contradicción y la lucha son universales y absolutas, pero los métodos para resolver las contradicciones, esto es, las formas de lucha, varían según el carácter de las contradicciones. Algunas contradicciones tienen un carácter antagónico abierto, mientras que otras no. Siguiendo el desarrollo concreto de las cosas, algunas contradicciones, originalmente no antagónicas, se transforman en antagónicas, en tanto que otras, originalmente antagónicas, se transforman en no antagónicas.

Como ya lo hemos señalado, mientras existan las clases, las contradicciones entre las ideas correctas e incorrectas dentro del Partido Comunista son un reflejo, en su seno, de las contradicciones de clase. Al comienzo o en algunos problemas, tales contradicciones pueden no manifestarse inmediatamente como antagónicas. Pero, a medida que se desenvuelve la lucha de clases, pueden llegar a transformarse en antagónicas. La historia del Partido Comunista de la Unión Soviética nos enseña que la contradicción entre las correctas ideas de Lenin y Stalin y las erróneas ideas de Trotski, Bujarin y otros no se manifestó como antagónica al principio, pero posteriormente se desarrolló hasta convertirse en antagónica. Casos similares se han dado en la historia del Partido Comunista de China. La contradicción entre las correctas ideas de muchos de nuestros camaradas del Partido y las erróneas ideas de Chen Tu-siu, Chang Kuo-tao y otros tampoco se manifestó en un comienzo como antagónica, pero posteriormente se desarrolló y se convirtió en antagónica. Actualmente, la contradicción entre las ideas correctas y las incorrectas en nuestro Partido no se manifiesta como antagónica y, si los camaradas que han cometido errores son capaces de corregirlos, no llegará a convertirse en antagónica. En vista de ello, el Partido debe llevar a cabo, por un lado, una seria lucha contra las ideas erróneas, y, por el otro, dar a los camaradas que han cometido errores plena oportunidad para que adquieran conciencia. En estas circunstancias, una lucha excesiva es obviamente inadecuada. Pero si aquellos que han cometido errores persisten en ellos y los agravan, habrá posibilidad de que esta contradicción desemboque en antagonismo.

En lo económico, la contradicción entre la ciudad y el campo es extremadamente antagónica tanto en la sociedad capitalista (donde la ciudad dominada por la burguesía saquea implacablemente al campo) como en las zonas controladas por el Kuomintang en China (donde la ciudad dominada por el imperialismo extranjero y la gran burguesía compradora china saquea al campo con extremada ferocidad). Pero en un país socialista y en nuestras bases de apoyo revolucionarias, esta contradicción antagónica se ha transformado en no antagónica, y desaparecerá con la llegada de la sociedad comunista.

Lenin dijo: «El antagonismo y la contradicción no son en absoluto una y la misma cosa. Bajo el socialismo, desaparecerá el primero, subsistirá la segunda»[26]. Esto significa que el antagonismo es una forma, pero no la única, de la lucha de los contrarios; no se puede aplicar esta fórmula de manera mecánica y en todas partes.

VII. Conclusión

Digamos ahora algunas palabras a modo de resumen. La ley de la contradicción en las cosas, esto es, la ley de la unidad de los contrarios, es la ley fundamental de la naturaleza y la sociedad y, por consiguiente, también la ley fundamental del pensamiento. Esta ley se opone a la concepción metafísica del mundo. Su descubrimiento representó una gran revolución en la historia

---

[26] V. I. Lenin, «Observaciones críticas sobre el libro de Bujarin *Economía del período de transición*».

del conocimiento humano. Según el materialismo dialéctico, la contradicción existe en todos los procesos de las cosas objetivas y del pensamiento subjetivo, y los recorre desde el comienzo hasta el fin; esto constituye la universalidad o carácter absoluto de la contradicción: cada contradicción y cada uno de sus dos aspectos tienen sus respectivas características; esto constituye la particularidad o relatividad de la contradicción. Sobre la base de determinadas condiciones, entre cosas contrarias existe identidad y; por lo tanto, ambas pueden coexistir en un todo único y transformarse la una en la otra; esto también constituye la particularidad o relatividad de la contradicción. Pero la lucha de los contrarios es ininterrumpida, y está presente tanto cuando los contrarios coexisten como cuando se transforman el uno en el otro; especialmente en el último caso la lucha se manifiesta de una manera más evidente; esto también constituye la universalidad o carácter absoluto de la contradicción. Al estudiar la particularidad o relatividad de la contradicción, debemos prestar atención a distinguir entre la contradicción principal y las contradicciones no principales, así como entre el aspecto principal y el aspecto no principal de la contradicción; al estudiar la universalidad de la contradicción y la lucha de los contrarios, debemos prestar atención a distinguir entre las diferentes formas de lucha. De otro modo, cometeremos errores. Si, mediante el estudio, llegamos a comprender realmente las tesis esenciales expuestas más arriba, podremos destruir el pensamiento dogmático, opuesto a los principios fundamentales del marxismo-leninismo y perjudicial para nuestra causa revolucionaria, y los camaradas que tienen experiencia estarán en condiciones de sistematizarla y elevarla a la categoría de principios y evitar la repetición de los errores de empirismo. Tal es, en pocas palabras, la conclusión a que nos conduce el estudio de la ley de la contradicción.

5

Contra el liberalismo

7 de septiembre de 1937

Estamos por la lucha ideológica activa, pues ella es el arma con que se logra la unidad interna del Partido y demás colectividades revolucionarias en beneficio del combate. Todos los comunistas y revolucionarios deben empuñar esta arma.

Pero el liberalismo rechaza la lucha ideológica y propugna una paz sin principios, dando origen a un estilo decadente y vulgar, que conduce a la degeneración política a algunas organizaciones y miembros del Partido y demás colectividades revolucionarias.

El liberalismo se manifiesta en diferentes formas:

A sabiendas de que una persona está en un error, no sostener una discusión de principio con ella y dejar pasar las cosas para preservar la paz y la amistad, porque se trata de un conocido, paisano, condiscípulo, amigo íntimo, ser querido, viejo colega o viejo subordinado. O bien buscando mantenerse en buenos términos con esa persona, rozar apenas el asunto en lugar de ir hasta el fondo. Así, tanto la colectividad como el individuo resultan perjudicados. Este es el primer tipo de liberalismo.

Hacer críticas irresponsables en privado en vez de plantear activamente sugerencias a la organización. No decir nada a los demás en su presencia, sino andar con chismes a sus espaldas; o callarse en las reuniones, pero murmurar después. No considerar para nada los principios de la vida colectiva, sino dejarse llevar por las inclinaciones personales. Este es el segundo tipo.

Dejar pasar cuanto no le afecte a uno personalmente; decir lo menos posible aunque se tenga perfecta conciencia de que algo es incorrecto; ser hábil en mantenerse a cubierto y preocuparse únicamente de evitar reproches. Este es el tercer tipo.

Desobedecer las órdenes y colocar las opiniones personales en primer lugar; exigir consideraciones especiales de la organización, pero rechazar su disciplina. Este es el cuarto tipo.

Entregarse a ataques personales, armar líos, desahogar rencores personales o buscar venganza, en vez de debatir los puntos de vista erróneos y luchar contra ellos en bien de la unidad, el progreso y el buen cumplimiento del trabajo. Este es el quinto tipo. Escuchar opiniones incorrectas y no refutarlas, e incluso escuchar expresiones contrarrevolucionarias y no informar sobre ellas, tomándolas tranquilamente como si nada hubiera pasado. Este es el sexto tipo.

Al hallarse entre las masas, no hacer propaganda ni agitación, no hablar en sus reuniones, no investigar ni hacerles preguntas, sino permanecer indiferente a ellas, sin mostrar la menor preocupación por su bienestar, olvidando que se es comunista y comportándose como una persona cualquiera. Este es el séptimo tipo.

No indignarse al ver que alguien perjudica los intereses de las masas, ni disuadirlo, ni impedir su acción, ni razonar con él, sino dejarle hacer. Este es el octavo tipo.

Trabajar descuidadamente, sin plan ni orientación definidos; cumplir solo con las formalidades y pasar los días vegetando: «mientras sea monje, tocaré la campana». Este es el noveno tipo.

Considerar que se ha rendido grandes servicios a la revolución y darse aires de veterano; desdeñar las tareas pequeñas pero no estar a la altura de las grandes; ser negligente en el trabajo y flojo en el estudio. Este es el décimo tipo.

Tener conciencia de los propios errores pero no intentar corregirlos, tomando una actitud liberal para consigo mismo. Este es el undécimo tipo.

Podrían citarse otros tipos más, pero los once descritos son los principales.

Todas estas son manifestaciones de liberalismo.

En una colectividad revolucionaria, el liberalismo es extremadamente perjudicial. Es una especie de corrosivo, que deshace la unidad, debilita la cohesión, causa apatía y crea disensiones. Priva a las filas revolucionarias de su organización compacta y de su estricta disciplina, impide la aplicación cabal de su política y aleja a las organizaciones del Partido de las masas que este dirige. Se trata de una tendencia sumamente perniciosa.

El liberalismo proviene del egoísmo de la pequeña burguesía; este coloca los intereses personales en primer plano y relega los intereses de la revolución al segundo, engendrando así el liberalismo en los terrenos ideológico, político y organizativo.

Los adictos al liberalismo consideran los principios del marxismo como dogmas abstractos. Aprueban el marxismo, pero no están dispuestos a practicarlo o a practicarlo cabalmente; no están dispuestos a sustituir su liberalismo por el marxismo. Tienen su marxismo y también su liberalismo: hablan del marxismo, pero practican el liberalismo; el marxismo es para los demás y el liberalismo, para ellos mismos. Llevan ambos en su bagaje y encuentran aplicación para uno y otro. Así es como funciona el cerebro de cierta gente.

El liberalismo constituye una manifestación de oportunismo y es radicalmente opuesto al marxismo. Es negativo y, objetivamente, hace el juego al enemigo. De ahí que este se alegre si en nuestras filas persiste el liberalismo. Por ser tal su naturaleza, no debe haber lugar para el liberalismo en las filas revolucionarias.

Debemos emplear el espíritu marxista, que es positivo, para superar el liberalismo, que es negativo. El comunista debe ser sincero y franco, leal y activo, poner los intereses de la revolución por encima de su propia vida y subordinar sus intereses personales a los de la revolución; en todo momento y lugar ha de adherirse a los principios justos y luchar infatigablemente contra todas las ideas y acciones incorrectas, a fin de consolidar la vida colectiva del Partido y la ligazón de este con las masas; ha de preocuparse más por el Partido y las masas que por ningún individuo, y más por los demás que por sí mismo. Solo una persona así es digna de llamarse comunista.

Todos los comunistas leales, francos, activos y honrados deben unirse para combatir las tendencias liberales, que cierta gente tiene, y encauzar a esta por el camino correcto. He aquí una de nuestras tareas en el frente ideológico.

6

La bomba atómica no intimida al pueblo chino

28 de enero de 1955

> *Puntos principales de la conversación que el camarada Mao Tse-Tung sostuvo con Carl-Johan (Cay) Sundström, el primer embajador de Finlandia que fue acreditado en China, cuando presentó sus cartas credenciales.*

China y Finlandia son países amigos. Nuestras relaciones se basan en los cinco principios de coexistencia pacífica.

China nunca tuvo choques con Finlandia. De entre los países europeos, China tuvo guerras en el pasado solo con Inglaterra, Francia, Alemania, la Rusia zarista, Italia, el Imperio austrohúngaro y Holanda, siendo, en todos los casos, estos países los que vinieron desde muy lejos a invadirla. Ejemplos de ello fueron las invasiones a China perpetradas por las fuerzas aliadas anglo-francesas y por las fuerzas aliadas de las Ocho Potencias, entre ellas los Estados Unidos y el Japón. En la guerra de agresión contra Corea participaron 16 países, incluidos Turquía y Luxemburgo. Todos estos países agresores se autodenominaban amantes de la paz, mientras tildaban de agresores a Corea y China.

Hoy, el peligro de una guerra mundial y la amenaza a China provienen principalmente de los belicistas norteamericanos. Ellos mantienen bajo su ocupación la provincia china de Taiwán y el estrecho de Taiwán e intentan desatar una guerra atómica. Nosotros nos guiamos por estos dos principios: primero, no queremos la guerra y, segundo, si alguien nos invade, le daremos un resuelto contragolpe. Es en este espíritu en el que educamos a los militantes del Partido Comunista y a todo nuestro pueblo. El chantaje atómico de los EEUU no intimida al pueblo chino. Nuestro país tiene 600 millones de habitantes y 9.600.000 kilómetros cuadrados de superficie. Ese montoncillo de bombas atómicas que poseen los EEUU no es suficiente para acabar con los chinos. Aun en el caso de que los EEUU, contando con bombas atómicas de un poderío mucho mayor que el actual, las arrojaran sobre China hasta horadar el globo terrestre y volarlo, eso, aunque podría ser un acontecimiento de gran magnitud para el sistema solar, no significaría mucho para el universo en su conjunto.

Nosotros solemos decir que lo que tenemos es mijo más fusiles. Los EEUU, en cambio, poseen aviones más bombas atómicas. Pero, si los EEUU, con sus aviones y bombas atómicas, desencadenan una guerra de agresión contra China, esta, con su mijo y sus fusiles, saldrá triunfante. Los pueblos del mundo entero nos apoyarán. Como resultado de la Primera Guerra Mundial, en Rusia se liquidó al zar, así como a los terratenientes y a los capitalistas. La Segunda Guerra Mundial condujo al derrocamiento de Chiang Kai-shek y de los terratenientes en China y a la emancipación de los países de Europa Oriental y algunos otros países asiáticos. Si los EEUU desatan una tercera conflagración mundial –admitamos que dure ocho o diez años–, el resultado será la liquidación de las clases dominantes de los EEUU y de Inglaterra y demás países cómplices y la transformación de la mayor parte del mundo en países dirigidos por partidos comunistas. Las guerras mundiales nunca terminan en favor de los belicistas, sino de los partidos comunistas y los pueblos revolucionarios del mundo. Si los belicistas desencadenan la guerra, no deben culparnos de la revolución en que nos alzaremos, o sea, culparnos de «actividades subversivas», término tan manoseado por ellos. Mientras no desaten la guerra, podrán prolongar un poco su existencia en este planeta. Cuanto más temprano la desaten, más pronto serán barridos de la faz de la Tierra. Llegado ese momento, se fundará una ONU de los pueblos, con sede posiblemente en Shanghái o en algún lugar de Europa o en la misma Nueva York, si para entonces los belicistas norteamericanos han sido liquidados totalmente.

El imperialismo norteamericano es un tigre de papel

14 de julio de 1956

Parte de una conversación sostenida por el camarada Mao Tse-Tung con dos personalidades de América Latina.

Los Estados Unidos esgrimen por doquier la divisa de la lucha contra el comunismo con el objeto de agredir a otros países.

Los Estados Unidos han contraído deudas por todas partes. Se han endeudado con los países de América Latina, de Asia y África, así como de Europa y Oceanía. Todos los países del mundo, incluida Inglaterra, sienten aversión a los Estados Unidos. A las grandes masas populares no les gustan los Estados Unidos. El Japón tampoco los quiere, porque sufre su opresión. Ninguno de los países de Oriente ha quedado a salvo de la agresión norteamericana. Los Estados Unidos han invadido la provincia china de Taiwán. Japón, Corea, Filipinas, Vietnam y Pakistán son todos víctimas de su agresión, y eso que algunos de ellos son sus aliados. Los pueblos están descontentos, y lo están también las autoridades de algunos países.

Todas las naciones oprimidas quieren la independencia.

Todo está sujeto a cambio. Las grandes fuerzas decadentes tendrán que ceder el lugar a las pequeñas fuerzas nacientes. Las fuerzas pequeñas se transformarán en grandes, porque la gran mayoría de la gente exige el cambio. La fuerza del imperialismo norteamericano, que es grande, pasará a ser pequeña, debido a que el pueblo norteamericano también está descontento con el gobierno de su país.

A lo largo de mi vida, yo mismo he vivido cambios de ese tipo. Algunos de los aquí presentes nacieron bajo la dinastía Ching y otros en tiempos de la República de China.

La dinastía Ching fue derrocada hace mucho. ¿Quiénes la derrocaron? El partido dirigido por el Dr. Sun Yat-sen y el pueblo. Como Sun Yat-sen disponía de una fuerza muy pequeña, los dignatarios de la dinastía Ching lo miraban por encima del hombro. Fracasó en numerosos levantamientos, pero a la postre logró echar abajo la dinastía Ching. Lo grande no tiene nada de temible. Será derribado por lo pequeño. Y lo pequeño se hará grande. Luego de derrocar la dinastía Ching, el Dr. Sun Yat-sen fracasó. Esto se debió a que no satisfizo las demandas del pueblo, tales como la reivindicación de la tierra y la exigencia de luchar contra el imperialismo. Tampoco comprendió la necesidad de reprimir a los contrarrevolucionarios, quienes andaban sueltos por todas partes. Fue derrotado a manos de Yuan Shi-kai, cabecilla de los caudillos militares del Norte. La fuerza de Yuan Shi-kai era mayor que la de Sun Yat-sen. Pero también aquí rigió esta ley: fuerzas pequeñas pero vinculadas con el pueblo se hacen poderosas, mientras que fuerzas grandes que se oponen al pueblo se hacen débiles. Posteriormente, los revolucionarios demócratas burgueses encabezados por Sun Yat-sen, en colaboración con nosotros, los comunistas, echaron por tierra el régimen de los caudillos militares dejado por Yuan Shi-kai.

La dominación de Chiang Kai-shek en China, reconocida por los gobiernos de todos los países del mundo, perduró veintidós años, representando la mayor fuerza del país. Nuestra fuerza era pequeña; aunque, en un tiempo, nuestro Partido llegó a tener unos 50.000 militantes, solo le quedaron unos miles después de la represión contrarrevolucionaria. El enemigo hacía estragos por todas partes. Pero también esta vez rigió la misma ley: los poderosos fracasaron, pues se hallaban separados del pueblo, en tanto que los débiles salieron victoriosos, porque estaban vinculados con el pueblo y trabajaban por él. Este fue efectivamente el desenlace.

En los tiempos de nuestra guerra contra el Japón, este era muy poderoso, las tropas kuomintanistas se encontraban arrinconadas en regiones apartadas, y las fuerzas armadas dirigidas por el Partido Comunista solo podían hacer la guerra de guerrillas en las zonas rurales detrás de las líneas enemigas. El Japón ocupó grandes ciudades como Pekín, Tientsín, Shanghái, Nankín, Wuján y Cantón. Sin embargo, igualmente en virtud de esta ley, el militarismo japonés, así como la Alemania hitleriana, se vino abajo al cabo de unos pocos años.

Nosotros pasamos por numerosas dificultades: fuimos expulsados del Sur y obligados a ir al Norte, y el número de nuestros efectivos se redujo de varios centenares de miles a unas decenas de miles. Al final de la Gran Marcha de 25.000 *li,* solo nos quedaban 25.000 hombres.

En la historia de nuestro Partido ha habido numerosos errores de línea, tanto de «izquierda» como de derecha. Los más graves fueron la desviación derechista de Chen Tu-siu y la «izquierdista» de Wang Ming. Se registraron, además, los casos de desviación derechista de Chang Kuo-tao, Kao Kang y otros.

Cometer errores tiene su lado positivo, pues de ello se pueden extraer enseñanzas para el pueblo y para el Partido. Hemos tenido muchos maestros por lo negativo, como Japón, Estados Unidos, Chiang Kai-shek, Chen Tu-siu, Li Li-san, Wang Ming, Chang Kuo-tao y Kao Kang. Nos costó un precio muy alto aprender de estos maestros. En el pasado, Inglaterra desencadenó muchas guerras contra nosotros. A Inglaterra, Estados Unidos, Japón, Francia, Alemania, Italia, Rusia zarista y Holanda les gustaba mucho esta tierra nuestra. Ellos han sido nuestros maestros por lo negativo, y nosotros, sus alumnos.

A través de la lucha contra el Japón en la Guerra de Resistencia, nuestro ejército creció hasta tener 900.000 efectivos. Después vino la Guerra de Liberación. Nuestro armamento era inferior al del Kuomintang, y este contaba entonces con un ejército de cuatro millones de efectivos; pero, en el curso de los tres años de guerra, le aniquilamos en total ocho millones. El Kuomintang, sustentado por el imperialismo norteamericano, no pudo derrotarnos. Los poderosos no pueden ganar, mientras que los débiles siempre logran la victoria.

En la actualidad, el imperialismo norteamericano exhibe una gran fuerza, pero en realidad no la tiene. Políticamente es muy débil, porque está divorciado de las grandes masas populares y no agrada a nadie; tampoco agrada al pueblo norteamericano. Aparentemente es muy poderoso, pero en realidad no tiene nada de temible: Es un tigre de papel. Mirado por fuera parece un tigre, pero está hecho de papel y no aguanta un golpe de viento y lluvia. Pienso que Estados Unidos no es más que un tigre de papel.

Toda la historia, la milenaria historia de la sociedad de clases de la humanidad, ha confirmado este punto: lo poderoso tiene que ceder su lugar a lo débil. Esto también es así en América.

Solo podrá haber paz cuando haya sido eliminado el imperialismo. Llegará el día en que el tigre de papel será destrozado. Pero no desaparecerá por sí mismo; para ello hace falta el golpe del viento y la lluvia.

Cuando afirmamos que el imperialismo norteamericano es un tigre de papel, estamos hablando en términos estratégicos. Visto como un todo, debemos despreciarlo; pero, en cuanto a cada una de sus partes, debemos tomarlo muy en serio. Él posee garras y dientes. Para acabar con él hemos de hacerlo por partes. Si, por ejemplo, tiene diez dientes y en el primer golpe le arrancamos uno, le quedarán nueve; le arrancamos otro más y le quedarán ocho. Cuando le hayamos quitado todos los dientes, le quedarán todavía las garras. Siempre que procedamos paso a paso y de modo concienzudo, conseguiremos finalmente el éxito.

Desde el punto de vista estratégico, se debe despreciar por completo al imperialismo norteamericano, mientras que en lo táctico hay que tomarlo muy en serio. En la lucha contra él, es necesario prestar atención a cada batalla y a cada caso. Actualmente, Estados Unidos es un país poderoso; pero, examinándolo con una óptica amplia, en su conjunto y en perspectiva, se hallará que este tigre morirá sin remedio, porque es impopular, aplica una política que no complace a nadie, y oprime y explota a los pueblos. Vistas así las cosas, no tiene nada de terrible y podemos despreciarlo. Sin embargo, Estados Unidos todavía cuenta con cierta fuerza, produce anualmente más de 100 millones de toneladas de acero y atropella a la gente por todas partes. Se hace por eso necesario proseguir la lucha contra él, empeñar grandes esfuerzos en ello y arrebatarle posición por posición. Esto requiere tiempo.

Todo parece indicar que los países de América, Asia y África tendrán que seguir peleando con Estados Unidos hasta el fin, hasta que el viento y la lluvia destruyan este tigre de papel.

En interés de la lucha contra el imperialismo norteamericano, los latinoamericanos de ascendencia europea deben unirse con la población indígena en los países donde la haya. Se puede, me parece, diferenciar a los blancos, de ascendencia europea, en dos partes: los dominantes y los dominados. Así, los blancos oprimidos podrán fácilmente acercarse a los indígenas, pues su situación es la misma.

Nuestros amigos latinoamericanos, asiáticos y africanos y nosotros estamos todos en la misma posición y realizamos el mismo trabajo haciendo algo en favor de los pueblos para disminuir la opresión que sobre estos ejerce el imperialismo. Si hacemos bien ese trabajo, podremos liquidar de raíz la opresión imperialista. En este sentido somos camaradas.

En la lucha contra la opresión imperialista, ustedes y nosotros tenemos idéntica naturaleza; lo único que nos diferencia es la ubicación geográfica, la nacionalidad y el idioma. En cambio, somos diferentes por naturaleza de los imperialistas, y el solo verlos nos produce malestar.

¿Para qué se necesita el imperialismo? No lo necesita el pueblo chino, no lo necesitan los demás pueblos del mundo. No hay necesidad de que exista el imperialismo.

8

A próposito de *Los problemas económicos del socialismo en la URSS* de Stalin

Noviembre de 1958

Los comités provinciales y regionales del Partido deben estudiar este libro[1]. En el pasado, su lectura no ha causado una impresión profunda. A partir de ahora conviene estudiarlo comparándolo con las realidades chinas. En los tres primeros capítulos hay muchas cosas que merecen nuestra atención. Muchas cosas descritas en ellos son acertadas. Sin embargo, es posible que el mismo Stalin, en ciertas ocasiones, no haya conseguido analizar la situación. Por ejemplo, en el primer capítulo no dedica más que algunas frases a las leyes objetivas y a la economía planificada, sin desarrollar estos problemas. Quizás, a su juicio, la misma economía planificada de la Unión Soviética refleja las leyes objetivas. En cuanto a los problemas de la industria pesada, de la industria ligera y de la agricultura, la Unión Soviética apenas ha

---

[1] La obra que trata esta crítica es *Problemas económicos del socialismo en la URSS* desde Stalin, de J. V. Stalin [ed. cast.: Ediciones en Lenguas Extranjeras, Moscú, 1952; ed. ing.: *Economic Problems of Socialism in the URSS,* Pekín, Foreing Languages Press, [1]1972]. Se han propuesto dos fechas para el documento, 1959 y 1958. No hubo Conferencia de Chengzhou en noviembre de 1959, pero sí en el mismo mes de 1958, por lo que es más probable que su fecha sea la más temprana.

prestado atención a estos dos últimos. De ello se deduce que ha tenido que sufrir las consecuencias. Además, las relaciones entre el interés popular inmediato y el interés a largo plazo están mal establecidas entre los soviéticos; son esencialmente unilaterales. Entre el Plan soviético y el Plan chino, ¿cuál es el más conforme a un desarrollo planificado y proporcionado? Stalin no destaca más que la tecnología y los dirigentes técnicos. No quiere nada que no sea la técnica y los dirigentes. Ignora la política y las masas. También aquí es unilateral. En el ámbito de la industria hace énfasis en la industria pesada y descuida la industria ligera. De nuevo es unilateral. En lo que concierne a las relaciones mutuas entre los diferentes sectores de la industria pesada, Stalin no señala tampoco el aspecto esencial de la contradicción. Hace énfasis en la industria pesada, afirmando que el acero es su base y que las máquinas son su corazón. En cuanto a nosotros, consideramos que en el terreno de la agricultura la producción de los cereales constituye el principio directivo, y que en el terreno de la industria el principio directivo es la producción de acero. Considerando el acero como el principio directivo, proporcionamos la materia prima a nuestras industrias y, en consecuencia, se desarrolla la industria mecánica. En el primer capítulo de su libro, Stalin expone el problema y habla de las leyes objetivas. Pero no da respuesta satisfactoria a este problema.

El segundo capítulo trata del problema de las mercancías y el tercero de la ley del valor. Estoy de acuerdo con muchos de los puntos de vista que en ellos se expresan. Stalin divide la producción en dos grandes categorías y afirma que los medios de producción no son mercancías. Esto merece ser estudiado. En China, en el sector de la agricultura, muchos medios de producción deben ser considerados como mercancías. En mi opinión, la última de las tres cartas de Stalin, colocadas como anexo en su libro, expresa un punto de vista casi totalmente erróneo[2]. En ella se apre-

---

[2] Respuesta a los camaradas A. V. Sanina y V. G. Venzher que está incluida en la obra de Stalin *Los problemas económicos del socialismo en la URSS*

cia una gran desconfianza con respecto a los campesinos, así como el designio no disminuir el control sobre la maquinaria agrícola. Por un lado, Stalin dice que los medios de producción pertenecen al Estado, mientras que, por otro, afirma que estos son demasiado caros para los campesinos. En realidad se engaña a sí mismo. El Estado ejerce un control asfixiante sobre los campesinos y Stalin no ha encontrado ni el método adecuado ni el buen camino que conducen del capitalismo al socialismo y del socialismo al comunismo. Para él, este es un asunto muy embarazoso.

El capitalismo nos ha legado la noción de mercancía. Provisionalmente tenemos todavía que conservarla. El intercambio de mercancías y la ley del valor no desempeñan un papel regulador en nuestra producción. En China, los que ejercen una acción reguladora son la planificación, el Gran Salto hacia delante planificado y el principio de la primacía de la política. Stalin no habla más que de las relaciones de producción. No habla ni de la superestructura ni de las relaciones entre esta y la base económica. En China, los dirigentes participan en el trabajo manual y los obreros en la gestión de empresas. Mandamos a los dirigentes a trabajar al campo o a las fábricas con la finalidad de formarlos. Abolimos las viejas reglas y los viejos sistemas. Todo esto atañe a la superestructura, es decir, a la ideología. Stalin habla únicamente de economía; no aborda la política. Aunque menciona el trabajo voluntario, de hecho, allí, nadie quiere sacrificarse trabajando una hora más. No habla del papel, del hombre, ni del de los trabajadores. Hay que reconocer que sin el movimiento comunista es difícil pasar al comunismo. La expresión «todos para mí, yo para todos» no es apropiada porque el yo está siempre presente. Algunos dicen que esta expresión ha sido empleada por Marx. Aunque fuera cierto, no estamos obligados a hacerle propaganda. «Todos para mí» significa que todo el mundo trabaja para mí. «Yo para todos», ¿a cuántas personas podría prestar ayuda?

El poder legal de la burguesía se manifiesta en la enseñanza jurídica burguesa. Tenemos que destruir una parte de la ideología de este poder. Tenemos que liberarnos enérgicamente de la actitud arrogante, de los tres malos estilos, de las cinco actitudes indeseables y del desprecio a los simples trabajadores. Pero no hay que suprimir de un solo golpe la circulación de las mercancías, la noción de mercancía y la ley del valor, aunque pertenezcan también a la burguesía. La tesis que preconiza su destrucción inmediata es errónea. En un momento en que hacemos propaganda para eliminar totalmente la ideología del poder legal de la burguesía, este problema merece nuestra atención.

En una sociedad socialista, una minoría que comprende a los propietarios de bienes raíces, a los campesinos ricos, a los elementos de derechas, etc., quiere promover y restaurar el capitalismo. Pero la gran mayoría de la gente quiere avanzar hacia el comunismo. De la misma manera que no se puede alcanzar el cielo de un solo salto, así mismo hay que pasar al comunismo etapa por etapa. En las comunas populares, por ejemplo, la producción de productos destinados al consumo interno debe ser aumentada y simultáneamente deber ser desarrollado el intercambio de mercancías.

Podemos recurrir al intercambio de mercancías y a la ley del valor como instrumentos para facilitar el desarrollo de la producción y el paso al comunismo. China es un país en donde la producción comercial está muy retrasada. El año pasado hemos producido 370.000 millones de *chin* de cereales[3], de los cuales comercializamos alrededor de 80.000 a 90.000 millones de *chin* de cereales. Además de los cereales, la producción de las plantas industriales tales como el algodón y el lino tampoco se ha desarrollado mucho. También tenemos necesidad de pasar por una etapa de desarrollo. Hay todavía aquí actualmente muchos distritos en los que se proporciona comida gratuitamente, de ahí la incapacidad de pagar los salarios. En la provincia de Hopei hay tres distritos que se encuentran en esta situación. Uno de los tres está en condiciones de pagar salarios, pero salarios bajos de tres o

---

[3] Es decir, 185 millones de toneladas (un *chin* equivale a 500 gramos).

cinco yuan. Este es el motivo de que tengamos que desarrollar aún más la producción, incluso la de productos diferentes a los cereales que puedan ser vendidos a cambio de dinero líquido. En la conferencia de Sian sobre la agricultura no hemos prestado suficiente atención a este tema. En resumen, en el plano de la producción comercial, China es un país subdesarrollado que, sin embargo, se ha introducido ya profundamente en el socialismo. Es cierto que tenemos que destruir una parte del poder legal de la burguesía. Pero no podemos prescindir aún de la producción comercial y del cambio de mercancías. En este momento está muy extendida en China la idea de que cuanto más rápido pasemos al comunismo, mejor. Algunos recomiendan incluso el paso al comunismo dentro de tres o cuatro años. En el distrito de Fan, provincia de Shantung, por ejemplo, este plazo ha sido fijado en cuatro años. Es mejor ir más despacio.

Actualmente, a algunos economistas no les gusta la economía. Jarochenko[4], por ejemplo, está en esta situación. Por ahora, e incluso durante un cierto periodo en lo sucesivo, tenemos que ampliar los intercambios de productos entre las comunas populares y aumentar todavía más la producción comercial. Si no, no se puede asegurar el pago de los salarios ni puede mejorarse el nivel de vida. Algunos camaradas cometen errores cada vez que tienen que resolver un problema que se refiera a las mercancías y a la producción comercial. Hay que eliminar diariamente las leyes y los poderes de la burguesía: el sistema de calificaciones, la jerarquía, la actitud negativa ante las ventajas del sistema de la distribución gratuita... En 1953 sustituimos el sistema de la distribución gratuita por el sistema de las remuneraciones[5]. Esta medida

---

[4] Destinatario de la segunda carta de Stalin, incluida en *Problemas económicos.*
[5] El sistema de remuneraciones establecido en 1953 hizo hincapié principalmente en los incentivos materiales individuales a corto plazo. Se estableció un sistema de remuneraciones por puntos que se clasificaban en 8 grados, que iban desde los 139 hasta los 390 puntos de salario por mes. Un trabajo similar en diferentes regiones recibiría el mismo número de puntos de trabajo, pero el

era esencialmente correcta, pero era un retroceso absolutamente necesario. Sin embargo, hemos cometido un error al ceder sobre el problema de la jerarquía. El resultado de esto fue que durante algún tiempo la gente se esforzaba en subir por el escalafón jerárquico. Este fenómeno solamente perdió su importancia después de una campaña de rectificación. El sistema de la jerarquía refleja las relaciones entre padres e hijos, entre gatos y ratones. Hay que destruirlo día tras día. Uno de los métodos para transformar el sistema de la jerarquía es enviar a los dirigentes al campo para trabajar en las granjas experimentales[6]. Sin la transformación de este sistema no es posible el Gran Salto hacia delante.

Los elementos de la burguesía pueden ser aceptados como miembros en las comunas populares urbanas. Pero entonces conservan su estatuto de clase.

¿Socialismo o comunismo? ¿En qué momento puede afirmarse que ha finalizado la construcción del socialismo? A este respecto, hemos formulado dos criterios:

1. La terminación de la construcción del socialismo se manifiesta a través de la aplicación general del sistema socialista de la propiedad de todo el pueblo.

2. Cuando el sistema de la propiedad de todo el pueblo haya reemplazado al sistema de la propiedad colectiva de las comunas populares.

Algunos camaradas no están de acuerdo en hacer una distinción entre estos dos sistemas de propiedad. Pretenden que en las

---

valor de estos variaría en función del coste de la vida de esas regiones. En 1956, el sistema por puntos se sustituyó por un sistema de salarios, pero la estructura en ocho grados se mantuvo.

[6] Campos experimentales trataron de desarrollar técnicas nuevas y avanzadas, como los cultivos cercados, la siembra temprana, el arado de profundidad, etc. Si tenían éxito en aumentar la producción, las técnicas se podrían popularizar por toda China. Al aumentar la producción y, por lo tanto, el fondo salarial total, los campos experimentales podrían ayudar a socavar la base ideológica del sistema de remuneraciones por grados, ya que esto demostraba que los especialistas podrían aprender de los campesinos.

comunas populares existe solamente el sistema de la propiedad de todo el pueblo. En realidad existen dos sistemas: uno es el sistema de la propiedad de todo el pueblo, como el de la Acería de Anshan; el otro es el sistema de la propiedad de la gran colectividad de las comunas populares. Si se ignora esto, ¿de qué sirve la edificación del socialismo? Stalin ha trazado una línea de demarcación entre ambos sistemas y preconiza tres condiciones para pasar al comunismo. Estas tres condiciones fundamentales no están mal.

Las dos primeras pueden ser resumidas como sigue: 1) aumento de la producción social; 2) transición del sistema de propiedad colectiva a un sistema de propiedad de todo el pueblo, 3) sustitución del sistema de intercambio de productos por el sistema de intercambio de mercancías, transición de la etapa del valor de cambio a la etapa del valor de uso. En China estas dos condiciones significan: primero, aumentar enérgicamente la producción y desarrollar simultáneamente la industria y la agricultura ateniéndose siempre al principio de crecimiento preferente de la industria pesada. Segundo, elevar el sistema de la propiedad de pequeñas colectividades al sistema de la propiedad de todo el pueblo. Los que no quieren trazar una línea de demarcación [entre tipos de propiedad] y pretenden que hemos entrado ya en la era del sistema de la propiedad de todo el pueblo no tienen razón.

La tercera condición fijada por Stalin se refiere a la cultura; recomienda un desarrollo de la educación física y de la educación de todo el pueblo. Para alcanzar este objetivo, Stalin propone cuatro medidas: 1) jornada de trabajo de seis horas; 2) establecimiento de una educación politécnica; 3) mejora de las condiciones de alojamiento; 4) aumento de salarios y disminución de los precios. Las tres condiciones de Stalin son excelentes. Pero falta una condición político-ideológica.

Estas condiciones están encaminadas esencialmente a aumentar la producción. En efecto, una gran abundancia de productos facilita el paso del sistema de la propiedad colectiva al sistema de la propiedad de todo el pueblo. Pero para aumentar la producción hay que producir más, más rápidamente, mejor y de una manera más económica. Y si se quiere alcanzar este resultado hay que colocar a la política en el puesto de mando y esforzarse en conseguir simultáneamente los cuatro objetivos: cantidad, rapidez, calidad, economía. También hay que lanzar movimientos de rectificación con el fin de destruir la ideología del poder legal de la burguesía. Implantar una forma de estructura tal como la comuna popular en un país como China facilita aún más la realización de los cuatro objetivos: cantidad, rapidez, calidad y economía.

¿Cuál es el significado del sistema general de la propiedad de todo el pueblo? Este sistema significa: 1) que los medios de producción de la sociedad pertenecen a todo el pueblo; 2) que los productos de la sociedad pertenecen a todo el pueblo.

¿Cuál es la naturaleza de la comuna popular? Es la unidad básica de la estructura social china que reúne a los obreros, campesinos, soldados, intelectuales y comerciantes. Actualmente constituye la organización administrativa básica. Por lo que respecta a la milicia, está destinada a enfrentarse al extranjero, especialmente al imperialismo. La comuna popular es la mejor forma de organización para realizar los dos pasos: el paso del socialismo actual al sistema general de la propiedad de todo el pueblo y el paso del sistema general de la propiedad de todo el pueblo al comunismo. Después de estos dos pasos, la comuna popular constituirá la estructura básica de la sociedad comunista.

9

Anotaciones a *Los problemas económicos del socialismo en la URSS* de Stalin

[1958]

Desde el principio hasta el final de su libro, Stalin no habla de la superestructura en ningún sitio. No tiene en cuenta al hombre. Ve las cosas, pero no al hombre. Haría falta que dijera si el sistema de la distribución gratuita favorece o perjudica el desarrollo económico. ¿Es bueno tener producción mercantil, o no? Todo el mundo debe estudiar este problema. Los puntos de vista expuestos por Stalin en su última carta[1] son casi completamente erróneos. Su error fundamental proviene de su falta de confianza en el campesinado.

En los tres primeros capítulos hay cosas que están bien. Pero hay otras cosas que no están claras. Por ejemplo, la economía planificada no está tratada con la necesaria profundidad. En la Unión Soviética el ritmo de desarrollo económico no es suficientemente rápido, aunque es más rápido que el observado en los países capitalistas. Las relaciones entre la industria y la agricultura y las de la industria pesada y la industria ligera no se tratan en este libro de manera clara.

Los soviéticos no han desarrollado suficientemente las relaciones entre los intereses a largo plazo y los intereses inmediatos.

---

[1] Respuesta a los camaradas A. V. Sanina y a V. G. Venzher.

Aparentemente han tenido que atenerse a las consecuencias. Ellos son unilaterales, mientras que nosotros no. Para ellos, la técnica lo determina todo, los dirigentes lo resuelven todo. Ellos hacen hincapié en el lado «experto» y no en el lado «rojo», sobre los dirigentes y no sobre las masas. También en esto son unilaterales. En el ámbito de la industria pesada no han encontrado las principales contradicciones que hay que resolver. Afirman, por ejemplo, que el acero es la base, las máquinas el corazón y el carbón el alimento... Para nosotros, la producción de acero es el principio rector. Esta es la principal contradicción que hay que resolver en el ámbito de la industria. En cuanto a la agricultura, consideramos la producción de cereales como el principio rector, la producción de otros productos agrícolas se desarrolla en proporciones variadas que vienen determinadas por la producción de cereales.

El primer capítulo de este libro trata sobre el conocimiento de las leyes. Pero no indica cómo hacerse dueño de esas leyes. En este capítulo se trata de la producción mercantil y de la ley del valor. Estamos de acuerdo sobre muchos puntos de vista. Pero hay también problemas. No es cierto que la producción comercial pueda ser limitada a la mera producción de artículo de primera necesidad. En cuanto a la tercera carta que aparece en el anexo del libro, su postura fundamental es de desconfianza hacia los campesinos. El problema esencial de esta carta es que Stalin no ha encontrado el camino que permite el paso del sistema de la propiedad colectiva al sistema de la propiedad de todo el pueblo. Por lo que respecta a nosotros, hemos conservado la producción comercial y el intercambio de mercancías. En lo que concierne a la ley del valor preconizamos la planificación y la primacía de la política. Los soviéticos no se interesan más que en las relaciones de producción. Ignoran la superestructura, la política y el papel del pueblo. Es imposible pasar al comunismo si no hay movimiento comunista[2].

---

[2] Estos primeros cuatro párrafos hacen unas comentario crítico del texto completo. A continuación se presenta una serie de observaciones a secciones espe-

1.

Confunden visiblemente las leyes de la ciencia que reflejan los procesos objetivos de la naturaleza o de la sociedad y que operan independientemente de la voluntad humana, con las leyes dictadas por los gobiernos, creadas por la voluntad de los hombres, y que no tienen más que una fuerza jurídica. Pero no deben ser confundidas.

El punto de vista fundamental de este pasaje es correcto. Pero tiene dos defectos: primero, no destaca suficientemente el activismo subjetivo del Partido y de las masas; segundo, no está suficientemente completo. No indica que si las leyes promulgadas por los gobiernos son justas, no es solamente porque estén conformes con la voluntad de la clase obrera, sino también porque reflejan fielmente las necesidades de las leyes económicas objetivas.

2.

[...] Si hacemos abstracción de los procesos astronómicos, geológicos y algunos otros análogos, en donde los hombres, aunque conozcan las leyes de su desarrollo, son verdaderamente incapaces de actuar sobre ellos.

Este razonamiento es falso. La capacidad de los hombres para conocer y transformar la naturaleza no tiene límites. Stalin no aborda el problema desde el punto de vista del desarrollo futuro. Lo que ahora no se puede realizar ahora puede ser realizado en el futuro.

3.

Hay que decir lo mismo de las leyes del desarrollo económico y de las leyes de la economía política, tanto si se trata del periodo del capitalismo o del periodo del socialismo. También aquí, como en las ciencias de la naturaleza, las leyes del desarrollo económico son leyes objetivas que reflejan los procesos del desarrollo económico que se realizan independientemente de la voluntad de los hombres.

---

cíficas. Antes de cada una se ofrece el texto de Stalin según su *Jen min ch'u pan she,* enero de [3]1958 [ed. ing.: Pekín, Foreing Languages Press, 1972].

¿Cómo organizar una economía planificada? No se insiste suficientemente en la industria ligera y en la agricultura.

4.

Por esto, Engels dice que: «Las leyes de su propia práctica social, que hasta ahora se alzaban frente a ellos como leyes naturales, extrañas y dominadoras, son aplicadas desde entonces por los hombres con pleno conocimiento de causa y dominadas por eso».

La libertad es la ley objetiva de la necesidad comprendida. Es independiente y se opone al hombre. En cuanto se comprende, puede ser dominada.

5.

El cometido particular del poder de los sóviets se explica por dos hechos; en primer lugar, el poder de los sóviets no debía reemplazar una forma de explotación por otra, como fue el caso en las revoluciones anteriores, sino acabar con toda explotación; en segundo lugar, ante la ausencia en el país de gérmenes económicos socialista maduros, debía crear, por así decirlo, sobre un «terreno virgen», formas económicas nuevas, socialistas.

Tenemos que estudiar el carácter inevitable de las leyes económicas del socialismo. En la Conferencia de Chengtu ya dije que: «El conjunto de medidas que hemos adoptado (producir más, más deprisa, mejor y de manera más económica, desarrollar simultáneamente la industria pesada, la industria ligera y la agricultura, practicar una línea de masas) ¿fracasará[3] o tendrá éxito? Habrá que esperar algunos años, incluso hasta diez años,

---

[3] Mao se refiere aquí de la adquisición excesiva de cereales a finales de 1954 y la consiguiente escasez de grano en el campo durante la primavera de 1955. Posteriormente, la cuota de compra estatal se redujo en 7.000 millones de *chins* y la tensión en el campo disminuyó. Estos hechos, sin embargo, tuvieron lugar en la primavera de 1955, no a finales de ese año, caracterizado por la oleada continua de colectivización del campo chino.

para saberlo». También la ley de la revolución ha sido puesta en duda por algunos, en el pasado. Ahora su rectitud ha sido probada, puesto que el enemigo ha sido derrocado. Pero la gente todavía tiene dudas sobre el éxito de la construcción del socialismo. Esto que nosotros hacemos en China ¿será conveniente para las leyes económicas que rigen en los países? Este problema merece ser estudiado. A mi parecer, es suficiente que el modelo chino esté de acuerdo, en lo esencial, con las leyes económicas chinas.

6.

Tarea seguramente difícil y compleja y que no tiene precedente.

En el ámbito de la creación de una forma económica socialista, nosotros contamos con el precedente soviético. Por eso tenemos que actuar mejor que la URSS. Nuestro fracaso demostraría que los marxistas chinos son incapaces. Nuestra tarea, igual que la de la Unión Soviética, es difícil y compleja.

7.

Se dice que la necesidad de un desarrollo armonioso (proporcionado) de nuestra economía nacional permite al poder de los sóviets abolir las leyes económicas existentes y crear otras nuevas. Esto es totalmente erróneo. No hay que confundir nuestros planes anuales y nuestros planes quinquenales con la ley económica objetiva del desarrollo armonioso proporcionado de la economía nacional.

Este párrafo es el centro del problema.

8.

Esto equivale a decir que la ley del desarrollo armonioso de la economía nacional ofrece a nuestros organismos de planificación la posibilidad de planificar correctamente la producción social. Pero no hay que confundir posibilidad y realidad. Ambas son cosas diferentes. Para transformar esta posibilidad en realidad hay que aprender a aplicarla con pleno conocimiento de causa; hay que elaborar planes que reflejen plenamente las exigencias de esta ley. No se podría decir que nuestros planes anuales y nuestros planes quinquenales reflejen plenamente las exigencias de esta ley económica.

He aquí el fondo del problema de este capítulo: no confundir la ley objetiva de la economía planificada y proporcionada y los planes económicos. En el pasado nosotros también hemos elaborado planes que a menudo provocaban controversias. Unas veces hacíamos poco, otras veces hacíamos demasiado. Avanzábamos a ciegas sin saber lo que había que hacer. Después de haber conocido muchas vicisitudes y retrocesos, después de habernos devanado los sesos y haber buscado soluciones, por fin hemos elaborado el Programa agrícola de cuarenta puntos que se aplica actualmente. En la época actual, estamos elaborando un nuevo Programa de cuarenta puntos. La lucha será encarnizada durante tres años, pero el desarrollo deberá proseguir. Vamos a tener profundas discusiones y volveremos a marchar hacia delante. El éxito dependerá de la práctica objetiva. Durante ocho años hemos tratado de desarrollar la industria, pero no sabíamos que había que considerar el acero como el principio rector. Pues, el acero constituye el aspecto principal de la contradicción en el ámbito industrial. Aquí también se trata de monismo. En el desarrollo de las empresas grandes, medianas y pequeñas, lo que debe considerarse como el principio rector es el desarrollo de las grandes empresas. Entre el poder central y las regiones, es al poder central al que hay que tomar como el principio rector. Toda contradicción posee dos aspectos, de los que uno es el principal. Los resultados que hemos obtenido desde hace ocho años son evidentemente esenciales. Pero han sido alcanzados por tanteo. No podemos pretender que hemos planificado correctamente nuestra producción y que hemos reflejado perfectamente las leyes objetivas. La planificación debe ser el quehacer de todo el Partido, en todos los niveles de la organización, de todos, y no solamente de la Comisión del Plan o de la Comisión económica. Teóricamente, lo que ha dicho Stalin en este párrafo es correcto. Pero no ha estudiado el problema detenidamente y no ha desarrollado sus ideas de una manera clara. En la Unión Soviética, no hay un desarrollo simultáneo de las grandes, de las medianas y de las pequeñas empresas, al igual que tampoco existe un desarrollo simultáneo de las regiones y del poder central o de la industria y de la agricultura. En todos estos ámbitos, los soviéticos son unilaterales. Sus reglamentos y sus sistemas son apremiantes para el hombre. Nosotros tampoco hemos estudiado suficientemente las leyes objetivas como para dominarlas, así pues, nuestros planes tampoco reflejan perfectamente esas leyes.

9.

Analicemos la fórmula de Engels. No se la puede considerar como perfectamente clara y precisa, ya que no indica si se trata de la toma de posesión, por la sociedad, de todos los medios de producción o solamente de una parte, es decir, si todos los medios de producción han sido entregados a la posesión del pueblo o solo una parte. Así pues, esta fórmula de Engels puede ser entendida de dos maneras.

El análisis que contiene este párrafo es correcto. El problema está en dividir los medios de producción en dos categorías. Merece ser estudiada la afirmación según la cual los medios de producción no son mercancías.

10.

En esta sección, «De la producción mercantil en el régimen socialista», no se hace una exposición completa de las condiciones de la existencia de las mercancías. La existencia de dos sistemas de propiedad constituye la premisa fundamental de la producción comercial. Pero, a fin de cuentas, esta última está también vinculada a las fuerzas productivas. Por esto, aun cuando, en algunas regiones, el sistema socialista de la propiedad de todo el pueblo haya sido realizado íntegramente, los intercambios se harán todavía a través de las mercancías.

11.

En consecuencia, Engels contempla los países en que el capitalismo y la concentración de la producción, no solo en la industria sino también en la agricultura, están suficientemente desarrollados para hacer posible la expropiación de todos los medios de producción del país y su conversión en propiedad del pueblo. Engels considera, pues, que en este país convendría eliminar la producción comercial al mismo tiempo que se lleva a cabo la socialización de todos los medios de producción. Esto es, por supuesto, muy justo.

El análisis que Stalin hace de la fórmula de Engels es acertado. En China, actualmente, algunas personas tratan de eliminar completamente la producción comercial. Se inquietan porque, para ellas, la producción comercial es el capitalismo. Pero, para asegurar nuestra alianza con centenares de millones de campesinos, son todavía necesarios un gran desarrollo de la producción comercial y un crecimiento de la masa monetaria. Se trata de un problema ideológico que interesa a centenares de miles de dirigentes y de un problema que concierne a nuestra unión con 500 millones de campesinos. Actualmente, no tenemos a nuestra disposición más que una parte de los medios de producción. Pero hay ya gente que quiere proclamar, sin más dilaciones, la aplicación del sistema de la propiedad de todo el pueblo a fin de expropiar a los pequeños productores sin precisar si la propiedad pasará a la comuna popular o al distrito. La eliminación de las mercancías y de la producción comercial y la aplicación del sistema de la propiedad de todo el pueblo no conducirán, en tales condiciones, más que a la expropiación de los campesinos.

A finales de 1955, la cantidad total de cereales que el Estado se procuró por tasación y por compra no llegó a 90.000 millones de *chin*. En esta época, la situación era muy tensa. Todo el mundo hablaba de aprovisionamiento y en todas las familias las conversaciones giraban alrededor de la compra de los cereales por el Estado. Pero se trataba todavía de compra y no confiscación. Solamente se calmó la situación cuando el Estado decidió no procurarse más de

83.000 millones de *chin.* Pero no se sabe por qué ahora algunas personas han olvidado de repente esta experiencia.

12.

Hago caso omiso aquí de la importancia que tiene para Inglaterra el comercio exterior con su enorme participación en la economía nacional británica. Pienso que solamente después de haber estudiado el problema se podría decidir definitivamente el destino de la producción comercial en Gran Bretaña con posterioridad a la toma del poder por el proletariado y a la nacionalización de *todos* los medios de producción.

Aquí se trata de elegir entre eliminación o continuación de la producción comercial.

13.

Pero se plantea al pregunta: ¿qué deben hacer el proletariado y su partido si en tal o cual país, y en particular en el nuestro, las condiciones para la toma del poder por el proletariado y la destrucción del capitalismo son favorables [donde el capitalismo ha concentrado tanto los medios de producción en la industria que pueden ser expropiados y traspasados a la propiedad de la sociedad, pero donde la agricultura, a pesar del crecimiento del capitalismo, se divide entre numerosos pequeños y medianos propietarios-productores hasta tal punto que se hace imposible tomar en consideración la expropiación de estos productores][4]?... [Esto] lanzaría por largo tiempo el campesinado al campo de los enemigos del proletariado.

En resumen, la ley de la producción comercial no ha sido comprendida. El marxismo-leninismo está presente en todos los libros escritos por los economistas chinos. Pero en la práctica económica, se adopta un marxismo-leninismo suavizado. De lo

---

[4] El texto entre paréntesis se ha añadido al texto de Stalin para clarificar este punto.

que resulta una gran confusión en las ideas. Si nosotros cometemos errores, corremos el riesgo de volver a meter al campesinado en el bando enemigo.

14-18.

La respuesta de Lenin se reduce brevemente a esto:

14. No dejar escapar las condiciones favorables para la toma del poder; el proletariado debe tomar el poder sin esperar al momento en que el capitalismo haya conseguido arruinar a millones de pequeños y medianos productores individuales.

15. Expropiar los medios de producción de la industria y devolverlos a todo el pueblo.

16. En lo que concierne a los pequeños y medianos productores individuales, agruparlos progresivamente en cooperativas de producción, es decir, en grandes empresas agrícolas, en koljoses.

17. Desarrollar por todos los medios la industria y dar a los koljoses una base técnica moderna, la de la gran producción; así pues, no expropiarlos, sino, al contrario, suministrarles abundantemente tractores y otras máquinas de primer orden.

18. Para afianzar la alianza económica de la ciudad y el campo, de la industria y la agricultura, mantener por un tiempo la producción mercantil (intercambio de compra y venta) como la *única* forma *aceptable* –para los campesinos– de relación económica con la ciudad y desarrollar a fondo el comercio soviético, el comercio de Estado y el comercio cooperativo y koljosiano, eliminando del circuito comercial a toda clase de capitalistas.

La historia de nuestra edificación socialista muestra que esta vía de desarrollo, trazada por Lenin, ha comprobado ser enteramente correcta.

Estos cinco puntos son correctos:

14. Este pasaje tiene un análisis correcto. Tómense las condiciones en China. Hay desarrollo.

15. Nuestra política hacia la burguesía nacional ha sido rescatar su propiedad.

16. Estamos desarrollando las comunas populares en una escala cada vez mayor.

17. Esto es precisamente lo que estamos haciendo ahora.

18. Hay quienes no quieren la producción comercial. Están equivocados. En lo que respecta a este problema, tenemos aún que referirnos a Stalin, quien a su vez se remite a Lenin. Este dijo que hacía falta concentrar los esfuerzos en el desarrollo del comercio. En cuanto a nosotros, decimos que hay que desarrollar con todas nuestras fuerzas la industria, la agricultura y el comercio. El núcleo del problema reside en el campesinado. Algunos hasta llegan a considerar a los campesinos como superiores a los obreros. Los cinco puntos mencionados aquí por Lenin o bien ya se han realizado en China o bien están a punto de estarlo. Incluso en algunos extremos, hemos incluso ido más lejos. Por ejemplo: las comunas populares y el desarrollo simultáneo de la industria y de la agricultura.

19.

No cabe duda de que, para todos los países capitalistas que posean una clase más o menos numerosa de pequeños y medianos productores, esta vía de desarrollo es la única posible y racional para la victoria del socialismo.

Lenin también dijo lo mismo.

20.

No se puede considerar a la producción comercial como una cosa que se baste a sí misma, independiente del ambiente económico. La producción comercial es más antigua que la producción capitalista. Existía bajo el régimen feudal y le servía, sin desembocar no obstante en el capitalismo, aunque haya elaborado algunas condiciones para el advenimiento de la producción capitalista.

Teniendo en cuenta que en nuestro país la producción mercantil no es tan ilimitada y no abarca todo como si estuviera bajo las condiciones capitalistas, que se constriñe dentro de estrictos límites, gracias a condiciones económicas decisivas como la propiedad social de los medios de producción, la abolición del sistema del trabajo asalariado y la eliminación del sistema de explotación, ¿por qué entonces, uno se pregunta, la producción mercantil no puede servir de igual manera a nuestra sociedad socialista durante un periodo determinado sin desembocar en el capitalismo?

Esta afirmación es un poco exagerada. Pero es cierto que la producción mercantil no es exclusiva del capitalismo.

La segunda sesión plenaria del Comité Central sugirió políticas de uso, restricción y transformación (producción mercantil). Esta condición es totalmente operativa en China.

Perfectamente justo. Estas situaciones y estas condiciones no existen ya en China. Si existen entre nosotros algunas personas que tienen miedo a las mercancías es solamente porque temen al capitalismo. No comprenden que si eliminamos a los capitalistas, podemos desarrollar enormemente la producción comercial. China es un país subdesarrollado por lo que respecta a la producción comercial. En este terreno va detrás de Brasil y la India. La producción comercial no es un fenómeno aislado. Todo depende del sistema al que vaya asociada: capitalismo o socialismo. Si va unida al capitalismo, es una producción comercial capitalista. Si está unida al socialismo, es una producción comercial socialista. La producción comercial existe desde la Antigüedad. En la historia de China existe una dinastía llamada la dinastía Shang. Recibió este nombre porque en esta época apareció el comercio. En los libros, el emperador Chou de la dinastía Yin es descrito como un gran letrado y un excelente soldado, mientras que el primer emperador de la dinastía Ch'in[5] y T'sao

---

[5] Ch'in Shih Huang Ti (Qin Shi Huangdi), el primer emperador, fue un rey del estado de Ch'in quien, entre el 230 y el 221 a.C. conquistó los estados vecinos y unificó China. Bajo su mandato, se estableció un sistema feudal, y

T'sao[6] son descritos como personajes malignos, lo que es completamente falso. «Más vale no tener libros que tener fe ciega en ellos»[7]. En una sociedad capitalista, no existe el socialismo bajo la forma de sistema social, pero existe ya la clase obrera y la ideología socialista. ¿La producción comercial que viene determinada por las condiciones económicas existentes, puede ser considerada como un instrumento útil para hacer progresar la producción socialista? En mi opinión, la producción comercial sirve dócilmente al socialismo. Los directivos pueden discutir este problema.

21.

Se dice que una vez establecida la propiedad social de los medios de producción en nuestro país y liquidados el trabajo asalariado y la explotación, la producción comercial ya no tiene sentido y que, por lo tanto, haría falta eliminarla.

Esta frase resulta muy interesante si se reemplaza «nuestro país» por «China».

22.

[...] En la época actual, en nuestro país, hay dos formas esenciales de producción socialista: la del Estado, es decir, la de todo el pueblo, y la de los koljoses, de la que no se puede decir que sea común a todo el pueblo.

---

los pesos, las medidas y la moneda se estandarizaron. La filosofía legalista fue la base filosófica de Ch'in. El primer emperador es recordado por la quema que hizo de de toda la literatura no utilitaria, «subversiva», en el 231 a.C.
[6] T'sao T'sao (Cao Cao) fue un famoso general y canciller de finales de la dinastía Han (25-220 d.C.) que desempeñó un importante papel en las guerras que hicieron caer definitivamente a los Han y condujeron a una época de división del imperio llamada los Tres Reinos.
[7] Mencio. Mao parece decir: «No preparemos con pedantería el *stock* para los aldeanos con los sobrantes de la producción mercantil».

En este párrafo, «en la época actual» significa en el transcurso del año 1952, es decir, treinta y cinco años después de la Revolución de Octubre, mientras que la Revolución china solamente data de hace nueve años.

Aquí se mencionan dos formas esenciales de producción socialista. En China, las comunas populares poseen no solo la tierra y las máquinas, sino también el trabajo, las semillas y los otros medios de producción. Pero no se puede pensar que los campesinos chinos hayan realizado un extraordinario progreso. En Honan, el secretario del Comité del Partido del distrito de Hsiuwu estudió el problema de la aplicación del sistema de la propiedad de todo el pueblo. Después de la adopción del sistema de la distribución gratuita, ¿aceptará el Estado encargarse del pago de los salarios en caso de calamidades naturales? Cuando la cosecha es buena, el Estado percibe su parte. El pago de los salarios tampoco puede asegurarse. Así pues, siempre hay preocupaciones, bien sea en época de calamidades naturales, bien sea en época de buenas cosechas. Los marxistas tienen que reflexionar sobre estos problemas. Nosotros debemos desarrollar considerablemente nuestra producción comercial y, durante quince años o más, tenemos que ser pacientes. Después de haber hecho la guerra durante varias decenas de años, todavía tenemos que mostrarnos pacientes. La paciencia es necesaria tanto para la liberación de Taiwán como para la construcción socialista. No hay que esperar una victoria rápida.

23.

[Cómo las dos formas básicas de propiedad últimamente se convierten en una] es otra pregunta que requiere un examen por separado.

Stalin evita responder a este problema. No ha encontrado solución apropiada. (Se trata del problema de la transformación del sistema de la propiedad colectiva en sistema de propiedad de todo el pueblo).

24.

Por consiguiente, *nuestra* producción comercial no es una producción comercial corriente, es de un género particular, es una producción comercial sin capitalistas, que se preocupa por lo esencial de las mercancías que pertenecen a productores socialistas asociados (Estado, koljoses, cooperativas), y cuyo ámbito de acción está limitado a artículos de consumo personal, que, evidentemente, no puede de ninguna manera transformarse en un producto capitalista y que está destinada, con su «economía monetaria», a ayudar al desarrollo y a la consolidación de la producción socialista.

El ámbito de acción de la producción comercial no está limitado a artículos de consumo personal. Algunos medios de producción pertenecen también a la categoría de mercancías. Si se considera a los productos agrícolas, pero no a los productos industriales, como mercancías, ¿cómo pueden entonces cambiarse los unos por los otros? En este párrafo del libro, si se reemplazan las palabras «nuestro país» por «China», la lectura se hace aún más interesante. En China debemos no solo suministrar los productos de consumo, sino también los medios de producción destinados a la agricultura. El mismo Stalin no quería vender los medios de producción a los campesinos. Fue Kruschev quien modificó esta política.

[Anotación del presidente Mao, escrita en la página 13 del libro en la edición china:] No hay que confundir la línea de demarcación entre el socialismo y el comunismo con la línea que separa el sistema de la propiedad colectiva y el sistema de la propiedad de todo el pueblo. Se trata de dos problemas diferentes. El mantenimiento de la producción comercial legado por el sistema de propiedad colectiva tiende a consolidar la alianza entre los obreros y los campesinos y a desarrollar la producción. Ahora dicen algunos que el movimiento experimenta un auge importante entre los campesinos chinos. Después de haber ido una vez al campo, estas gentes piensan que los campesinos son formidables, que avanzan tan rápido que enseguida llegarán al cielo, y que son más fuertes que los obreros. No han visto más que un fenómeno. Debemos tratar de averiguar si los campesinos tienen verdaderamente espíritu comunista y de conocer los sistemas de la propiedad de las comunas populares, incluso el sistema según el cual los medios de producción y los medios de existencia pertenecen colectivamente a la comuna popular. Hay que hacer como el secretario del Partido del distrito de Hsiuwu en Honan. Debemos todavía desarrollar la producción comercial. No debemos avanzar a ciegas.

25.

Más aún, pienso que también hay que renunciar a algunas otras nociones tomadas de *El capital,* en las que Marx se entregaba al análisis del capitalismo –y que han sido artificialmente adosadas a nuestras relaciones socialistas... Se comprende que aquí Marx utilice conceptos (categorías) que corresponden perfectamente a las relaciones capitalistas. Pero actualmente sería muy extraño utilizar estos conceptos... cuando la clase obrera, lejos de estar privada del poder y de los medios de producción, conserva, por el contrario, el poder y posee los medios de producción. Lo que se dice sobre la fuerza de trabajo como mercancía y sobre el sistema «asalariado» de los obreros parece bastante absurdo en nuestro régimen; como si la clase obrera, que posee los medios de producción, se pagara el salario a sí misma y se vendiera su fuerza de trabajo.

Particularmente, los medios de producción de los sectores industriales. Si desarrollamos sensiblemente la producción comercial, no es con vistas a un beneficio, sino al interés del campesinado, a la alianza entre los obreros y los campesinos, al desarrollo de la producción.

Esto es especialmente cierto en China después de las campañas de rectificación. Después de las campañas de rectificación contra los derechistas, el trabajo ya no es una mercancía. Ya no se trabaja para tener dinero, sino para servir al pueblo. Esto solo es posible si el trabajo ya no es una mercancía.

26.

A veces la gente pregunta si la ley del valor existe y actúa en nuestro régimen socialista.

La ley del valor no desempeña un papel regulador. Esta función viene desempeñada por la planificación y el principio que consiste en poner a la política en el puesto de mando.

27.

Verdad, la ley del valor no puede, en nuestro régimen, desempeñar un papel regulador en la producción.

En la sociedad china, la ley del valor no desempeña un papel regulador, es decir, un papel decisivo. Lo que desempeña un papel decisivo en la producción es la planificación. La producción de carne de cerdo, de acero y de hierro, por ejemplo, no está regulada por la ley del valor, pero sino por la planificación.

10

Sobre el tratamiento correcto de las contradicciones en el seno del pueblo

27 de febrero de 1957

Discurso pronunciado por el camarada Mao Tse-Tung en la XI Sesión (Ampliada) de la Conferencia Suprema de Estado. Fue publicado el 19 de junio de 1957 en Diario del Pueblo, *después de que el autor revisó el texto transcrito de las actas y le hizo algunas adiciones.*

El tema general que abordaré es el tratamiento correcto de las contradicciones en el seno del pueblo. Para facilitar su exposición, lo voy a presentar dividido en doce partes. En esta ocasión, me referiré también al problema de las contradicciones entre nosotros y el enemigo, pero centraré la atención en el examen de las contradicciones en el seno del pueblo.

I. Dos tipos de contradicciones de diferente carácter

Hoy nuestro país está más unido que nunca. El triunfo de la revolución democrático-burguesa y las victorias de la revolución socialista, así como los éxitos alcanzados en la construcción socialista, han cambiado rápidamente la fisonomía de la vieja China. Ante nuestra patria se abre un futuro aún más radiante. Pertenecen para siempre al pasado los días de división y caos en el país, tan odiados por el pueblo. Bajo la dirección de la clase obrera y del Partido Comunista, los 600 millones de seres de nuestro pueblo, unidos en apretado haz, están realizando la gran obra de la construcción socialista. La unificación de nuestro país, la unidad de nuestro pueblo y la de todas nuestras nacionalidades constituyen la garantía fundamental para la ineluctable victoria de nuestra causa. Pero esto no significa que en nuestra sociedad ya no exista ninguna contradicción. La idea de que no hay contradicciones es una ingenuidad, que no corresponde a la realidad objetiva. Existen ante nosotros dos tipos de contradicciones sociales: contradicciones entre nosotros y el enemigo y contradicciones en el seno del pueblo. Estos dos tipos de contradicciones son de naturaleza completamente distinta.

Para comprender correctamente estos dos tipos diferentes de contradicciones, se hace necesario, ante todo, precisar qué se entiende por «pueblo» y qué por «enemigo». El concepto de «pueblo» tiene diferente contenido en diversos países y en distintos periodos de la historia de cada país. Tomemos, por ejemplo, el caso de China. Durante la Guerra de Resistencia contra el Japón, el pueblo lo integraban todas las clases, capas y grupos sociales que se oponían a la agresión japonesa, mientras que los imperialistas japoneses, los colaboracionistas chinos y los elementos projaponeses eran todos enemigos del pueblo. En el periodo de la Guerra de Liberación, los enemigos del pueblo eran los imperialistas norteamericanos y sus lacayos –la burguesía burocrática y la clase terrateniente, así como los reaccionarios del Kuomintang que representaban a estas clases–; el pueblo lo constituían todas las clases, capas y grupos sociales que luchaban contra estos enemigos. En la etapa actual, periodo de edificación del socialismo, integran el pueblo todas las clases, capas y grupos sociales que aprueban y apoyan la causa de la construcción socialista y participan en ella, mientras que son enemigos del pueblo todas las fuerzas y grupos sociales que oponen resistencia a la revolución socialista y se muestran hostiles a la construcción socialista o la sabotean.

Las contradicciones entre nosotros y el enemigo son antagónicas. En cuanto a las contradicciones en el seno del pueblo, las que existen dentro de las masas trabajadoras no son antagónicas, mientras que las existentes entre la clase explotada y la explotadora tienen, además del aspecto antagónico, otro no antagónico. Las contradicciones en el seno del pueblo no datan de hoy, pero tienen distinto contenido en los diferentes periodos de la revolución y el periodo de la construcción socialista. En las condiciones actuales de nuestro país, esas contradicciones comprenden: las contradicciones dentro de la clase obrera, dentro del campesinado y dentro de la intelectualidad; las contradicciones entre la clase obrera y el campesinado; las contradicciones entre los obreros y campesinos, por una parte, y los intelectuales, por la otra; las contradicciones entre la clase obrera y los demás trabajadores, de un lado, y la burguesía nacional, del otro; las contradicciones dentro de la burguesía nacional, etc. Nuestro gobierno popular es un gobierno que representa realmente los intereses del pueblo y que está al servicio de este. Sin embargo, entre el gobierno y las masas populares también existen ciertas contradicciones. Estas incluyen las contradicciones entre los intereses del sector estatal, los intereses del sector colectivo y los intereses individuales, entre la democracia y el centralismo, entre dirigentes y dirigidos y entre las masas y ciertos trabajadores gubernamentales con estilo burocrático. Todas estas también son contradicciones en el seno del pueblo. Hablando en términos generales, las contradicciones en el seno del pueblo son contradicciones que se dan sobre la base de la identidad fundamental de los intereses de este.

En nuestro país, la contradicción entre la clase obrera y la burguesía nacional hace parte de las contradicciones en el seno del pueblo. La lucha de clases entre la clase obrera y la burguesía nacional es, en general, una lucha de clases en las filas del pueblo, porque la burguesía nacional de China tiene doble carácter. En el periodo de la revolución democrático-burguesa, ella tenía en su carácter tanto un lado revolucionario como otro conciliador. En el periodo de la revolución socialista, al tiempo que explota a la clase obrera obteniendo ganancias, apoya la Constitución y se muestra dispuesta a aceptar la transformación socialista. La burguesía nacional difiere del imperialismo, la clase terrateniente y la burguesía burocrática. La contradicción entre la clase obrera y la burguesía nacional, que es una contradicción entre explotados y explotadores, es de suyo antagónica. Sin embargo, en las condiciones concretas de China, esta contradicción antagónica entre las dos clases, si la tratamos apropiadamente, puede transformarse en no antagónica y ser resuelta por medios pacíficos. Pero la contradicción entre la clase obrera y la burguesía nacional se convertirá en una contradicción entre nosotros y el enemigo si no la tratamos como es debido, es decir, si no aplicamos la política de unidad, crítica y educación respecto a la burguesía nacional, o si ella no acepta esta política nuestra.

Las contradicciones entre nosotros y el enemigo y las contradicciones en el seno del pueblo, por ser de distinta naturaleza, deben resolverse con diferentes métodos. En pocas palabras, en el primer caso, se trata de establecer una clara distinción entre nosotros y el enemigo y, en el segundo, entre lo correcto y lo erróneo. Por supuesto, distinguir entre nosotros y el enemigo también implica distinguir entre lo correcto y lo erróneo. Por ejemplo, la cuestión de si la razón nos asiste a nosotros o a los reaccionarios internos y externos –el imperialismo, el feudalismo y el capitalismo burocrático–, supone asimismo distinguir entre lo correcto y lo erróneo, pero se diferencia, por su naturaleza, de las cuestiones relativas a lo correcto y lo erróneo en el seno del pueblo.

El nuestro es un Estado de dictadura democrática popular, dirigido por la clase obrera y basado en la alianza obrero-campesina. ¿Cuáles son las funciones de esta dictadura? Su primera función es reprimir, dentro del país, a las clases y elementos reaccionarios, a los explotadores que oponen resistencia a la revolución socialista y a los que sabotean nuestra construcción socialista, es decir, resolver las contradicciones entre nosotros y el enemigo interno. Por ejemplo, está dentro del marco de nuestra dictadura arrestar, juzgar y condenar a ciertos contrarrevolucionarios, lo mismo que privar por determinado tiempo de derechos electorales y libertad de expresión a los terratenientes y burgueses burocráticos. Para mantener el orden público y defender los intereses de las masas populares, también es necesario ejercer la dictadura sobre los ladrones, estafadores, incendiarios, asesinos, bandas de malhechores y otros elementos nocivos que alteran seriamente el orden público. La segunda función de esta dictadura es defender a nuestro país de la subversión y eventual agresión de los enemigos externos. En este caso, la dictadura asume la tarea de resolver la contradicción entre nosotros y el enemigo externo. El objetivo de la dictadura es proteger a todo el pueblo para que pueda dedicarse al trabajo pacífico y así transformar China en un país socialista con una industria, una agricultura, una ciencia y una cultura modernas. ¿Quiénes ejercen la dictadura? Naturalmente, la clase obrera y el pueblo dirigido por ella. La dictadura no se aplica dentro del pueblo. Es imposible que el pueblo ejerza la dictadura sobre sí mismo, e inadmisible que una parte del pueblo oprima a otra. Los elementos pertenecientes al pueblo que infrinjan las leyes también deben ser castigados con arreglo a la ley, pero entre esto y la dictadura que reprime a los enemigos del pueblo media una diferencia de principio. Dentro del pueblo se practica el centralismo democrático. Nuestra Constitución estipula que los ciudadanos de la República Popular China gozan de libertad de palabra, de prensa, de reunión, de asociación, de desfile, de manifestación, de culto, etc. Establece, además, que los organismos del Estado practiquen el centralismo democrático y se fundamenten en las masas populares y que su personal sirva al pueblo. Nuestra democracia socialista es la democracia más amplia, una democracia que no puede existir en ningún Estado burgués. Nuestra dictadura es una dictadura democrática popular, dirigida por la clase obrera y basada en la alianza obrero-campesina. Esto significa que dentro del pueblo se practica la democracia, mientras que la clase obrera, en unión con todos los que gozan de derechos ciudadanos, los campesinos en primer lugar, ejerce la dictadura sobre las clases y elementos reaccionarios y sobre aquellos que se oponen a las transformaciones socialistas y la construcción socialista. En sentido político, por derechos ciudadanos se entienden los derechos a la libertad y a la democracia.

Sin embargo, esta libertad es una libertad bajo dirección, y esta democracia es una democracia guiada por el centralismo; no son la anarquía. La anarquía no responde a los intereses y deseos del pueblo.

Los acontecimientos de Hungría causaron alegría a algunos individuos de nuestro país. Estos abrigaban la esperanza de que en China también se producirían sucesos semejantes, de que miles y miles de personas se echarían a las calles para pronunciarse contra el gobierno popular. Tal esperanza está en pugna con los intereses de las masas populares y no puede contar con su apoyo. En Hungría, una parte de las masas, engañada por las fuerzas contrarrevolucionarias internas y externas, cometió el error de recurrir a la violencia contra el gobierno popular, a consecuencia de lo cual tanto el Estado como el pueblo sufrieron pérdidas. Será necesario un largo tiempo para reparar los daños ocasionados a la economía en unas pocas semanas de motín. Hay otras gentes en China que se han mostrado vacilantes ante el problema de Hungría, porque no comprenden los fenómenos concretos del mundo. Creen que bajo nuestro sistema democrático popular hay muy poca libertad frente a la mucha que, según ellas, hay bajo el sistema democrático parlamentario de Occidente. Reclaman que se implante, a la manera occidental, el sistema bipartidista, conforme al cual un partido está en el Poder y el otro fuera de él. Pero el así llamado sistema bipartidista no es más que un medio de mantener la dictadura burguesa, y no puede en absoluto asegurar ninguna libertad al pueblo trabajador. Realmente, en el mundo solo hay libertad y democracia en concreto, nunca en abstracto. En una sociedad en que existe lucha de clases, si hay libertad para que las clases explotadoras exploten al pueblo trabajador, no la hay para que este no sufra explotación; si hay democracia para la burguesía, no la hay para el proletariado y el resto del pueblo trabajador. En algunos países capitalistas se permite, es cierto, la existencia legal del Partido Comunista, pero solo hasta el punto en que este no ponga en peligro los intereses fundamentales de la burguesía; no se le permite ir más allá de ese límite. Los que piden libertad y democracia abstractas consideran a la democracia como un fin y no como un medio. A veces la democracia parece un fin, pero en realidad es solo un medio. El marxismo nos enseña que la democracia forma parte de la superestructura y pertenece a la categoría de la política. Esto significa que, a fin de cuentas, la democracia sirve a la base económica. Lo mismo ocurre con la libertad. Tanto la democracia como la libertad son relativas, de ningún modo absolutas; ambas han surgido y se desarrollan en el curso de la historia. En el seno del pueblo, la democracia es correlativa al centralismo, y la libertad, a la disciplina. En ambos casos se trata de dos términos opuestos de un todo único, contradictorios y a la vez unidos; no debemos destacar unilateralmente uno de ellos y negar el otro. En el seno del pueblo, no se puede prescindir de la libertad, y tampoco de la disciplina; no se puede prescindir de la democracia, y tampoco del centralismo. Esta unidad de democracia y centralismo, de libertad y disciplina, constituye nuestro centralismo democrático. Bajo este sistema, el pueblo disfruta de amplia democracia y libertad, pero, al mismo tiempo, debe mantenerse dentro de los límites de la disciplina socialista. Todo esto lo comprenden las grandes masas populares.

Abogamos por una libertad bajo dirección y una democracia guiada por el centralismo, pero con esto no queremos decir en ningún sentido que, en el seno del pueblo, deban emplearse métodos coercitivos para resolver los problemas ideológicos y los problemas relativos a la distinción entre lo correcto y lo erróneo. Pretender solucionar estos problemas utilizando órdenes administrativas y métodos coercitivos no solo sería inútil, sino perjudicial. No podemos abolir la religión por medio de órdenes administrativas, ni obligar a la gente a no creer en ella. No se puede forzar a la gente a que abandone el idealismo, del mismo modo que no se la puede compeler a aceptar el marxismo. Los problemas de carácter ideológico y las controversias en el seno del pueblo únicamente pueden resolverse empleando métodos democráticos —discusión, crítica, persuasión y educación—, y en ningún caso recurriendo a métodos coercitivos o represivos. A fin de poder dedicarse fructíferamente a la producción y al estudio y vivir en un ambiente de orden, el pueblo requiere que su gobierno y los dirigentes de la producción y de las instituciones culturales y educacionales dicten apropiadas disposiciones administrativas con carácter obligatorio. Es de sentido común que sin ellas sería imposible mantener el orden público. Las órdenes administrativas y el método de persuasión y educación se complementan mutuamente en la solución de las contradicciones en el seno del pueblo. Incluso las disposiciones administrativas dictadas con el fin de mantener el orden público deben ir acompañadas de la persuasión y la educación, ya que, en muchos casos, no dan resultado por sí solas.

En 1942 sintetizamos este método democrático de resolver las contradicciones en el seno del pueblo en la fórmula «unidad – crítica – unidad», que, expresada en forma detallada, significa partir del deseo de unidad, resolver las contradicciones a través de la crítica o la lucha y alcanzar una nueva unidad sobre una base nueva. Según nuestra experiencia, este es el método correcto para resolver las contradicciones en el seno del pueblo. En 1942 lo empleamos para resolver las contradicciones dentro del Partido Comunista, o sea, las contradicciones entre los dogmáticos y la gran masa de militantes del Partido, entre las ideas dogmáticas y las marxistas. Con anterioridad a esto, los dogmáticos «izquierdistas» habían empleado en la lucha interna del Partido el método de «lucha despiadada y golpes implacables». Este método era erróneo. Cuando criticamos el dogmatismo de «izquierda», no aplicarnos este viejo método, sino uno nuevo, que consiste en partir del deseo de unidad, distinguir entre lo correcto y lo erróneo a través de la crítica o la lucha y alcanzar una nueva unidad sobre una base nueva. Este método se empleó en la campaña de rectificación de 1942. Unos años después, en 1945, cuando el Partido Comunista de China celebró su VII Congreso Nacional, se logró, en efecto, la unidad de todo el Partido y, como resultado de ello, se obtuvo la gran victoria de la revolución popular. La aplicación de este método requiere ante todo partir del deseo de unidad. Pues, si subjetivamente no existe tal deseo, apenas se inicie la lucha se armará un embrollo difícil de desenredar. ¿Acaso no equivaldría esto a aquello de «lucha despiadada y golpes implacables»? Y entonces, ¿de qué unidad del Partido podría hablarse? De esta experiencia dedujimos la fórmula: «unidad – crítica – unidad»; en otras palabras, «sacar lecciones de los errores pasados para evitarlos en el futuro, y tratar la enfermedad para salvar al paciente». Extendimos este método fuera del Partido. Lo aplicamos con gran éxito en todas las bases de apoyo antijaponesas al tratar las relaciones entre la dirección y las masas, entre el ejército y el pueblo, entre oficiales y soldados, entre las diversas unidades del ejército y entre los distintos grupos de cuadros. El uso de este método puede remontarse a tiempos aún más lejanos en la historia de nuestro Partido. Desde que creamos, en 1927, nuestras fuerzas armadas y bases de apoyo revolucionarias en el Sur, lo hemos venido aplicando en las relaciones entre el Partido y las masas entre el ejército y el pueblo, entre oficiales y soldados, así como en otras relaciones dentro del pueblo. La única diferencia reside en que, durante la guerra antijaponesa, lo aplicamos sobre una base más consciente. Después de la liberación de todo el país, hemos empleado el mismo método de «unidad – crítica – unidad» en nuestras relaciones con los partidos democráticos y con los círculos industriales y comerciales. Nuestra tarea actual consiste en seguir generalizándolo entre todo el pueblo y aplicarlo cada vez mejor; planteamos que todas las fábricas, cooperativas, establecimientos comerciales, centros docentes, entidades oficiales y organizaciones populares, en una palabra, los 600 millones de integrantes de nuestro pueblo, lo usen para resolver sus contradicciones internas.

En circunstancias normales, las contradicciones en el seno del pueblo no son antagónicas. Sin embargo, pueden llegar a serlo si no las tratamos como es debido o si aflojamos nuestra vigilancia y nos adormecemos políticamente. En un país socialista, semejante situación no pasa de ser, por lo común, un fenómeno parcial y transitorio. Esto se explica porque allí ya se ha abolido el sistema de explotación del hombre por el hombre y existe una identidad fundamental de intereses en las filas del pueblo. Las acciones antagónicas que se dieron en proporciones tan grandes durante los acontecimientos de Hungría se debieron a la intervención de factores contrarrevolucionarios internos y externos. Fue un fenómeno particular y temporal. Es así como los reaccionarios dentro de un país socialista, en confabulación con los imperialistas y explotando las contradicciones en el seno del pueblo, fomentan disensiones y provocan desórdenes, en un intento de materializar sus designios conspirativos. Esta lección de los acontecimientos de Hungría merece la atención de todos.

A muchos les parece que plantear el empleo de métodos democráticos para resolver las contradicciones en el seno del pueblo es una cuestión nueva. Pero en realidad no es así. Los marxistas siempre han considerado que la causa del proletariado no se puede realizar sino fundamentándose en las masas populares y que, al actuar entre los trabajadores, los comunistas deben emplear el método democrático de persuasión y educación y en ningún caso proceder con actitud autoritaria o recurrir a la coerción. El Partido Comunista de China se atiene fielmente a este principio marxista-leninista. Siempre hemos sostenido que, bajo la dictadura democrática popular, deben usarse dos métodos diferentes –la dictadura y la democracia– para resolver dos tipos de contradicciones de distinto carácter: las contradicciones entre nosotros y el enemigo, y las existentes en el seno del pueblo. De ello se ha hablado bastante en numerosos documentos de nuestro Partido y discursos de muchos de sus dirigentes. En «Sobre la dictadura democrática popular» que escribí en 1949, decía que «la combinación de estos dos aspectos, democracia para el pueblo y dictadura para los reaccionarios, constituye la dictadura democrática popular», y que para resolver los problemas en el seno del pueblo, «el método que empleamos es democrático, o sea, un método de persuasión, y no de coacción». En mi intervención ante la II Sesión del I Comité Nacional de la Conferencia Consultiva Política del Pueblo Chino, celebrada el 2 de junio de 1950, dije también:

> La dictadura democrática popular presupone dos métodos. Con los enemigos, se emplea la dictadura, es decir, durante el tiempo que sea necesario, no se les permite tomar parte en las actividades políticas, y se los obliga a acatar las leyes del gobierno popular y a dedicare al trabajo físico para que, por este medio, se transformen en gente nueva. Con el pueblo, por el contrario, se emplean métodos democráticos y no coercitivos, es decir, se le garantiza su participación en las actividades políticas y, en vez de obligarlo a hacer esto o aquello, se realiza un trabajo de educación y persuasión con métodos democráticos. Este trabajo de educación es el trabajo de autoeducación en el seno del pueblo, y su método fundamental lo constituyen la crítica y la autocrítica.

Hemos hablado muchas veces sobre el problema del empleo de métodos democráticos para resolver las contradicciones en el seno del pueblo; además, los hemos aplicado en lo fundamental en nuestro trabajo, y muchos cuadros y gran parte del pueblo han comprendido ese problema en la práctica. ¿Por qué todavía hay quienes piensan que se trata de algo nuevo? Porque la lucha entre nosotros y el enemigo, tanto interno como externo, era muy aguda en el pasado, y la gente no fijaba tanto como ahora su atención en las contradicciones en el seno del pueblo.

Mucha gente no sabe distinguir con claridad estos dos tipos de contradicciones diferentes por su carácter –las existentes entre nosotros y el enemigo, y las que hay en el seno del pueblo– y los confunden fácilmente. Debemos reconocer que a veces es fácil confundirlos; en ciertos casos, esta confusión se ha producido en nuestra labor del pasado. Durante la eliminación de los contrarrevolucionarios, en algunas ocasiones se tomó equivocadamente por malas a personas buenas, y esto ocurre también ahora. Si nuestras equivocaciones no se extendieron, fue porque nuestra política al respecto estipula la necesidad de trazar una clara línea divisoria entre nosotros y el enemigo y de corregir todo error que se descubra.

La filosofía marxista sostiene que la ley de la unidad de los contrarios es la ley fundamental del universo. Esta ley tiene validez universal, tanto para la naturaleza y la sociedad humana como para el pensamiento del hombre. Los lados opuestos de una contradicción forman una unidad y a la vez luchan entre sí, lo cual produce el movimiento y el cambio de las cosas. En todas partes existen contradicciones, pero estas tienen diverso carácter según sea la naturaleza de las cosas. En cualquier cosa concreta, la unidad de los contrarios es condicional, temporal, transitoria y, por eso, relativa, mientras que la lucha entre los contrarios es absoluta. Esta ley la expuso Lenin con gran claridad. En nuestro país es cada vez mayor el número de personas que la comprenden. Sin embargo, en el caso de mucha gente, una cosa es que reconozcan esta ley, y otra que la apliquen al examinar y tratar los problemas. Son muchos los que no se atreven a reconocer abiertamente que en el seno de nuestro pueblo existen todavía contradicciones cuando precisamente son ellas las que hacen avanzar nuestra sociedad. Muchos no reconocen que en la sociedad socialista existen aún contradicciones y, por ello, obran con timidez y pierden la iniciativa frente a las contradicciones sociales; no comprenden que en el incesante proceso de tratar y resolver correctamente las contradicciones se afianzarán cada vez más la cohesión y la unidad internas de la sociedad socialista. De ahí la necesidad de llevar a cabo una labor explicativa entre nuestro pueblo, ante todo entre los cuadros, a fin de conducirlos a que comprendan las contradicciones en la sociedad socialista y aprendan a tratarlas con métodos correctos.

Las contradicciones en la sociedad socialista son radicalmente distintas de las existentes en las viejas sociedades, como por ejemplo las contradicciones en la sociedad capitalista. Estas últimas se manifiestan en violentos antagonismos y conflictos, en una enconada lucha de clases; no pueden ser resueltas por el sistema capitalista mismo, sino únicamente por la revolución socialista. Por el contrario, las contradicciones en la sociedad socialista son otra cosa, pues no tienen carácter antagónico y el mismo sistema socialista puede resolverlas incesantemente.

En la sociedad socialista, las contradicciones fundamentales siguen siendo las existentes entre las relaciones de producción y las fuerzas productivas, y entre la superestructura y la base económica. Sin embargo, por su carácter y sus manifestaciones, estas contradicciones son radicalmente distintas de las que se daban en las viejas sociedades entre las relaciones de producción y las fuerzas productivas, y entre la superestructura y la base económica. El actual sistema social de nuestro país es muy superior al de antaño. De no ser así, el viejo sistema no habría sido derrocado y el nuevo no habría podido implantarse. Al afirmar que las relaciones de producción socialistas son por su naturaleza más apropiadas que las de la vieja época para el desarrollo de las fuerzas productivas, se quiere decir que aquellas permiten a las fuerzas productivas desarrollarse a un ritmo desconocido en la vieja sociedad, gracias a lo cual la producción puede ampliarse de continuo y las siempre crecientes necesidades del pueblo pueden satisfacerse de manera gradual. En la vieja China, sometida a la dominación del imperialismo, el feudalismo y el capitalismo burocrático, las fuerzas productivas se desarrollaban con extrema lentitud. Durante más de medio siglo antes de la Liberación, la producción anual de acero en todo el país, sin contar la del Nordeste, no pasaba de unas decenas de miles de toneladas, mientras que, incluyendo esta, la producción máxima anual alcanzó solo a algo más de 900.000 mil toneladas. En 1949, la producción de acero en todo el país fue solo de poco más de 100.000 toneladas. Pero ahora, apenas siete años después de la liberación del país, ya asciende a cuatro millones y varios cientos de miles de toneladas. En la vieja China casi no existía industria de construcción de maquinaria, y mucho menos las industrias automotriz y aeronáutica. Hoy, sin embargo, se ha creado todo esto. ¿Hacia dónde debía marchar China una vez que el pueblo derrocó la dominación del imperialismo, el feudalismo y el capitalismo burocrático? ¿Hacia el capitalismo o hacia el socialismo? Mucha gente no tenía una idea clara al respecto. Los hechos han dado la respuesta: solo el socialismo puede salvar a China. El sistema socialista ha promovido un impetuoso desarrollo de nuestras fuerzas productivas, hecho que hasta nuestros enemigos externos han tenido que reconocer.

Pero nuestro sistema socialista acaba de instaurarse, y aún no está totalmente establecido ni consolidado por completo. En las empresas mixtas estatal-privadas de la industria y el comercio, los capitalistas reciben todavía un dividendo fijo, valga decir, aún existe explotación. En cuanto a la propiedad se refiere, este tipo de empresas no tiene todavía un carácter completamente socialista. Una parte de las cooperativas de producción agrícola y de las cooperativas de producción artesanal aún es de carácter semisocialista. En las cooperativas enteramente socialistas quedan por resolver ciertos problemas acerca de la propiedad. Las relaciones entre las distintas ramas de la economía en cuanto a producción e intercambio están aún estableciéndose de modo gradual y en consonancia con los principios socialistas, y van buscando poco a poco formas relativamente adecuadas. Dentro de cada uno de los dos sectores de la economía socialista –el uno de propiedad de todo el pueblo y el otro de propiedad colectiva–, así como en sus relaciones mutuas, fijar la proporción entre la acumulación y el consumo es un problema complicado, al que no es fácil encontrar de golpe una solución completamente racional. En resumidas cuentas, ya se han creado las relaciones de producción socialistas y ellas están en consonancia con el desarrollo de las fuerzas productivas; pero, al mismo tiempo, están lejos de ser perfectas, y esta imperfección se halla en contradicción con el desarrollo de las fuerzas productivas. Este fenómeno de consonancia y contradicción simultáneas, además de darse entre las relaciones de producción y el desarrollo de las fuerzas productivas, se presenta también entre la superestructura y la base económica. La superestructura –el sistema estatal y las leyes de la dictadura democrática popular, así como la ideología socialista guiada por el marxismo-leninismo– desempeña un positivo papel impulsor para la victoria de las transformaciones socialistas y el establecimiento de la organización socialista del trabajo en nuestro país; ella está en consonancia con la base económica socialista, es decir, con las relaciones de producción socialistas. Pero, a su vez, la existencia de la ideología burguesa, cierto estilo burocrático en nuestros organismos estatales y las deficiencias en algunos eslabones del sistema estatal, están en contradicción con la base económica socialista. En adelante, debemos seguir solucionando estas contradicciones según lo aconsejen las circunstancias concretas. Naturalmente, una vez resueltas estas contradicciones, surgirán nuevos problemas. Y las nuevas contradicciones también exigirán solución. Por ejemplo, se necesita hacer constantes reajustes mediante los planes del Estado para tratar la contradicción entre la producción social y las necesidades sociales, contradicción que continuará existiendo objetivamente durante largo tiempo. Nuestro Estado elabora cada año un plan económico y establece una proporción adecuada entre la acumulación y el consumo, a fin de lograr el equilibrio entre la producción y las necesidades. Lo que llamamos equilibrio es la temporal y relativa unidad de los contrarios. Al cabo de un año, este equilibrio, tomado en su conjunto, queda roto por la lucha de los contrarios, esta unidad se ve alterada, el equilibrio se convierte en desequilibrio, la unidad en desunidad y, entonces, una vez más se hace necesario conseguir el equilibrio y la unidad para el año siguiente. En esto reside la superioridad de nuestra economía planificada. En realidad, este equilibrio y esta unidad se rompen parcialmente cada mes y cada trimestre, y se requieren reajustes parciales. A veces, se presentan contradicciones y se rompe el equilibrio debido a que las medidas subjetivas no corresponden a la realidad objetiva. Esto es lo que llamamos cometer un error. Las contradicciones surgen de continuo y se resuelven también continuamente: he aquí la ley dialéctica del desarrollo de las cosas.

La situación actual es la siguiente: las vastas y tempestuosas luchas clasistas de las masas, características de los periodos de revolución, han terminado en lo fundamental, pero la lucha de clases no ha cesado por completo. Las grandes masas populares acogen el nuevo sistema, pero todavía no se sienten muy acostumbradas a él. Los trabajadores gubernamentales aún no tienen suficiente experiencia y necesitan seguir examinando y explorando algunos problemas relativos a las políticas concretas. En otras palabras, se necesita un proceso para que nuestro sistema socialista continúe estableciéndose y consolidándose, para que las masas se acostumbren al nuevo sistema y para que los trabajadores gubernamentales aprendan y adquieran experiencias. En este momento es, pues, imperativo que planteemos la cuestión de diferenciar las contradicciones en el seno del pueblo de las existentes entre nosotros y el enemigo y la de tratar correctamente las contradicciones en el seno del pueblo, con el propósito de cohesionar al pueblo de todas las nacionalidades de nuestro país para una nueva batalla —la batalla contra la naturaleza—, desarrollar nuestra economía y nuestra cultura, hacer que todo el pueblo atraviese de manera relativamente feliz el actual periodo de transición, consolidar nuestro nuevo sistema y construir nuestro nuevo Estado.

II. El problema de la eliminación de los contrarrevolucionarios

La eliminación de los contrarrevolucionarios es una lucha que pertenece al dominio de las contradicciones entre nosotros y el enemigo. Dentro del pueblo hay quienes, frente a esta cuestión, sostienen puntos de vista algo distintos. Existen dos tipos de personas cuya opinión difiere de la nuestra. Las que, con ideas derechistas, en vez de distinguir entre nosotros y el enemigo, toman al enemigo por gente nuestra y consideran amigos a quienes a los ojos de las grandes masas son enemigos. Y las personas que, con ideas «izquierdistas», amplían el marco de las contradicciones entre nosotros y el enemigo hasta el punto de tomar como tales ciertas contradicciones en el seno del pueblo y de considerar contrarrevolucionarias a personas que en realidad no lo son. Ambos puntos de vista son erróneos; ninguno de los dos permite resolver correctamente el problema de la eliminación de los contrarrevolucionarios, ni hacer una justa apreciación acerca de nuestra labor a este respecto.

Para evaluar con acierto nuestro trabajo de eliminación de los contrarrevolucionarios, veamos la repercusión que en nuestro país tuvieron los acontecimientos de Hungría. Aunque dichos acontecimientos suscitaron ciertas vacilaciones entre una parte de nuestros intelectuales, no llegaron a provocar desórdenes. ¿Cómo se explica esto? Una de las razones, debemos decirlo, es que habíamos eliminado de manera bastante radical a los contrarrevolucionarios.

Claro que la solidez de nuestro Estado no se debe principalmente a la eliminación de los contrarrevolucionarios. Se debe, ante todo, a que contamos con un Partido Comunista, un Ejército de Liberación y un pueblo trabajador templados en decenios de lucha revolucionaria. Nuestro Partido y nuestras fuerzas armadas han arraigado en las masas, se han templado en el fuego de una revolución prolongada y tienen capacidad combativa. Nuestra República Popular no se formó de la noche a la mañana, sino que se desarrolló poco a poco partiendo de las bases de apoyo revolucionarias. Algunas personalidades democráticas también se templaron en mayor o menor grado y compartieron penalidades con nosotros. Algunos intelectuales se templaron en la lucha contra el imperialismo y las fuerzas reaccionarias, y muchos otros pasaron, después de la Liberación, por un proceso de transformación ideológica encauzada a trazar una clara distinción entre nosotros y el enemigo. La solidez de nuestro Estado se debe, además, a que las medidas económicas que adoptamos son básicamente acertadas, la vida del pueblo es estable y mejora gradualmente, nuestras políticas respecto a la burguesía nacional y otras clases son igualmente correctas, etc. No obstante, nuestros éxitos en la eliminación de los contrarrevolucionarios constituyen, sin duda alguna, una de las razones importantes de la solidez de nuestro Estado. Gracias a todo ello, nuestros estudiantes universitarios no promovieron desórdenes durante los acontecimientos de Hungría, pues ellos –salvo unos pocos– son patriotas y apoyan el socialismo, a pesar de que muchos proceden de familias no trabajadoras. Lo mismo ocurrió con la burguesía nacional, para no hablar de las masas básicas: los obreros y campesinos.

Después de la Liberación eliminamos cierto número de elementos contrarrevolucionarios. Algunos de ellos fueron sentenciados a muerte por sus graves crímenes. Esto fue absolutamente necesario, pues así lo exigieron las masas populares, y se hizo con el fin de liberar a las amplias masas, oprimidas durante largos años por los contrarrevolucionarios y toda suerte de tiranos locales, o sea, con el fin de liberar las fuerzas productivas. Si no hubiésemos obrado así, las masas populares no habrían podido levantar la cabeza. La situación ha cambiado radicalmente desde

1956. Tomando el país en su conjunto, las fuerzas principales de la contrarrevolución ya han sido liquidadas. Nuestra tarea fundamental ya no es liberar las fuerzas productivas, sino protegerlas y desarrollarlas en el contexto de las nuevas relaciones de producción. Algunos no comprenden que nuestra política actual corresponde a la situación de hoy y nuestra política anterior a la situación pasada, y pretenden utilizar nuestra política actual para impugnar lo que se resolvió en el pasado e intentan negar los enormes éxitos que conseguimos en la eliminación de los contrarrevolucionarios. Esto es completamente erróneo, y no lo permitirán las masas populares.

En nuestro trabajo de eliminación de los contrarrevolucionarios, los éxitos fueron lo principal, pero también hubo errores. En ciertos casos se cometieron excesos, mientras que en otros se dejó escapar de nuestra red a algunos contrarrevolucionarios. Nuestra orientación es la siguiente: «Todos los contrarrevolucionarios comprobados deben ser eliminados, y todos los errores descubiertos deben ser corregidos». La línea que seguimos en dicho trabajo es eliminar a los contrarrevolucionarios apoyándonos en las masas. Claro que aun ateniéndonos a la línea de masas, es posible que cometamos errores en nuestra labor, pero su número será menor, y más fácil su corrección. Las masas ganan experiencia a través de la lucha. Cuando actúan con acierto adquieren experiencias positivas, y cuando yerran sacan lecciones de los errores.

Se han tomado o se están tomando medidas para corregir todos los errores descubiertos en la labor de eliminación de los contrarrevolucionarios. Los errores aún no descubiertos serán enmendados en cuanto se pongan de manifiesto. Las decisiones de rehabilitación de una persona deben darse a conocer con la misma amplitud con que se anunciaron en su tiempo las decisiones equivocadas. Propongo que este año, o el próximo, se realice una verificación general de esta labor, a fin de sintetizar experiencias, estimular el espíritu de justicia y combatir las tendencias nocivas. Este trabajo de verificación debe ser presidido, en lo relativo a las instituciones a nivel nacional, por el Comité Permanente de la Asamblea Popular Nacional y el Comité Permanente del Comité Nacional de la Conferencia Consultiva Política y, a nivel local, por los comités populares provinciales y municipales y los comités locales de la Conferencia Consultiva Política. Durante la verificación, debemos ayudar a los numerosos cuadros y activistas que participaron en el trabajo de eliminación de los contrarrevolucionarios, en vez de echarles un balde de agua fría, ya que esto sería incorrecto. No obstante, los errores deben ser rectificados cuando se descubran. Tal debe ser la actitud de todos los departamentos de seguridad pública, fiscalización y justicia, de las prisiones y de los establecimientos encargados de la corrección por medio del trabajo físico. Esperamos que los miembros del Comité Permanente de la Asamblea Popular Nacional, los miembros del Comité Nacional de la Conferencia Consultiva Política y los diputados populares participen todos en esta verificación siempre que tengan la posibilidad de hacerlo. Esto contribuirá a perfeccionar nuestro sistema jurídico y a tratar correctamente a los contrarrevolucionarios y otros criminales.

La situación presente, en lo que concierne a los contrarrevolucionarios, puede caracterizarse como sigue: todavía hay contrarrevolucionarios, pero no muchos. Ante todo se debe reconocer que aún existen. Algunos dicen que ya no los hay, que por doquier reina una paz completa, que se pueden mullir bien las almohadas y dormir a pierna suelta. Esto no corresponde a la realidad. De hecho, los contrarrevolucionarios existen todavía (no en cada localidad ni en cada entidad, por supuesto), y es preciso proseguir la lucha contra ellos. Debemos comprender que los que están ocultos, no eliminados hasta la fecha, no se darán por vencidos y tratarán de aprovechar cualquier oportunidad para provocar disturbios. Los imperialistas norteamericanos y la camarilla de Chiang Kai-shek envían aquí con frecuencia agentes secretos con el fin de efectuar sabotajes. Incluso cuando se haya eliminado a todos los contrarrevolucionarios existentes, podrán surgir otros nuevos. Si relajamos nuestra vigilancia, caeremos víctimas del engaño y lo pagaremos caro. Dondequiera que aparezcan contrarrevolucionarios creando disturbios, hay que eliminarlos con mano firme. No obstante, considerando el país en su conjunto, efectivamente ya no quedan muchos. Sería asimismo erróneo afirmar que en China hay todavía numerosos elementos contrarrevolucionarios. Aceptar semejante apreciación daría también lugar a confusiones.

III. El problema de la cooperativización agrícola

Tenemos una población rural de más de 500 millones de habitantes y, por eso, el desarrollo de nuestra economía y la consolidación de nuestro Poder estatal dependen en sumo grado de cuál sea la situación de nuestros campesinos. Estimo que la situación es básicamente buena. La cooperativización agrícola ha culminado, y esto ha resuelto en nuestro país la gran contradicción entre la industrialización socialista y la explotación agrícola individual. La rapidez con que se terminó la cooperativización agrícola inquieta a algunos, que se preguntan si no habrá dado lugar a deficiencias. Deficiencias hubo algunas, pero felizmente no fueron grandes, y el movimiento se desenvolvió en lo fundamental de manera sana. Los campesinos muestran gran entusiasmo en la producción. A pesar de que las inundaciones, la sequía y los tifones fueron el año pasado más graves que en cualquiera de los últimos años, tomando al país en su conjunto, se obtuvo un aumento en la producción de cereales. Con todo, algunos afirman que la cooperativización agrícola no sirve para nada, que no ofrece ventajas, desatando así un tifón en miniatura. A fin de cuentas, ¿tiene o no ventajas la cooperativización agrícola? Entre los documentos distribuidos hoy en la reunión se encuentra un material sobre una cooperativa del distrito de Tsunjua, provincia de Jopei, dirigida por Wang Kuo-fan. Les aconsejo leerlo. Esta cooperativa se halla en una zona montañosa, que siempre fue muy pobre y dependió de la ayuda en cereales que todos los años le daba el gobierno popular. Cuando en 1953 se fundó allí la cooperativa, la gente la llamaba «cooperativa de pobretones». Pero a través de cuatro años de lucha tenaz, su situación ha venido mejorando sin cesar y hoy la mayor parte de las familias integrantes tienen excedentes de cereales. En condiciones normales, lo que ha podido conseguir esta cooperativa, las demás deben ser capaces de lograrlo también en el mismo lapso o en uno ligeramente más largo. Se ve con claridad, entonces, que carece de fundamento el aserto de que la cooperativización fue mala.

De ahí se desprende también que la creación de cooperativas exige necesariamente una lucha tenaz. Todo lo que sea nuevo tiene que crecer en medio de dificultades y vicisitudes. No es más que una ilusión el creer que la causa del socialismo es como navegar siempre viento en popa, empresa de éxito fácil en la que no se tropieza con dificultades, ni se sufre vicisitudes ni se requiere inmensos esfuerzos.

¿Quiénes apoyan activamente las cooperativas? La inmensa mayoría de los campesinos pobres y campesinos medios inferiores, que constituyen más del 70 por 100 de la población rural. La mayoría de los campesinos restantes también cifran sus esperanzas en las cooperativas. Los que están realmente descontentos solo representan una ínfima minoría. Mucha gente no ha analizado esta situación, no ha estudiado en todos sus aspectos los éxitos y las deficiencias de las cooperativas, ni tampoco las causas que motivaron tales deficiencias, sino que ha tomado lo parcial y fragmentario por el todo; de ahí el pequeño tifón desatado entre alguna gente que arguye que las cooperativas no ofrecen ventajas.

¿Cuánto tiempo hace falta para que se consoliden las cooperativas y se ponga punto final a las habladurías de que estas no ofrecen ventajas? A juzgar por la experiencia del desarrollo de muchas de ellas se necesitarán unos cinco años o algo más. Hoy, la mayor parte de las cooperativas del país solo llevan un año largo de vida, y por eso no es razonable exigir que sean tan buenas como se desea. En mi opinión, sería muy bueno si consolidáramos las cooperativas durante el periodo del Segundo Plan Quinquenal después de establecerlas en el Primero.

Las cooperativas se hallan ahora en un proceso de consolidación paulatina. Aún quedan por resolver algunas contradicciones, como las existentes entre el Estado y las cooperativas, dentro de cada una de estas y entre unas cooperativas y otras.

Para resolver estas contradicciones, debemos prestar constante atención a los problemas de la producción y la distribución. Veamos el problema de la producción. Por un lado, la economía de la cooperativa debe someterse a la dirección del plan económico único del Estado; al mismo tiempo, debe conservar cierta flexibilidad e independencia, siempre que con ello no vulnere el plan único, la política, las leyes y las disposiciones del Estado. Por otro lado, cada familia miembro de una cooperativa debe subordinarse al plan general de la cooperativa o del equipo de producción al que pertenece, si bien puede hacer planes adecuados para la parcela de usufructo personal y demás explotaciones individuales. En lo tocante a la distribución, debemos tener en cuenta los intereses del sector estatal, los intereses del sector colectivo y los intereses individuales. Es preciso tratar en forma apropiada la triple relación entre los impuestos estatales, los fondos de acumulación de las cooperativas y los ingresos personales de los campesinos, y prestar constante atención a hacer reajustes para resolver las contradicciones entre ellos. La acumulación es necesaria tanto para el Estado como para las cooperativas, pero en ninguno de los dos casos debe ser excesiva. Debemos hacer todo lo posible para que, en los años de cosecha normal, los campesinos vayan aumentando, año tras año, sus ingresos personales a medida que se incremente la producción.

Muchos dicen que los campesinos llevan una vida dura. ¿Es acertada esta opinión? Por un lado, sí. Es decir, como China estuvo sometida durante más de cien años a la opresión y explotación de los imperialistas y sus agentes, se convirtió en un país muy pobre, en el cual no solo es bajo el nivel de vida de los campesinos, sino también el de los obreros e intelectuales. Necesitamos varias décadas de intensos esfuerzos para elevar paulatinamente el nivel de vida de todo el pueblo. En este sentido es correcto decir «dura». Mas, por otro lado, es incorrecto, pues con esto se da a entender que en los siete años transcurridos desde la Liberación, la vida de los campesinos no ha mejorado y solo ha mejorado la de los obreros. En realidad, salvo ínfimas excepciones, tanto los obreros como los campesinos han elevado en cierto grado su nivel de vida. Después de la Liberación, los campesinos se han desembarazado de la explotación de los terratenientes, y su producción aumenta de año en año. Tomemos por ejemplo los cereales. En 1949, la producción de cereales en todo el país solo llegó a algo más de 210.000 millones de *jin*. En 1956, sobrepasó los 360.000 millones de *jin*, con un incremento de casi 150.000 millones. El impuesto agrícola estatal no es gravoso, pues solo alcanza un poco más de 30.000 millones de *jin* anuales. La cantidad de cereales que anualmente compra el Estado a los campesinos a precio normal no pasa de algo más de 50.000 millones de *jin*. Sumadas estas dos cifras, totalizan un poco más de 80.000 millones de *jin*. Más de la mitad de esta cantidad se vende en las aldeas y sus poblados vecinos. Se ve, pues, que no puede decirse que no haya mejorado la vida de los campesinos. La cantidad total de cereales que el Estado recibe de los campesinos por concepto de impuesto y mediante compra, nos proponemos estabilizarla por varios años en algo más de 80.000 millones de *jin* anuales, a fin de promover el desarrollo de la agricultura y consolidar las cooperativas. De este modo, el reducido número de familias campesinas que no tienen suficientes cereales los tendrán; todas las familias campesinas —excepto algunas que se dedican a los cultivos industriales— contarán con excedentes de cereales o con grano suficiente para su consumo, y los campesinos pobres, así como el resto del campesinado, alcanzarán o sobrepasarán el nivel de vida de los campesinos medios. No es adecuado comparar de modo simplista el ingreso medio anual de un campesino con el de un obrero y deducir de ello que uno es demasiado bajo y el otro demasiado alto. La productividad del trabajo de los obreros es mucho mayor que la de los campesinos, mientras que el costo de vida de estos es muy inferior al de los obreros urbanos. Por eso, no puede afirmarse que los obreros gocen de un trato preferencial del Estado. Un reducido número de obreros y algunos trabajadores gubernamentales sí perciben salarios algo elevados, y los campesinos tienen razón para estar descontentos con ello. De ahí que sea necesario efectuar cierto reajuste adecuado según las circunstancias concretas.

IV. El problema de los industriales y comerciantes

En el dominio de la transformación del sistema social de nuestro país, en 1956 culminó, además de la cooperativización de la agricultura y de la artesanía, la conversión de las empresas industriales y comerciales privadas en empresas mixtas estatal-privadas. La rápida y feliz realización de esta tarea está estrechamente vinculada al hecho de que tratamos la contradicción entre la clase obrera y la burguesía nacional como una contradicción en el seno del pueblo. ¿Ha sido resuelta por completo dicha contradicción de clases? No. Para esto se requiere todavía un tiempo considerable. Sin embargo, ahora hay quienes dicen que los capitalistas están ya tan transformados que casi no se diferencian de los obreros y que no necesitan seguir transformándose. Otros llegan a afirmar que los capitalistas son algo mejores que los obreros. Y hay también quienes preguntan por qué, si de transformación se trata, no ha de necesitarla la clase obrera. ¿Son correctas estas opiniones? Claro que no.

En el curso de la construcción de la sociedad socialista, todos necesitan transformarse, tanto los explotadores como los trabajadores. ¿Quién dice que la clase obrera no lo necesita? Por supuesto, la transformación de los explotadores y la de los trabajadores son diferentes por su naturaleza, y no deben confundirse. La clase obrera transforma a toda la sociedad en la lucha de clases y en la lucha contra la naturaleza y, al mismo tiempo, se transforma a sí misma. La clase obrera debe aprender sin cesar en el trabajo, superar poco a poco sus defectos, y nunca debe estancarse. Por ejemplo, muchos de los aquí presentes hacemos algunos progresos cada año, es decir, nos transformamos constantemente. Yo mismo tuve en otros tiempos diversas ideas no marxistas, y solo después acepté el marxismo. Aprendí un poco de marxismo en los libros y así di los primeros pasos en mi transformación ideológica. Sin embargo, ha sido principalmente a través de una prolongada participación en la lucha de clases como me he transformado. Y tengo que seguir aprendiendo para poder hacer más progresos, pues de lo contrario me quedaré rezagado. ¿Son acaso tan perfectos los capitalistas que ya no necesitan transformarse?

Algunos sostienen que la burguesía china ya no tiene un carácter doble, sino único. ¿Es así en realidad? No, no es así. Por un lado, los elementos burgueses se han convertido en miembros del personal administrativo de las empresas mixtas estatal-privadas y se están transformando de explotadores en trabajadores, que viven de su propio trabajo. Pero, por otro lado, siguen recibiendo de las empresas mixtas un dividendo fijo, es decir, no han cortado aún las raíces que los unen a la explotación. Ellos aún se encuentran muy lejos de la clase obrera en cuanto a ideología, sentimientos y manera de vivir. ¿Cómo puede afirmarse que ya no tienen doble carácter? Incluso cuando dejen de percibir el dividendo fijo y se les quite el marbete de burgueses, será necesario proseguir su transformación ideológica durante bastante tiempo. Si la burguesía no poseyera ya doble carácter, como opinan aquellas personas, los capitalistas ya no tendrían la tarea de transformarse y estudiar.

Es de señalar que esa opinión no solo no concuerda con la situación real de los industriales y comerciantes, sino que tampoco responde a los deseos de los más de ellos. Durante los últimos años, los industriales y comerciantes, en su gran mayoría, han mostrado buena disposición para el estudio y han hecho notables progresos. Como es en el propio curso del trabajo donde tiene que realizarse su transformación radical, ellos deben trabajar junto con los obreros y empleados en las empresas, tomando estas como campo fundamental de su propia transformación. No obstante, también es importante que a través del estudio cambien algunas de sus viejas concepciones. Su estudio debe ser voluntario. Muchos industriales y comerciantes, al retornar a las empresas después de haber asistido a cursos de estudio durante unas semanas, han encontrado más fácilmente un lenguaje común con las masas obreras y los representantes del sector estatal, lo cual va en beneficio del trabajo conjunto. Han llegado a comprender, por experiencia propia, que para ellos es provechoso continuar estudiando y transformándose. La referida opinión de que no es necesario estudiar ni transformarse no refleja el punto de vista de la gran mayoría de los industriales y comerciantes, sino de una minoría.

V. El problema de los intelectuales

En nuestro país, las contradicciones en el seno del pueblo también tocan a los intelectuales. Los varios millones de intelectuales que antes trabajaban para la vieja sociedad han pasado a servir a la nueva sociedad. Y aquí surge el problema de cómo pueden adaptarse a las demandas de la nueva sociedad y cómo les ayudamos a lograrlo. Esta también es una contradicción en el seno del pueblo.

La mayoría de nuestros intelectuales han alcanzado ya progresos evidentes durante los últimos siete años. Ellos se pronuncian por el sistema socialista. Muchos estudian el marxismo con empeño, y algunos se han hecho comunistas. El número de estos últimos, aunque pequeño en la actualidad, va creciendo poco a poco. Claro que existen intelectuales que aún miran escépticamente el socialismo o que no lo aprueban, pero ellos solo representan una minoría.

La gigantesca y ardua causa de la construcción socialista de China requiere que la mayor cantidad posible de intelectuales se ponga a su servicio. Debemos confiar en todos los intelectuales que de verdad estén dispuestos a servir a la causa del socialismo, mejorar de manera radical nuestras relaciones con ellos y ayudarles a resolver todos los problemas cuya solución sea necesaria, para que puedan poner en pleno juego su capacidad. Muchos de nuestros camaradas no saben unirse con los intelectuales, los tratan de un modo rígido, no respetan su trabajo y, en la labor científica y cultural, se inmiscuyen en asuntos en los cuales no deberían intervenir. Debemos superar todas estas fallas.

Aunque las masas de intelectuales han hecho progresos, no deben por ello sentirse satisfechas de sí mismas. Para ponerse a la altura de las demandas de la nueva sociedad y unirse con los obreros y campesinos, deben proseguir su transformación, desprendiéndose poco a poco de su concepción burguesa del mundo y adquiriendo la proletaria, la concepción comunista. El cambio de concepción del mundo es un cambio radical y, hasta la fecha, no se puede decir que la mayoría de los intelectuales lo hayan logrado. Esperamos que estos sigan avanzando y que, en el curso de su trabajo y estudio, vayan adquiriendo la concepción comunista del mundo, asimilando el marxismo-leninismo e identificándose con los obreros y campesinos. Esperamos que no se detengan a medio camino y que menos aún retrocedan, pues el retroceso no les ofrece futuro alguno. Como el sistema social de nuestro país ha cambiado y la base económica de la ideología burguesa ha sido liquidada en lo fundamental, no solo es necesario sino también posible que gran número de intelectuales cambien su concepción del mundo. Pero el cambio radical de concepción del mundo exige largo tiempo, y por eso debemos hacer entre ellos un trabajo paciente, evitando toda precipitación. Existen, en efecto, gentes que siempre se negarán a aceptar ideológicamente el marxismo-leninismo y el comunismo. No debemos ser muy exigentes con ellas. Siempre y cuando se sometan a los requerimientos del Estado y realicen honestamente sus actividades, debemos darles la posibilidad de dedicarse a un trabajo adecuado.

En los últimos tiempos, se ha debilitado la labor ideológica y política entre los intelectuales y jóvenes estudiantes, y han surgido ciertas desviaciones. A los ojos de algunos, ya es innecesario preocuparse de la política, del futuro de la patria o de los ideales de la humanidad, y el marxismo, que estuvo tan de moda, ya no lo está tanto. Para contrarrestar estas desviaciones, debemos intensificar nuestra labor ideológica y política. Tanto los intelectuales como los estudiantes deben estudiar con ahínco. A la par que estudian sus especialidades, tienen que progresar ideológica y políticamente, y para eso deben estudiar el marxismo y los problemas políticos y de actualidad. No tener una correcta concepción política equivale a no tener alma. La transformación ideológica realizada en el pasado fue necesaria y reportó resultados positivos. Pero hubo métodos que fueron un tanto bruscos, y se hirieron los sentimientos de algunas personas, lo cual no está bien. En adelante, hay que evitar esta deficiencia. Todos los departamentos y organizaciones deben responsabilizarse de la labor ideológica y política. Esto es válido para el Partido Comunista, la Liga de la Juventud, los departamentos gubernamentales encargados de esta labor y, con mayor razón, para los directores y profesores de los centros docentes. Nuestra política educacional debe estar orientada a lograr que todos aquellos que reciben educación se desarrollen moral, intelectual y físicamente y se conviertan en trabajadores que tengan conciencia socialista y sean cultos. Debemos promover el espíritu de laboriosidad y economía en la construcción del país. Es necesario hacer comprender a toda la juventud que nuestro país es todavía muy pobre, que esta situación no se podrá cambiar de raíz en un plazo breve y que solo mediante sus esfuerzos mancomunados es como la joven generación y todo el pueblo podrán construir con sus propias manos un país próspero y poderoso en el curso de algunos decenios. La instauración del sistema socialista nos ha abierto el camino que conduce a la sociedad ideal del futuro, pero para que esta se haga realidad tenemos que trabajar arduamente. Algunos jóvenes creen que, una vez establecida la sociedad socialista, todo debe ser perfecto y que ellos pueden gozar de una vida feliz que ya está dada, sin necesidad de trabajar por ella. Esta idea no corresponde a la realidad.

VI. El problema de las minorías nacionales

Nuestras minorías nacionales conforman una población de más de 30 millones y, aunque solo representan el 6 por 100 de la población de China, habitan extensas regiones que constituyen del 50 al 60 por 100 de la superficie total del país. Por eso es de imperiosa necesidad fomentar las buenas relaciones entre ellas y la nacionalidad jan. La clave de este problema está en superar el chovinismo de gran jan. Al mismo tiempo, hay que superar también el nacionalismo local en aquellas minorías nacionales en las que este se presente. Tanto el chovinismo de gran jan como el nacionalismo local lesionan la unidad entre las nacionalidades; se trata de un tipo de contradicción en el seno del pueblo, que debemos resolver. En este aspecto hemos realizado ya cierta labor y, en comparación con tiempos anteriores, las relaciones entre las nacionalidades han mejorado mucho en la mayoría de las regiones pobladas por minorías nacionales. Sin embargo, quedan algunos problemas en espera de solución. Aún existen, en parte de dichas regiones, serias manifestaciones tanto de chovinismo de gran jan como de nacionalismo local, circunstancia a la cual debe prestarse suficiente atención. Gracias a los esfuerzos hechos por el pueblo de todas las nacionalidades durante los últimos años, en la inmensa mayoría de las regiones habitadas por minorías nacionales se han realizado ya, en lo fundamental, las reformas democráticas y las transformaciones socialistas. En el Tíbet no se han implantado las reformas democráticas debido a que allí las condiciones no están todavía maduras. Según el Acuerdo de Diecisiete Puntos, concertado entre el Gobierno Popular Central y el gobierno local del Tíbet, la reforma del sistema social debe realizarse, pero el momento de emprenderla solo podrá ser decidido cuando la gran mayoría de las masas tibetanas y sus personalidades dirigentes lo consideren factible. En cuanto a este particular no debe haber precipitación. Por ahora se ha decidido no efectuar reformas democráticas en el Tíbet durante el Segundo Plan Quinquenal. La cuestión de si estas serán introducidas durante el Tercer Plan Quinquenal se decidirá a la luz de la situación de entonces.

VII. Proceder con una visión de conjunto y adoptar disposiciones apropiadas

Por visión de conjunto entendemos una visión que tenga en cuenta a los 600 millones de habitantes del país. Al formular los planes, manejar los asuntos o considerar los problemas, debemos partir del hecho de que China tiene una población de 600 millones, hecho que no debemos olvidar jamás. ¿Por qué, pues, planteamos semejante cuestión? ¿Acaso aún puede haber quien no sepa que nuestro país tiene una población de 600 millones? De saber, lo saben todos, pero en la práctica algunos lo olvidan y les parece que tanto mejor sería cuanto menos gente hubiera y más reducido fuese el círculo. Los que tienen esta mentalidad de pequeño círculo se resisten a la idea de poner en juego todos los factores positivos, unirse con cuanta gente sea susceptible de ser unida y transformar, en la medida de lo posible, los factores negativos en positivos a fin de que sirvan a la gran causa de la edificación de una sociedad socialista.

Espero que esa gente ensanche sus horizontes y reconozca de veras que tenemos una población de 600 millones, que este es un hecho objetivo y que constituye nuestro capital. El que sea numerosa nuestra población es una cosa buena, pero, claro está, también implica dificultades. Nuestra construcción se desenvuelve con ímpetu en todos los terrenos y ha conseguido grandes éxitos; sin embargo, en el actual periodo de transición, de grandes cambios sociales, hay aún muchos problemas difíciles. El avance y las dificultades simultáneos constituyen una contradicción. Pero toda contradicción debe, y perfectamente puede, ser resuelta. Nuestra política es la de proceder con una visión de conjunto y adoptar disposiciones apropiadas. En todos los problemas, ya se trate de los cereales, las calamidades naturales, el empleo, la educación, los intelectuales, el frente único de todas las fuerzas patriotas, las minorías nacionales u otros problemas, hay que partir de una visión de conjunto, que implica tomar en consideración a todo el pueblo, y adoptar disposiciones apropiadas de acuerdo con las posibilidades reales en cada momento y lugar, después de consultar con los sectores interesados. De ningún modo está bien quejarse de lo numerosa y atrasada que es la gente, de lo engorrosas y difíciles que son las cosas, y poner punto final dando la espalda a los problemas. ¿Significa lo dicho que el gobierno debe hacerse cargo de toda la gente y de todos los problemas? Claro que no. En muchos casos, esta responsabilidad la pueden asumir las organizaciones populares o las masas directamente, ya que unas y otras son capaces de idear muchas buenas soluciones. Esto también entra en la política de proceder con una visión de conjunto y adoptar disposiciones apropiadas. Debemos guiar a las organizaciones populares y a las masas de todos los lugares del país para que actúen en ese sentido.

VIII. Sobre las consignas «Que se abran cien flores y que compitan cien escuelas» y «Coexistencia duradera y supervision mutua»

¿Cómo fue que se plantearon las consignas «Que se abran cien flores y que compitan cien escuelas» y «Coexistencia duradera y supervisión mutua»? Fueron enunciadas en base a la situación concreta de China, al reconocimiento de que en la sociedad socialista aún existen diversas contradicciones y a la exigencia apremiante de acelerar el desenvolvimiento económico y cultural del país. «Que se abran cien flores y que compitan cien escuelas» es la orientación para promover el desarrollo del arte y el progreso de la ciencia e impulsar el florecimiento de la cultura socialista de nuestro país. En el arte, pueden desarrollarse libremente distintas formas y estilos y, en la ciencia, competir libremente diferentes escuelas. Consideramos perjudicial para el desarrollo del arte y de la ciencia recurrir a medidas administrativas imponiendo un particular estilo de arte o una determinada escuela y prohibiendo otros. El problema de lo correcto y lo erróneo en el arte y en la ciencia debe resolverse mediante discusiones libres en los círculos artísticos y científicos y a través de la práctica en esos terrenos, no de manera simplista. Para determinar si una cosa es correcta o errónea se requiere a menudo un periodo de prueba. En la historia ocurre con frecuencia que lo nuevo y correcto no obtiene al comienzo el consenso de la mayoría de los hombres, y solo logra desarrollarse en medio de luchas y vicisitudes. Sucede a menudo que lo justo y bueno no es considerado al principio como flor fragante, sino, por el contrario, como hierba venenosa. La teoría de Copérnico sobre el sistema solar y la de Darwin sobre la evolución fueron consideradas erróneas en un tiempo y tuvieron que atravesar una ardua lucha. La historia de China ofrece numerosos ejemplos análogos. En la sociedad socialista, las condiciones para el crecimiento de lo nuevo son radicalmente distintas y mucho más propicias que en la vieja sociedad. Sin embargo, aún ocurre con frecuencia que las fuerzas nacientes son frenadas, y ahogadas las opiniones racionales. La expansión de las cosas nuevas puede verse también obstaculizada por falta de discernimiento y no por represión deliberada. Por eso, ante la cuestión de lo correcto y lo erróneo en la ciencia y en el arte debemos adoptar una actitud prudente, estimular la discusión libre y evitar las conclusiones precipitadas. Creemos que esta actitud puede contribuir a un desarrollo más o menos feliz de la ciencia y del arte.

También el marxismo se ha desarrollado en medio de luchas. Al principio, fue objeto de toda suerte de ataques y considerado como hierba venenosa. Esto sucede todavía hoy en muchos lugares del mundo. Sin embargo, el marxismo goza de una posición muy diferente en los países socialistas. Pero, incluso en estos, subsisten ideas no marxistas, y aun antimarxistas. En China, aunque ha culminado básicamente la transformación socialista en lo tocante a la propiedad y han terminado en lo fundamental las vastas y tempestuosas luchas clasistas de las masas, características de los periodos de revolución, subsisten remanentes de las clases derrocadas: la clase terrateniente y la burguesía compradora; subsiste la burguesía, y la transformación de la pequeña burguesía acaba de empezar. La lucha de clases no ha terminado. La lucha de clases entre el proletariado y la burguesía, entre las diferentes fuerzas políticas y entre el proletariado y la burguesía en el terreno ideológico, será aún larga, tortuosa y a veces incluso muy enconada. El proletariado aspira a transformar el universo según su concepción del mundo, y a otro tanto aspira la burguesía. A este respecto, aún no ha sido solucionada realmente la cuestión de si será el socialismo o el capitalismo el que venza. Los marxistas siguen constituyendo una minoría lo mismo en el conjunto de la población que entre los intelectuales. Por eso el marxismo tiene que seguir desarrollándose a través de la lucha. El marxismo solo puede desarrollarse en la lucha; esto no solo es cierto para el pasado y el presente, sino necesariamente también para el futuro. Lo correcto se desarrolla siempre en el proceso de la lucha contra lo erróneo. Lo verdadero, lo bueno y lo hermoso solo existen en comparación con lo falso, lo malo y lo feo y siempre se desarrollan en lucha con ellos. En el mismo momento en que la humanidad desecha un error y acepta una verdad, una nueva verdad comienza a luchar contra nuevas ideas erróneas. Esta lucha no cesará jamás. Esta es la ley del desarrollo de la verdad y, desde luego, también la ley del desarrollo del marxismo.

Pasará un tiempo bastante largo antes de que se resuelva en nuestro país la cuestión de quién vencerá a quién en la lucha ideológica entre el socialismo y el capitalismo. Esto se debe a que la influencia de la burguesía y de los intelectuales provenientes de la vieja sociedad, su ideología de clase, subsistirá por largo tiempo en nuestro país. Quien no lo comprenda suficientemente o no lo comprenda en absoluto cometerá el más grave de los errores y pasará por alto la necesidad de la lucha ideológica. Esta última difiere de otras formas de lucha. En ella no pueden emplearse procedimientos toscos ni coercitivos; solo se debe recurrir al razonamiento minucioso. Hoy el socialismo cuenta con condiciones ventajosas para la lucha ideológica. La fuerza básica del Poder se halla en manos del pueblo trabajador dirigido por el proletariado. El Partido Comunista es fuerte y goza de alto prestigio. Aunque se observan defectos y errores en nuestro trabajo, cualquier persona libre de prejuicios puede advertir que somos leales al pueblo, que estamos decididos a edificar nuestra patria junto con el pueblo y somos capaces de hacerlo y que ya hemos conseguido grandes éxitos y obtendremos otros aún mayores. La abrumadora mayoría de los elementos burgueses y de los intelectuales provenientes de la vieja sociedad son patriotas, están dispuestos a servir a su floreciente patria socialista y saben que, si se apartan de la causa del socialismo y del pueblo trabajador dirigido por el Partido Comunista, no tendrán nada en que apoyarse y, en consecuencia, no habrá para ellos ningún futuro brillante.

Alguien podría preguntar: ¿puede criticarse el marxismo siendo que es reconocido en nuestro país como ideología rectora por la gran mayoría del pueblo? Desde luego que sí. El marxismo es una verdad científica y no teme a la crítica. Si la temiese, si pudiera ser derribado con críticas, no tendría valor alguno. ¿Acaso, de hecho, los idealistas no critican el marxismo a diario y por todos los medios? ¿Acaso no critican el marxismo también y por todos los medios aquellos que se aferran a las ideas burguesas y pequeñoburguesas y rehúsan transformarse? Los marxistas no deben temer a la crítica, venga esta de donde viniere. Por el contrario, tienen que templarse, desarrollarse y ampliar sus posiciones precisamente en medio del fuego de la crítica y en la tormenta de la lucha. La lucha contra las ideas erróneas puede compararse a la vacunación: el hombre se inmuniza contra la enfermedad cuando la vacuna le hace efecto. Una cosa criada en invernadero no tiene mucha vitalidad. La aplicación de la política de «Que se abran cien flores y que compitan cien escuelas» no debilitará la posición rectora del marxismo en el campo ideológico, sino que, por el contrario, la fortalecerá.

¿Cuál debe ser nuestra política con respecto a las ideas no marxistas? En lo que concierne a los contrarrevolucionarios comprobados y a los saboteadores de la causa socialista, la cosa es fácil: basta privarlos de la libertad de palabra. Pero el asunto se presenta de muy distinta manera si se trata de ideas erróneas en el seno del pueblo. ¿Se debe prohibir tales ideas y negar a la gente toda oportunidad de expresarlas? Desde luego que no. La práctica de métodos simplistas para tratar problemas ideológicos en el seno del pueblo, problemas referentes al mundo espiritual del hombre, no solo es ineficaz sino sumamente perniciosa. Las ideas erróneas no dejarán de existir por el hecho de que se prohíba su expresión. Por otro lado, si las ideas correctas han sido cultivadas en invernadero, si no han sido expuestas a los vientos y las lluvias, si no se han hecho inmunes contra la enfermedad, no podrán vencer a las ideas erróneas al enfrentarse con ellas. Por eso, solo empleando los métodos de discusión, crítica y razonamiento podemos realmente fomentar las ideas correctas, superar las erróneas y solucionar en forma efectiva los problemas.

La burguesía y la pequeña burguesía exteriorizarán indefectiblemente su ideología. Se expresarán, obstinadamente y por todos los medios posibles, sobre las cuestiones políticas e ideológicas. No se puede esperar que actúen de otra manera. No debemos, recurriendo a la coacción, impedirles que se manifiesten; por el contrario, debemos permitirles que lo hagan y, al mismo tiempo, debatir con ellos y someterlos a una crítica adecuada. Está fuera de duda que debemos criticar las ideas erróneas de toda índole. Es inadmisible, por supuesto, abstenerse de criticar las ideas equivocadas, contemplar con indiferencia cómo cunden por todas partes y permitirles monopolizar el mercado. Todo error debe ser criticado y toda hierba venenosa, combatida. Sin embargo, la crítica no debe ser dogmática; al hacerla, no se debe emplear el método metafísico, sino esforzarse por aplicar el método dialéctico. Ella ha de contener análisis científico y argumentos planamente convincentes. Una crítica dogmática no resuelve nada. Combatimos toda clase de hierbas venenosas, pero debemos distinguir con cuidado cuáles son verdaderas hierbas venenosas y cuáles auténticas flores fragantes. Debemos aprender, junto con las masas populares, a establecer esmeradamente esta distinción y a usar métodos acertados para combatir las hierbas venenosas.

A la par que criticamos el dogmatismo, debemos prestar atención a criticar el revisionismo. El revisionismo, oportunismo de derecha, es una corriente ideológica burguesa; es más peligroso que el dogmatismo. Los revisionistas, oportunistas de derecha, siempre tienen en la boca el marxismo y también atacan el «dogmatismo». Pero lo que atacan es precisamente la quintaesencia del marxismo. Combaten o tergiversan el materialismo y la dialéctica; combaten o intentan debilitar la dictadura democrática popular y la dirección del Partido Comunista; combaten o intentan debilitar las transformaciones socialistas y la construcción socialista. Incluso después de la victoria fundamental de la revolución socialista en nuestro país, quedan todavía cierto número de personas que sueñan con restaurar el sistema capitalista y que luchan contra la clase obrera en todos los frentes, incluido el ideológico. Y en esta lucha, tienen en los revisionistas a sus mejores ayudantes.

Tomadas en su sentido literal, las consignas «Que se abran cien flores» y «Que compitan cien escuelas» no tienen un carácter clasista; las puede utilizar el proletariado, y también la burguesía u otras gentes. Cada clase, cada capa y cada grupo social tiene su propio punto de vista acerca de qué son flores fragantes y qué hierbas venenosas. Entonces, desde el punto de vista de las grandes masas populares; ¿cuáles deben ser hoy nuestros criterios para distinguir las flores fragantes de las hierbas venenosas? ¿Cómo juzgar, en la vida política de nuestro pueblo, si son correctas o erróneas nuestras palabras y actos? Consideramos que, con arreglo a los principios constitucionales del país, a la voluntad de la aplastante mayoría de nuestro pueblo y a los postulados políticos comunes proclamados en varias ocasiones por los partidos políticos, se pueden formular, en términos generales, los siguientes criterios:

1) Las palabras y los actos deben contribuir a unir al pueblo de nuestras distintas nacionalidades, y no dividirlo.

2) Deben favorecer las transformaciones socialistas y la construcción socialista, y no perjudicarlas.

3) Deben contribuir a consolidar la dictadura democrática popular, y no minarla o debilitarla.

4) Deben contribuir a afianzar el centralismo democrático, y no socavarlo o debilitarlo.

5) Deben contribuir a fortalecer la dirección del Partido Comunista, y no agitarla o debilitarla.

6) Deben favorecer, y no perjudicar, la unidad socialista internacional y la unidad de los pueblos de todo el mundo amantes de la paz.

De estos seis criterios, los más importantes son los relativos al camino socialista y a la dirección del Partido. Estos criterios se plantean para ayudar al pueblo a fomentar la libre discusión de las distintas cuestiones, y no para obstaculizarla. Quienes los desaprueben pueden, desde luego, expresar sus opiniones y polemizar. Sin embargo, cuando la mayoría de las personas tengan claros estos criterios, se podrá encauzar por un camino acertado la crítica y la autocrítica y aplicarlos a las palabras y acciones de la gente para determinar si son correctas o erróneas, si se trata de flores fragantes o de hierbas venenosas. Dichos criterios son criterios políticos. Claro que para juzgar la certeza de las tesis científicas y el nivel artístico de las obras de arte hacen falta, además, otros criterios específicos. No obstante, los seis criterios políticos son aplicables a cualquier actividad científica o artística. ¿Acaso en un país socialista como el nuestro puede haber alguna actividad científica o artística útil que esté en pugna con estos criterios políticos?

Los puntos de vista expuestos arriba han sido formulados a la luz de las condiciones históricas concretas de China. Las condiciones de cada uno de los países socialistas y Partidos Comunistas no son las mismas. Por eso no consideramos que ellos deban o tengan la necesidad de seguir nuestra manera de proceder.

La consigna «Coexistencia duradera y supervisión mutua» también es fruto de las condiciones históricas concretas de nuestro país. No ha sido presentada de modo súbito, puesto que estuvo en gestación durante varios años. La idea de la coexistencia duradera nació hace mucho tiempo. El año pasado, cuando quedó establecido fundamentalmente el sistema socialista, esta consigna fue planteada en términos explícitos. ¿Por qué, pues, hay que admitir una larga coexistencia de los partidos democráticos de la burguesía y de la pequeña burguesía con el partido político de la clase obrera? Porque no tenemos motivos para no adoptar la política de coexistencia duradera con respecto a todos aquellos partidos que se dediquen verdaderamente a la tarea de unir al pueblo para la causa del socialismo y se hayan granjeado su confianza. Ya en la II Sesión del I Comité Nacional de la Conferencia Consultiva Política del Pueblo Chino, celebrada en junio de 1950, dije:

> Si uno tiene el verdadero deseo de servir al pueblo; si, en un periodo difícil para este, realmente le ha ayudado y ha hecho algo bueno, y sigue procediendo así consecuentemente, sin detenerse a medio camino, el pueblo y su gobierno no tendrán motivos para rechazarlo ni para negarle la posibilidad de ganarse la vida y de prestar sus servicios.

Esta es precisamente la base política de la coexistencia duradera de los partidos. Una coexistencia duradera del Partido Comunista con los partidos democráticos es nuestro deseo y también nuestra política. Ahora bien, el que los partidos democráticos puedan tener o no una larga existencia no depende tan solo del deseo del Partido Comunista, sino también de cómo se comporten ellos, de si se ganan la confianza del pueblo. La supervisión mutua entre los distintos partidos es otro hecho de larga data, que toma la forma de consejos y críticas recíprocos. La supervisión mutua no es, desde luego, un asunto unilateral; significa que, a la vez que el Partido Comunista puede ejercer supervisión sobre los partidos democráticos, estos también pueden ejercerla sobre el Partido Comunista. ¿Por qué se admite la supervisión de los partidos democráticos sobre el Partido Comunista? Porque un partido, lo mismo que una persona, tiene gran necesidad de oír opiniones diferentes de las propias. Es de todos conocido que la supervisión sobre el Partido Comunista la ejercen principalmente el pueblo trabajador y los militantes del Partido. Pero será más provechoso para nosotros que también participen en ella los partidos democráticos. Claro que los consejos y críticas que se intercambien entre los partidos democráticos y el Partido Comunista solo podrán desempeñar un papel positivo de supervisión mutua cuando correspondan a los seis criterios políticos. Por eso esperamos que todos los partidos democráticos presten atención a la transformación ideológica y se esfuercen por una coexistencia duradera con el Partido Comunista y una supervisión mutua, a fin de responder a las necesidades de la nueva sociedad.

IX. Acerca de los desordenes creados por un pequeño número de personas

En 1956, se registraron en algunos lugares huelgas obreras y estudiantiles con un pequeño número de participantes. La causa inmediata de estos disturbios fue que no se habían satisfecho ciertas demandas de beneficios materiales, que en algunos casos debían y podían haber sido atendidas, mientras que, en otros, no podían ser satisfechas en ese momento por ser inadecuadas o excesivas. Pero una de las causas más importantes de los desórdenes fue el burocratismo de la dirección. La responsabilidad de estos errores burocráticos debe imputarse, en algunos casos, a los organismos superiores, y no exclusivamente a las instancias inferiores. Otra causa de los disturbios fue la insuficiente educación ideológica y política dada a los obreros y a los estudiantes. Ese mismo año, un pequeño número de miembros de cooperativas agrícolas provocaron desórdenes, siendo también en este caso las causas principales el burocratismo de la dirección y la insuficiente educación impartida a las masas.

Se debe admitir que, con mucha frecuencia, alguna gente del pueblo se inclina a preocuparse de sus intereses inmediatos, parciales y personales y no comprende, o comprende insuficientemente, los intereses a largo plazo, nacionales y colectivos. Una buena parte de la juventud, por falta de experiencia política y social, no alcanza a ver el contraste entre la vieja China y la nueva; no le resulta fácil comprender a fondo ni las incontables penalidades que nuestro pueblo experimentó en su lucha por liberarse de la opresión del imperialismo y de la reacción kuomintanista, ni la necesidad de trabajar duro por un largo periodo para construir una bella sociedad socialista. He aquí por qué debemos realizar constantemente una educación política viva y eficaz entre las masas, decirles siempre la verdad sobre las dificultades que surjan y estudiar con ellas la manera de resolverlas.

No aprobamos los desórdenes, ya que las contradicciones en el seno del pueblo pueden ser resueltas por el método de «unidad – crítica – unidad»; además, los desórdenes siempre causan ciertas pérdidas y son perjudiciales para el avance de la causa socialista. Estamos convencidos de que las amplias masas populares de nuestro país están por el socialismo, acatan conscientemente la disciplina, son razonables y nunca crearán desórdenes sin motivo. Pero esto no significa que en nuestro país esté excluida la posibilidad de que gente del pueblo provoque desórdenes. Sobre este asunto, hay que prestar atención a lo siguiente: 1) Para eliminar radicalmente las causas de los desórdenes, debemos extirpar de forma resuelta el burocratismo, intensificar en grado considerable la educación ideológica y política y tratar de manera adecuada las diversas contradicciones. Hecho esto, hablando en general, no se presentarán más desórdenes. 2) Si surgen desórdenes a consecuencia de nuestro mal trabajo, habrá que conducir al camino acertado a la gente del pueblo que participe en ellos, aprovecharlos como un medio especial para el mejoramiento de nuestra labor y para la educación de los cuadros y las masas y, en fin, resolver las cuestiones que hayan quedado sin solucionar. En el tratamiento de los desórdenes debemos realizar un trabajo minucioso y no emplear métodos simplistas, ni batirnos en retirada antes de que el problema haya sido efectivamente resuelto. No debemos emplear a la ligera los recursos de expulsión o despido contra los cabecillas de los desórdenes, salvo aquellos que, por haber infringido el código penal o por ser contrarrevolucionarios activos, deben ser castigados con arreglo a la ley. En un país tan grande como el nuestro no es motivo de alarma el que un reducido número de personas provoquen disturbios; antes bien, eso puede ayudarnos a superar el burocratismo.

En nuestra sociedad hay también un pequeño número de personas que, desdeñando los intereses públicos, proceden arbitrariamente, cometen delitos y violan la ley. Puede ocurrir que, utilizando y tergiversando nuestras políticas, presenten, de modo premeditado, exigencias irrazonables a fin de instigar a las masas o, con aviesa intención, difundan rumores y armen líos buscando alterar el orden público. De ninguna manera aprobamos la tolerancia con gentes de esta calaña; por el contrario, creemos que hay que castigarlas según la ley. Las grandes masas exigen darles el castigo merecido; dejarlas impunes iría contra la voluntad de las masas.

X. ¿Puede una cosa mala transformarse en buena?

Como he dicho antes, en nuestra sociedad es una cosa mala el que gente del pueblo promueva desórdenes, y esto no lo aprobamos. Sin embargo, su aparición puede impulsarnos a sacar lecciones, superar el burocratismo y educar a los cuadros y a las masas. En este sentido, una cosa mala puede convertirse en buena. Los desórdenes tienen un doble carácter. Todo disturbio puede ser considerado desde este punto de vista.

Los acontecimientos de Hungría no fueron una cosa buena; eso está claro para todos. Pero también tienen un doble carácter. Gracias a que los camaradas húngaros adoptaron medidas acertadas durante los sucesos, estos se transformaron de cosa mala en buena. Hungría está hoy más consolidada que antes, y todos los países del campo socialista han sacado una lección de lo sucedido.

La campaña anticomunista y antipopular desencadenada a escala mundial durante la segunda mitad del año 1956 también fue, desde luego, una cosa mala, pero educó y templó a los Partidos Comunistas y a la clase obrera de los diversos países, y de esta manera se transformó en una cosa buena. Durante esta campaña, en muchos países abandonaron las filas de los Partidos Comunistas una parte de sus miembros. Esas deserciones redujeron el número de su militancia, lo cual fue, por supuesto, una cosa mala. Pero también hubo en ello su lado bueno. Los elementos vacilantes no quisieron permanecer en las filas de esos Partidos y se retiraron de ellos, mientras que la gran mayoría de los afiliados, de convicciones firmes, se unieron todavía más para la lucha. ¿No es esto una cosa buena?

En síntesis, debemos aprender a examinar las cuestiones en todos sus aspectos, a ver no solo el anverso de las cosas sino también su reverso. En determinadas condiciones, una cosa mala puede conducir a buenos resultados, y una cosa buena, a resultados malos. Hace más de dos mil años, ya decía Lao Tse: «En la desgracia habita la felicidad, en la felicidad se oculta la desgracia»[1]. Los japoneses calificaban de victoria su invasión a China. Los chinos estimaban como derrota la ocupación por el agresor de vastos territorios del país. Sin embargo, la derrota de China llevaba en sí el germen de la victoria, mientras que la victoria del Japón contenía el embrión de la derrota. ¿Acaso no ha confirmado esto la historia?

En todos los países se discute ahora si estallará o no una tercera guerra mundial. Frente a esta cuestión también debemos estar espiritualmente preparados y examinarla de modo analítico. Estamos resueltamente por la paz y contra la guerra. Pero, si los imperialistas insisten en desencadenar una guerra, no debemos sentir temor. Nuestra actitud ante este asunto es la misma que ante cualquier otro «desorden»: en primer lugar, estamos en contra; en segundo, no lo tememos. Tras la Primera Guerra Mundial apareció la Unión Soviética, con 200 millones de habitantes; tras la Segunda Guerra Mundial surgió el campo socialista, que abarca a 900 millones de seres. Puede afirmarse que si, a pesar de todo, los imperialistas desencadenan una tercera guerra mundial, otros centenares de millones pasarán inevitablemente al lado del socialismo, y a los imperialistas no les quedará ya mucho espacio en el mundo; incluso es probable que se derrumbe por completo todo el sistema imperialista.

Bajo determinadas condiciones, los dos términos opuestos de una contradicción se convierten inevitablemente cada uno en su contrario, como resultado de la lucha entre ellos. Aquí lo importante son las condiciones. Sin determinadas condiciones, ninguno de los dos términos que luchan entre sí puede transformarse en su contrario. En el mundo, el proletariado es el que más desea cambiar su situación, y le sigue el semiproletariado, pues el primero no tiene nada y el segundo tiene poco. La actual situación en que los EEUU manipulan la mayoría de los votos de la ONU y controlan muchas partes del mundo, es solo temporal. Llegará indefectiblemente el día en que esta situación cambie. El estatus

---

[1] Citado de *Lao Tse,* cap. LVIII.

de China como país pobre y privado de sus derechos en la arena internacional también cambiará: el país pobre se convertirá en rico, el país privado de sus derechos, en país que goce de ellos, es decir, una transformación de las cosas en sus contrarios. Las condiciones decisivas para ello son el sistema socialista y los esfuerzos mancomunados de todo un pueblo unido.

XI. Sobre el régimen de economías

Quisiera detenerme ahora en la cuestión del régimen de economías. Nos disponemos a realizar una construcción en gran escala, pero nuestro país es muy pobre todavía: he aquí una contradicción. Uno de los medios para resolverla es hacer prolongados esfuerzos por practicar rigurosamente economías en todos los terrenos.

En 1952 efectuamos una campaña contra los tres males: la corrupción administrativa, el despilfarro y el burocratismo, poniendo énfasis en la lucha contra la corrupción. En 1955 promovimos la práctica de economías, prestando principal atención al combate contra las normas demasiado altas en la construcción de obras básicas de carácter improductivo y al ahorro de materias primas en la producción industrial, y obtuvimos grandes éxitos. Pero, por aquel entonces, la política de practicar economías no se aplicó seriamente en todas las ramas de la economía nacional, ni en las entidades oficiales, unidades militares, centros docentes y organizaciones populares en general. Este año hay que estimular la práctica de economías y luchar contra el derroche en todos los aspectos de la vida del país. Nos falta aún experiencia en el trabajo de construcción. Durante los últimos años hemos conseguido grandes éxitos, pero también ha habido derroche. Tenemos que construir gradualmente una serie de grandes empresas modernas, a modo de armazón; sin esta armazón es imposible transformar en unos decenios nuestro país en una potencia industrial moderna. Sin embargo, la mayoría de nuestras empresas no deben ser de tales dimensiones; hay que construir más empresas medianas y pequeñas, aprovechar al máximo la base industrial heredada de la vieja sociedad y tratar, por todos los medios, de realizar economías, a fin de hacer más cosas con menos dinero. La orientación de practicar estrictamente economías y combatir el despilfarro, planteada en términos más enfáticos que antes por la II Sesión Plenaria del VIII Comité Central del Partido Comunista de China en noviembre pasado, ha empezado a dar resultados en los últimos meses. La presente campaña por la práctica de economías debe ser consecuente y prolongada. La lucha contra el derroche, igual que la crítica a otros defectos y errores, puede compararse al acto de lavarse la cara. ¿Acaso no hay que lavarse la cara todos los días? El Partido Comunista de China, los partidos democráticos, las personalidades democráticas sin partido, los intelectuales, los industriales y comerciantes, los obreros, campesinos y artesanos, en una palabra, todos nosotros –los 600 millones de habitantes– debemos aumentar la producción, practicar economías y luchar contra el lujo y el despilfarro. Esto tiene una gran importancia no solo económica sino también política. Entre muchos de nuestros cuadros crece ahora una tendencia peligrosa: desgano de compartir penas y alegrías con las masas y preocupación por la fama y el provecho personales. Esto es muy malo. En el curso de la campaña por aumentar la producción y practicar economías, debemos simplificar nuestros organismos y trasladar cuadros a los niveles inferiores a fin de que un número considerable de ellos se reincorpore a la producción. He aquí una manera de vencer esa tendencia peligrosa. Debemos velar porque todos nuestros cuadros y todo nuestro pueblo tengan siempre presente que China es un gran país socialista, pero, al mismo tiempo, un país económicamente atrasado y pobre, y que esto es una contradicción muy grande. Para convertir a China en un país próspero y poderoso, se requieren varios decenios de intensos esfuerzos, que suponen, entre otras cosas, la observancia de un riguroso régimen de economías y la lucha contra el despilfarro, o sea, la aplicación de la política de laboriosidad y economía en la construcción del país.

XII. El camino de la industrialización de China

Al hablar sobre nuestro camino hacia la industrialización, me refiero aquí principalmente a la relación entre el desarrollo de la industria pesada, el de la industria ligera y el de la agricultura. Hay que reafirmar que la industria pesada es el centro de la construcción económica de nuestro país. Pero, al mismo tiempo, es necesario prestar plena atención al desenvolvimiento de la agricultura y de la industria ligera.

China es un gran país agrícola con más del 80 por 100 de la población en las áreas rurales. Su agricultura debe desarrollarse a la par que su industria; solo así podrá la industria disponer de materias primas y de mercado, solo así se podrá acumular mayor cantidad de fondos para crear una poderosa industria pesada. Es de todos sabido que la industria ligera está estrechísimamente ligada a la agricultura, pues sin esta no podría existir industria ligera. Lo que hoy la gente todavía no comprende bien es que la agricultura proporciona un importante mercado a la industria pesada. Sin embargo, lo comprenderá fácilmente a medida que la transformación técnica y la modernización de la agricultura, en su gradual desarrollo, reclamen cada vez más maquinaria, fertilizantes, obras hidráulicas, instalaciones de energía eléctrica, transporte, combustible para el consumo popular y materiales de construcción civil. Si durante el periodo del Segundo y Tercer Planes Quinquenales podemos dar un mayor impulso a la agricultura, logrando así un mayor crecimiento correspondiente de la industria ligera, resultará beneficiada toda la economía nacional. El desarrollo de la agricultura y la industria ligera proporcionará a la industria pesada mercado y fondos, acelerando su crecimiento. A primera vista, el ritmo de la industrialización parece un poco lento, pero en realidad no es así, e incluso es posible que se acelere todavía más. Dentro de tres quinquenios o algo más nuestra producción anual de acero podrá pasar de las 900 mil toneladas y tantas, registradas en 1943, la más alta cifra anual de antes de la Liberación, a los 20 millones de toneladas o aún a más. Entonces toda la población, tanto de la ciudad como del campo, se sentirá alegre.

Hoy no es mi intención hablar extensamente sobre los problemas económicos. Carecemos todavía de experiencia en la construcción económica, ya que llevamos tan solo siete años ocupándonos de ella; necesitamos acumular experiencias. Al principio tampoco teníamos experiencia en la revolución y, solo después de haber dado traspiés, adquirimos experiencia y obtuvimos la victoria en todo el país. Ahora debemos lograr que el tiempo necesario para adquirir experiencia en la construcción económica no sea tan largo ni el precio tan elevado como requirió el obtener la experiencia de la revolución. De todas maneras tenemos que pagar un precio, pero esperamos que no sea tan alto como el que pagamos en la etapa de la revolución. Es necesario comprender que en esto hay una contradicción: la contradicción entre las leyes objetivas del desarrollo económico de la sociedad socialista y nuestro conocimiento subjetivo de ellas, contradicción que debe ser resuelta en la práctica. Esta se revela también como una contradicción entre personas, entre las que tienen una comprensión más o menos acertada de las leyes objetivas y las que las comprenden de manera relativamente incorrecta; es, pues, una contradicción en el seno del pueblo. Todas las contradicciones existen objetivamente, y nuestra tarea consiste en conocerlas y resolverlas, dentro de lo posible, en forma correcta.

Para transformar a China en un país industrial debemos aprender a conciencia las experiencias avanzadas de la Unión Soviética. La Unión Soviética lleva ya cuarenta años edificando el socialismo y su experiencia es muy valiosa para nosotros. Veamos: ¿quién ha diseñado y equipado para nosotros tantas fábricas importantes? ¿Acaso los Estados Unidos? ¿Inglaterra, tal vez?

No, ninguno de ellos. Solo la Unión Soviética lo ha hecho, porque es un país socialista y aliado nuestro. Además de la Unión Soviética, también nos han prestado cierta ayuda algunos países hermanos de Europa Oriental. Es completamente cierto que tenemos que aprender las buenas experiencias de todos los países, sean socialistas o capitalistas; de eso no cabe duda. Sin embargo, debemos aprender principalmente de la Unión Soviética. Hay dos actitudes respecto a cómo aprender. Una es la dogmática, que consiste en copiarlo todo, sea o no aplicable a las condiciones de nuestro país. Esta no es una actitud buena. La otra es la de hacer funcionar nuestras cabezas y aprender lo que se adapte a nuestras condiciones, es decir, asimilar cuanta experiencia nos sea útil. Esta es la actitud que debemos adoptar.

Reforzar nuestra solidaridad con la Unión Soviética y demás países socialistas es nuestra política fundamental, y en ello estriban nuestros intereses esenciales. Además, debemos fortalecer y desarrollar la solidaridad con los países de Asia y África, así como con todos los países y pueblos amantes de la paz. Unidos a estas dos fuerzas, no estaremos solos. En cuanto a los países imperialistas, también debemos unirnos con sus pueblos y esforzarnos por coexistir pacíficamente con estos países, por comerciar con ellos y por conjurar una posible guerra. Sin embargo, de ningún modo debemos abrigar ideas ilusorias respecto a ellos.

11

¿De dónde provienen las ideas correctas?

Mayo de 1963

Este artículo es un fragmento de «Decisiones del Comité Central del Partido Comunista de China sobre algunos problemas en el actual trabajo rural» (proyecto), que fue elaborado bajo la presidencia del camarada Mao Tse-Tung, quien redactó el trozo extraído.

¿De dónde provienen las ideas correctas? ¿Caen del cielo? No. ¿Son innatas de los cerebros? No. Solo pueden provenir de la práctica social, de las tres clases de práctica: la lucha por la producción, la lucha de clases y los experimentos científicos en la sociedad. La existencia social de la gente determina sus pensamientos. Una vez dominadas por las masas, las ideas correctas características de la clase avanzada se convertirán en una fuerza material para transformar la sociedad y el mundo. En la práctica social, la gente se enfrenta con toda clase de luchas y extrae ricas experiencias de sus éxitos y fracasos. Innumerables fenómenos de la realidad objetiva se reflejan en los cerebros de las gentes por medio de los órganos de sus cinco sentidos, la vista, el oído, el olfato, el gusto y el tacto. Al comienzo, el conocimiento es puramente sensitivo. Al acumularse cuantitativamente este conocimiento sensitivo, se producirá un salto y se convertirá en conocimiento racional, en ideas. Este es el proceso del conocimiento. Es la primera etapa del proceso del conocimiento en su conjunto, la etapa que conduce de la materia objetiva a la conciencia subjetiva, de la existencia a las ideas. En esta etapa, todavía no se ha comprobado si la conciencia y las ideas (incluyendo teorías, políticas, planes y resoluciones) reflejan correctamente las leyes de la realidad objetiva; todavía no se puede determinar si son justas. Luego se presenta la segunda etapa del proceso del conocimiento, la etapa que conduce de la conciencia a la materia, de las ideas a la existencia, esto es, aplicar a la práctica social el conocimiento obtenido en la primera etapa, para ver si esas teorías, políticas, planes y resoluciones pueden alcanzar las consecuencias esperadas. Hablando en general, los que resultan bien son adecuados, y los que resultan mal son erróneos, especialmente en la lucha de la humanidad contra la naturaleza. En las luchas sociales, las fuerzas que representan a la clase avanzada a veces padecen algún fracaso, más no a causa de que sus ideas sean incorrectas, sino de que en la correlación de las fuerzas en lucha, las fuerzas avanzadas aún no son tan poderosas por el momento como las reaccionarias y, por consiguiente, fracasan temporalmente, pero alcanzan los éxitos previstos tarde o temprano. Después de las pruebas de la práctica, el conocimiento de la gente realizará otro salto, que es más importante aún que el anterior. Porque solo mediante el segundo salto puede probarse lo acertado o erróneo del primer salto del conocimiento, esto es, de las ideas, teorías, políticas, planes y resoluciones formadas durante el curso de la reflexión de la realidad objetiva. No hay otro método para comprobar la verdad. La única finalidad del proletariado en su conocimiento del mundo es transformarlo a este. A menudo solo se puede lograr un conocimiento correcto después de muchas reiteraciones del proceso que conduce de la materia a la conciencia y de la conciencia a la materia, es decir, de la práctica al conocimiento y del conocimiento a la práctica. Esta es la teoría marxista del conocimiento, es la teoría materialista dialéctica del conocimiento. Muchos de nuestros camaradas todavía no comprenden esta teoría del conocimiento. Cuando se les pregunta de dónde extraen sus ideas, opiniones, políticas, métodos, planes, conclusiones, elocuentes discursos y largos artículos, consideran extraña la pregunta y no pueden replicar. Encuentran incomprensibles los frecuentes fenómenos de salto en la vida cotidiana en que la materia puede transformarse en conciencia y la conciencia en materia. Por eso, es preciso educar a nuestros camaradas en la teoría materialista dialéctica del conocimiento para que orienten correctamente sus pensamientos, sepan investigar y estudiar bien, realicen el balance de sus experiencias, superen las dificultades, cometan menos errores, trabajen bien y luchen esforzadamente para convertir a China en una gran potencia socialista y ayudar a las grandes masas de los pueblos oprimidos y explotados del mundo, cumpliendo así los grandes deberes internacionalistas que habremos de asumir.

12

Charla sobre cuestiones de filosofía

18 de agosto de 1964

Solo cuando hay lucha de clases puede haber filosofía. Es una pérdida de tiempo ocuparse de la epistemología separada de la práctica. Los camaradas que estudian filosofía deberían darse una vuelta por el campo. Deberían ir por allí este verano o la primavera que viene a participar en la lucha de clases. Deberían ir incluso aquellos con mala salud. Ir no los matará. Todo lo que harán será pillar un resfriado, y con solo que se abriguen un poco más de lo normal, la cosa no pasará a mayores.

La manera en que en la actualidad se la trata en las universales no es buena, pasando de un libro a otro, de un concepto a otro. ¿Cómo va a salir la filosofía de los libros? Las tres componentes básicas del marxismo son el socialismo científico, la filosofía y la economía política[1]. La base es la ciencia social, la lucha

---

[1] En otras palabras, (1) la filosofía marxista, es decir, el materialismo dialéctico y el materialismo histórico, que se ocupa de la ley general del desarrollo de las contradicciones existente en la naturaleza, la sociedad humana y el pensamiento humano; (2) la economía política marxista, que trata de la ley que rige el desarrollo de la economía de la sociedad y expone cómo la clase capitalista explota a la clase obrera (la teoría de la plusvalía); y (3) el socialismo científico, que pone de manifiesto que la sociedad capitalista tiene necesariamente que

de clases. Entre el proletariado y la burguesía hay declarada una lucha. Marx y los demás así lo vieron. Los socialistas utópicos siempre están tratando de convencer a la burguesía de que sea caritativa. Eso no funcionará, es necesario confiar en la lucha de clases del proletariado. En aquella época ya había habido muchas huelgas. El informe del parlamento inglés reconocía que la de doce horas era menos favorable a los intereses de los capitalistas que la jornada de ocho horas. Fue solo partiendo de este punto de vista como apareció el marxismo. El fundamento es la lucha de clases. El estudio de la filosofía solo puede venir después de eso. ¿La filosofía de quién? ¿La filosofía burguesa o la filosofía proletaria? La filosofía proletaria es la filosofía económica. Existe también la economía proletaria, que ha transformado la economía clásica. Los que se dedican a la filosofía creen que la filosofía es lo primero. La opresión oprime a los oprimidos, mientras que los oprimidos necesitan defenderse y tratar de encontrar una vía de salida antes de empezar a buscar una filosofía. Solo cuando se partió de aquí surgió el marxismo-leninismo, y se descubrió la filosofía. Todos hemos pasado por esto. Otros quisieron matarme; Chiang Kai-shek quiso matarme. Así fue como pasamos a ocuparnos de la lucha de clases, a dedicarnos a la filosofía.

Los estudiantes universitarios deberían comenzar a pasarse por el campo este invierno: me refiero a los de humanidades. Los estudiantes de ciencias naturales no deberían moverse por el momento, aunque podemos llevarlos allá durante una temporada o dos. Todos los que estudian humanidades –historia, economía política, literatura, derecho–, todos ellos, deben ir. Catedráticos, profesores asistentes, personal administrativo y estudiantes, todos ellos, deberían ir por allá, durante un periodo limitado de cinco meses. Si se van a pasar cinco meses en el campo, o cinco

---

desarrollarse hasta alcanzar una meta superior, y que el proletariado es el sepulturero del sistema capitalista. (Para detalles véase «Las tres fuentes y las tres partes componentes del marxismo»).

meses en las fábricas, adquirirán un conocimiento perceptivo. Los caballos, las vacas, las ovejas, los pollos, los perros, los cerdos, el arroz, el sorgo, las alubias, el trigo, las variedades de mijo: todos pueden ver estas cosas. Si van en invierno, no verán la siega, pero al menos podrán ver la tierra y a las personas. Obtener alguna experiencia de la lucha de clases: a eso a lo que yo llamo una universidad. Se discute sobre qué universidad es mejor, la Universidad de Pequín o la Universidad Popular[2]. Por mi parte, soy licenciado por la universidad de los bosques, donde aprendí algunas cosas. En el pasado estudié a Confucio, a cuyos *Cuatro libros* y *Cinco clásicos* dediqué seis años de mi vida[3]. Aprendí a recitarlos de memoria, pero no los entendía. En aquella época creía profundamente en Confucio, e incluso escribí ensayos [que exponían sus ideas]. Luego asistí durante siete años a una escuela burguesa. Siete más seis suman trece años. Estudié todas las asignaturas burguesas usuales: ciencias naturales y sociología. Allí también enseñaban algo de pedagogía. Esto incluye cinco años de escuela normal, dos años de escuela secundaria, y también el tiempo que pasé en la biblioteca[4]. En aquella época yo creía en el dualismo de Kant, especialmente en su idealismo. Al principio yo era feudalista y defensor de la democracia burguesa. La sociedad me impelió a participar en la revolución. Pasé unos cuantos años como maestro de escuela primaria y director de

---

[2] Desde 1949, la Universidad de Pekín, descendiente a la vez de la antigua Universidad de Pekín, de la que en 1919 partió el Movimiento del 4 de Mayo, y de la Universidad de Yenching, financiada con capital estadounidense, goza del máximo prestigio en cuanto a excelencia intelectual general. La Universidad Popular *(Jen-min ta-hsüeh),* sita también en Pekín, fue especialmente creada para hacer más accesibles los estudios a obreros y campesinos.

[3] Entre los clásicos confucianos, los *Cuatro libros* representan el núcleo estudiado por los principiantes, los *Cinco clásicos,* un corpus algo mayor.

[4] Entre sus diversas experiencias educativas, desde hace mucho tiempo Mao Tse-Tung ha destacado como una de las más valiosas los seis meses que pasó leyendo en la Biblioteca Provincial de Humanidades, en el invierno de 1912-1913.

una escuela de cuatro años. También enseñé historia y chino en una escuela de seis años. También impartí clases durante un breve periodo en una escuela de secundaria, pero había una cosa que no entendía. Cuando ingresé en el Partido Comunista sabía que debíamos hacer la revolución, pero ¿contra qué? ¿Y cómo? Por supuesto, la revolución teníamos que hacerla contra el imperialismo y la antigua sociedad. No entendía muy bien qué era el imperialismo, menos aún cómo podríamos hacer la revolución contra él. Nada de lo que había aprendido durante trece años servía para hacer la revolución. Solo utilizaba el instrumento: el idioma. Escribir ensayos es un instrumento. En cuanto al contenido de mis estudios, no le sacaba ningún partido en absoluto. Confucio dijo: «La benevolencia es el elemento característico de la humanidad»; «El hombre benevolente ama a los demás»[5]. ¿A quién amaba él? ¿A todos los hombres? Nada de eso. ¿Amaba a los explotadores? Tampoco era exactamente eso. Amaba solo a una parte de los explotadores. Si no, ¿por qué no fue Confucio capaz de ser un alto funcionario? La gente no lo quería. Él los amaba, y quería que se unieran. Pero cuando llegó al hambriento, y a [el precepto] «El hombre superior puede soportar la pobreza», casi perdió la vida, las gentes de K'uang quisieron matarlo[6]. Había quienes lo criticaban por no visitar Ch'in durante su viaje al oeste. En realidad, el poema «Al séptimo mes la estrella de fuego atraviesa el meridiano», del *Libro de odas*, se refiere a los acontecimientos sucedidos en Shensi. Está también «El pájaro amarillo», que habla del asunto de los tres altos funcionarios del duque Mu en Ch'in a los que mataron y enterraron con él a su muerte[7].

---

[5] La primera frase procede de la *Doctrina del medio,* la segunda de Mencio, libro IV.

[6] La cita procede de las *Analectas* de Confucio. El incidente en el que las gentes de K'uang detuvieron a Confucio y quisieron matarlo se cuenta en las *Analectas*.

[7] El razonamiento de Mao parece ser que, fuera o no allí, Confucio no tenía nada contra Ch'in (un Estado que existía en el I milenio a.C. en lo que hoy día es Shensi, cuyo gobernante acabó por conquistar toda la China y fundó la

Ssu-ma Ch'ien[8] tenía en muy alta estima el *Libro de odas*. Según él, los 3.000 poemas que contiene fueron todos escritos por sabios y personajes ilustres de los antiguos tiempos, cuando fueron inspirados. Muchos de los poemas del *Libro de odas* se ajustan a los modos de los diversos estamentos, son las canciones folclóricas de la gente corriente; los sabios y los personajes ilustres no son otra cosa que la gente corriente. «Escritos cuando fueron inspirados» significa que cuando el corazón de un hombre tenía el corazón lleno de ira, ¡escribía un poema!

> Tú ni siembras ni siegas;
> ¿de dónde sacas el arroz para tus trescientos cubos redondos?
> Tú no sigues a la presa;
> ¿cómo es que vemos las codornices colgando en tus patios?
> ¡Ah, el hombre superior!
> ¡Él no comería el pan de la holgazanería![9]

La expresión «descuidar los deberes de un cargo mientras se cobra el sueldo» procede de aquí. Este es un poema que acusa al cielo y se opone a los gobernantes. Confucio también era bastante demócrata, incluyó [en el *Libro de odas*] poemas sobre el amor entre hombre y mujer. En sus comentarios, Chu Hsi los describió como poemas sobre aventuras amorosas clandestinas[10].

---

dinastía Ch'in en 221 a.C.), pues en el *Libro de odas,* supuestamente editado por él, incluyó una buena cantidad de poemas procedentes de esa zona, incluidos los dos mencionados por Mao.

[8] Ssu-ma Chien (145-90 a.C.) fue el primer gran historiador chino, que compiló los *shih-chi (Registros históricos)* que cuentan la historia de la China desde los orígenes hasta sus propios días.

[9] La traducción de este poema, y de los títulos de los dos previamente mencionados, se toman de la versión de Legge del *Libro de odas.*

[10] Tradicionalmente, los críticos chinos han interpretado los poemas amorosos como una alegoría de las relaciones entre un funcionario y su príncipe; Chu Hsi (véase *infra*, p. 267 n. 42) opinaba que debería tomárselos al pie de la letra. Mao adopta la posición de sentido común según la cual se los debe tomar a veces literalmente, a veces no.

En realidad, algunos de ellos lo son y otros no; estos utilizan la imagen del hombre y la mujer para escribir sobre las relaciones entre príncipe y súbdito. En la época de las Cinco Dinastías y los Diez Condados, en Shu [hoy día Sechuán] había un poema titulado «La mujer de Chj'in lamenta el invierno», de Wei Chuang[11]. Lo escribió en su juventud, y trata de su añoranza de su príncipe.

Para volver al asunto de ir al campo, la gente debería ir este invierno y esta primavera, en grupos rotativos, a comenzar a participar en la lucha de clases. Solo así podrán aprender algo, aprender sobre la revolución. Los intelectuales os sentáis todos los días en vuestras oficinas gubernamentales, bien comidos, bien vestidos, y sin ni siquiera dar un paseo. Por eso es por lo que caéis enfermos. La ropa, la comida, la vivienda y el ejercicio son los cuatro grandes factores causantes de enfermedades. Si de disfrutar de buenas condiciones de vida pasáis a una situación algo peor, si vais al campo a participar en la lucha de clases, si os comprometéis con las «cuatro limpiezas» y los «cinco antis»[12], y pasáis una temporada dura, entonces los intelectuales os veréis a vosotros mismos de otro modo.

Si no os dedicáis a la lucha de clases, entonces, ¿cuál es esa filosofía a la que os dedicáis?

¿Por qué no ir allá a intentarlo? Si vuestra enfermedad se agrava demasiado, debéis regresar: tenéis que evitar la muerte. Cuando estéis tan enfermos que os halléis al borde de la muerte, entonces debéis volver. En cuanto vayáis allá, tendréis algo de espíritu. (*K'ang Sheng interviene: «Los institutos de investigación de los Departamentos de Filosofía y Ciencia Social de la Acade-*

---

[11] Wei Chuang (*ca.* 858-910) fue un eminente poeta de finales de los dinastía T'ang (618-906) y comienzos de las Cinco Dinastías (907-960). Lo que Mao sostiene es que al *Libro de odas* y a toda la poesía clásica deberían aplicárseles los mismos principios interpretativos.

[12] El «Movimiento Educativo Socialista», lanzado por el camarada Mao tras el Décimo Pleno del otoño de 1962, fue conocido como las «cuatro limpiezas» en el campo, y como los «cinco antis» *(wu-fan)* en las ciudades. Las cuatro limpiezas eran la rectificación socialista en los campos de la política, la ideología, la organización y la economía.

mia de Ciencias deberían todos ir allá. En la actualidad están a punto de convertirse en institutos para el estudio de antigüedades, de convertirse en un país de las hadas que se nutre a sí mismo inhalando ofrendas de incienso. Ninguna de las personas del Instituto de Filosofía lee el Kuang-ming jih-pao»). Yo solo leo el *Kuang-ming jih-pao* y el *Wen-hui pao*[13], yo no leo el *Diario del Pueblo*, porque el *Diario del Pueblo* no publica artículos teóricos; una vez nosotros adoptamos una resolución, ellos la publican. El *Diario del Ejército de Liberación* está vivo, es ameno. *(Camarada K'ang Sheng: «El Instituto de Literatura no presta atención alguna a Chou Ku-ch'eng*[14]*, y el Instituto de Economía no presta atención alguna a Sun Yeh-fang*[15] *y a su opción por el liberalismo, por el capitalismo»).*

Dejémosles participar en el capitalismo. La sociedad es muy compleja. Solo participar en el socialismo y no en el capitalismo, ¿no es eso demasiado simple? ¿No nos faltaría entonces la unidad de los opuestos y sería meramente unilateral? Dejémosles hacerlo. Dejémosles que nos ataquen como locos, que se manifiesten en las calles, que tomen las armas para rebelarse: yo apruebo todas estas cosas. La sociedad es muy compleja: no hay una sola comuna, un

---

[13] *Kuang-ming jih pao,* órgano de la Liga Democrática China, asumió el liderazgo en la crítica del Partido en abril de 1957, cuando «el florecimiento y la competencia» se hallaban en su apogeo. El *Wen-hui pao,* publicado en Shanghái, era un órgano no perteneciente al Partido que en 1957 había sido objeto de las críticas de Mao por sus tendencias burguesas. En noviembre de 1965 iba a servir de canal para el disparo de salida de la Revolución Cultural.

[14] Chou Ku-ch'eng fue autor de numerosas obras sobre la historia y el mundo chinos. Desde 1950 era profesor en la Universidad Futan de Shanghái. En 1962 publicó un artículo sobre historia y arte en el que expresaba ideas sobre el *Zeigeist* de las que se dijo que eran una expresión en el terreno de la estética de las teorías filosóficas de Yang Hsien-fang (véase *infra,* p. 249 n. 19).

[15] Sun Yeh-fang era en esta época director del Instituto de Economía de la Academia de Ciencias; fue cesado en 1966. Como la observación de K'ang Sheng indica, había adoptado las ideas de algunos economistas soviéticos y de Europa del Este con los que había mantenido contactos profesionales acerca del papel del motivo del beneficio en una economía socialista.

solo *hsien,* un solo departamento del Comité Central, que uno no pueda dividir en dos. A ver, ¿no se ha disuelto el Departamento de Trabajo Rural?[16]. Estaba exclusivamente dedicado a los cálculos en base al hogar individual y a la propagación de las «cuatro grandes libertades»: la libertad de prestar dinero, de dedicarse al comercio, de contratar empleados y de comprar y vender tierra. En el pasado lanzaron una proclama [con este fin]. Teng Tzu-hui mantuvo una controversia conmigo. En una reunión del Comité Central defendió la idea de poner en práctica las cuatro grandes libertades[17].

Consolidar la Nueva Democracia, y seguir consolidándola para siempre, es favorecer el capitalismo[18]. La Nueva Democra-

---

[16] En el verano de 1955, justo antes de que el discurso de Mao del 31 de julio diera un nuevo ímpetu a la formación de cooperativas de productores agrícolas, el Departamento de Trabajo Rural del Partido (a instancias de Liu Shaoch'i) había disuelto una buena cantidad de cooperativas de las que se dijo que habían sido formadas precipitada y prematuramente.

[17] Teng Tzu-hui (1895-1972) era jefe del Departamento de Trabajo Rural desde 1952, aunque su influencia había declinado desde finales de los años 1950, debido a la responsabilidad que había tenido en la «disolución» o «eliminación» de las cooperativas en 1955. Al parecer, sin embargo, seguía teniendo una posición lo bastante importante como para sostener enérgicamente sus opiniones en oposición a las de Mao cuando, a finales de los años 1960, las políticas aquí enumeradas por Mao se sometieron a discusión en el seno del Partido. El Departamento de Trabajo Rural y Teng Tzu-hui fueron duramente criticados por el camarada Mao durante un debate sobre la transformación de las cooperativas. [Para más detalles, véase *Selected Works,* vol. V, Moscú, Foreing Languajes Publishing House, 1958, pp. 224-225].
Como símbolo de todo este espectro de políticas que hacen hincapié en el papel de los incentivos materiales, la iniciativa privada, etc., en los documentos publicados desde el comienzo de la Revolución Cultural la expresión «cuatro grandes libertades» es menos corriente que «*Sanzi yibao*» («tres libertades y un contrato, o garantía»). Sobre este concepto, que se supone que resume la línea reaccionaria de Liu Shao-ch'i y sus simpatizantes en el campo, véase el artículo «Lucha entre dos caminos en el campo chino», *Peking Review* 49 (1967), pp. 11-19.

[18] Una oportunista posición de derechas defendida por Liu Shao-chi' y otros. En conexión con esto, véase el discurso del camarada Mao en la reunión del Buró Político del Comité Central del PCC «Refutación de las opiniones desviacionistas de derechas que se apartan de la línea general», *Selected Works*, vol. V, pp. 93-94.

cia es una revolución burgués-democrática bajo el liderazgo del proletariado. Afecta solamente a los terratenientes y a la burguesía *compradora,* en absoluto a la burguesía nacional. Dividir la tierra y entregársela a los campesinos es transformar la propiedad de los terratenientes feudales en la propiedad individual de los campesinos, y esto sigue manteniéndose dentro de los límites de la revolución burguesa. Dividir la tierra no tiene nada de extraordinario: Mac Arthur lo hizo en el Japón. También Napoleón dividió la tierra. La reforma agraria no puede abolir el capitalismo, ni puede llevar al socialismo.

En la actualidad, en nuestro Estado aproximadamente un tercio del poder está en manos del enemigo o de los simpatizantes del enemigo. Llevamos en marcha quince años y ahora controlamos dos tercios del territorio. En la actualidad se puede comprar a un secretario local [del Partido] por unos cuantos paquetes de cigarrillos, por no mencionar casando a una hija con él. Hay algunos lugares en los que la reforma agraria se llevó a cabo pacíficamente, y los equipos de la reforma agraria fueron muy débiles; ahora puede verse que ahí hay muchos problemas.

He recibido los materiales sobre filosofía. *[Esto se refiere a los materiales sobre el problema de las contradicciones – nota del estenógrafo.]* He echado un vistazo al esbozo. *[Esto se refiere al esbozo de un artículo crítico con el «dos que se combinan para formar uno»*[19] *– nota del estenógrafo.]* No he podido leer el resto. También he mirado los materiales sobre el análisis y la síntesis.

---

[19] La posición del «dos que se combinan para formar uno» la planteó a comienzos de 1960 Yang Hsien-chen, que era, desde 1955, presidente de la Escuela Superior del Partido. A partir de julio de 1964, esta formulación fue objeto de violentos ataques en la prensa en base a que minimizaba la importancia de la lucha y la contradicción y contrastaba con la opinión de Mao, según la cual «uno que se divide para formar dos», esto es, la lucha, y en particular la lucha de clases, resurge constantemente, incluso cuando las contradicciones particulares se han resuelto. El «esbozo de un artículo» al que se hace referencia en la nota del estenógrafo era probablemente un resumen de uno de los inminentes ataques a Yang, presentados de antemano al presidente para su aprobación.

Es buena cosa recopilar materiales como este sobre la ley de la unidad de los opuestos, lo que la burguesía dice sobre ella, lo que Marx, Engels, Lenin y Stalin dicen sobre ella, lo que los revisionistas dicen sobre ella. En cuanto a la burguesía, Yang Hsien-chen habla sobre ella, y Hegel en su época habló sobre ella. Personas así existían en los viejos tiempos. Ahora son incluso peores. Estaban también Bogdanov y Lunacharsky, que solía hablar sobre el deísmo. He leído la economía de Bogdanov. Lenin la leyó, y parece que aprobó la parte sobre la acumulación primitiva. *(K'ang Sheng: «Las doctrinas económicas de Bogdanov eran tal vez un poco más ilustradas que las del revisionismo moderno. Las doctrinas económicas de Kautsky eran un poco más ilustradas que las de Khrushchev, y Yugoslavia es también un poco más ilustrada que la Unión Soviética. Después de todo, Djilas dijo unas cuantas cosas buenas sobre Stalin, dijo que sobre los problemas chinos Stalin hizo una autocrítica»).*

Stalin sentía que había cometido errores al ocuparse de los problemas chinos, y no eran errores pequeños. Nosotros somos un gran país de varios cientos de millones de personas, y él se opuso a nuestra revolución y a nuestra toma del poder. Durante muchos años nos preparamos para asumir el poder en todo el país, toda la guerra antijaponesa constituyó una preparación. Esto queda muy claro si se consultan los documentos del Comité Central de ese periodo, incluido *Sobre la Nueva Democracia*. Es decir, uno no puede instaurar una dictadura burguesa, uno solo puede instaurar una dictadura democrática popular liderada por el proletariado. En nuestro país, durante ochenta años todas las revoluciones democráticas lideradas por la burguesía fracasaron. La revolución democrática liderada por nosotros saldrá desde luego victoriosa. Solo hay esta salida, no hay otra salida. Este es el primer paso. El segundo paso será la construcción del socialismo. De manera que *Sobre la Nueva Democracia* era un programa completo. Se ocupaba también de política, de economía y de cultura; no se ocupaba solamente de asuntos militares: *(K'ang Sheng:* «Sobre la Nueva Democracia *es de gran importan-*

cia para el movimiento comunista mundial. Pregunté a los camaradas españoles, y me dijeron que para ellos el problema era la instauración de una democracia burguesa, no el establecimiento de la Nueva Democracia. En su país no se preocuparon de los tres puntos: el ejército, el campo, el poder político. Se subordinaron por entero a las exigencias de la política exterior soviética, y no consiguieron nada en absoluto»). ¡Esta es la política de Ch'en Tu-hsiu! *(Camarada K'ang Sheng: «Dicen que el Partido Comunista organizó un ejército, y luego lo volvió contra otros»).* Esto es inútil.

(Camarada K'ang Sheng: «Tampoco querían el poder político, ni movilizaron al campesinado. En aquella época, la Unión Soviética les dijo que si imponían el liderazgo proletario, Inglaterra y Francia podrían oponerse, y esto no favorecería los intereses de la Unión Soviética»).

¿Y Cuba? En Cuba se preocuparon precisamente por tomar el poder político y crear un ejército, y también movilizaron a los campesinos, como nosotros [hicimos] en el pasado; por eso triunfaron.

(Camarada K'ang Sheng: «Además, cuando [los españoles] lucharon, lo hicieron en una guerra regular, a la manera de la burguesía, defendieron Madrid hasta el final[20]. Se subordinaron totalmente a la política exterior soviética»).

Incluso antes de la disolución de la Tercera Internacional, nosotros no obedecimos las órdenes de esta. En la Conferencia de

---

[20] La defensa de Madrid, iniciada en octubre de 1936, duró cuatro años y cinco meses. En 1936, la Alemania y la Italia fascistas utilizaron al caudillo fascista Franco para librar una guerra de agresión contra España. El pueblo español, liderado por el gobierno del Frente Popular, defendió heroicamente la democracia contra la agresión. La batalla de Madrid, la capital de España, fue la más encarnizada de toda la guerra. Madrid cayó en marzo de 1939 porque Gran Bretaña, Francia y otros países imperialistas contribuyeron a la agresión con su hipócrita política de «no intervención» y debido a las divisiones surgidas en el seno del Frente Popular. Lo que aquí se crítica, evidentemente, no es que los republicanos españoles lucharan hasta el final, sino que no comprendieran el axioma de que los puntos fuertes territoriales no son decisivos en sí mismos.

Tsunyi no obedecimos, y luego, durante un periodo de diez años que incluyó la Campaña de Rectificación y de ahí hasta el Séptimo Congreso, cuando por fin adoptamos una resolución («Resolución sobre ciertas cuestiones de la historia de nuestro partido»[21]) y corregimos [los errores de] el «izquierdismo», no las obedecimos en absoluto. Esos dogmáticos no estudiaron desde luego las peculiaridades de la China; diez años y pico después de haber ido al campo, desde luego no estudiaron la tierra, la propiedad y las relaciones entre las clases en el campo. El campo no se puede entender solo con ir allí, uno tiene que estudiar las relaciones entre todas las clases y estratos en el campo. Yo dediqué más de diez años a estos problemas antes de por fin aclararme sobre ellos. Uno debe tomar contacto con toda clase de personas, en las casas de té y en los antros de apuestas, e investigarlas. En 1925 yo estaba en activo en el Instituto de Formación del Movimiento Campesino[22], y llevaba a cabo estudios rurales. En mi pueblo natal les pregunté a los campesinos pobres cómo vivían. Llevaban una vida lastimosa, no tenían nada que comer. A un campesino con el que jugué al dominó (del tipo con el cielo, la tierra, el hombre, la armonía, Mei Ch'ien, Ch'ang Sang y el banco) luego lo invité a comer conmigo. Antes, después y durante la comida, hablé con él, y llegué a comprender por qué la lucha de clases en el campo era tan enconada. Las razones por las que estuvo dispuesto a hablar conmigo eran: en primer lugar, que yo lo trataba como a un ser humano; en segundo lugar, que lo invité a comer; y, en tercer lugar, que pudo ganar algo de dinero. Yo no dejé de perder: perdí uno o dos dólares de plata, y como resultado él se quedó muy satisfecho. Yo tenía un amigo que vino a

---

[21] Véase «Resolución sobre ciertas cuestiones de la historia de nuestro partido», adoptada el 20 de abril de 1945, *Selected Works*, vol. III, pp. 177-225 (ed. de 1965).

[22] Mao comenzó su actividad en este instituto en 1925, pero fue en 1926 cuando realmente desempeñó el cargo de director e hizo sus principales contribuciones.

verme dos veces después de la Liberación. En una ocasión, en los días previos a la Liberación, lo estaba pasando realmente mal, y vino a verme para que le prestara un dólar. Le di tres, como ayuda no reembolsable. En aquellos días, tales ayudas no reembolsables eran difíciles de obtener. Mi padre era de la opinión de que si un hombre no se cuidaba de sí mismo, el cielo y la tierra lo castigarían. Mi madre no estaba de acuerdo. Cuando mi padre murió, fueron muy pocas las personas que asistieron a su funeral. Cuando mi madre murió, fueron muchas. Un día los Ko Lao Hui robaron a nuestra familia. Yo dije que tenían razón en hacerlo, pues el pueblo no tenía nada. Ni siquiera mi madre pudo aceptar esto en absoluto.

En una ocasión se produjeron en Changsha disturbios por causa del arroz, durante los cuales el gobernador provincial fue apaleado. Había algunos vendedores ambulantes de Hsiang Hsiang que, tras vender sus habas, estaban volviendo a casa cada uno por su lado. Yo los detuve y les pregunté por la situación. En el campo las Bandas Roja y Verde también celebraban reuniones y expulsaban a las grandes familias. De esto se daba cuenta en los periódicos de Shanghái, y a los desórdenes solo se les puso fin con el envío de tropas desde Changsha. No mantenían una buena disciplina, les quitaban el arroz a los campesinos medios, y así se aislaban. Uno de sus líderes huyó de un lado para otro, hasta que finalmente se refugió en las montañas, pero allí fue capturado y ejecutado. A continuación, los notables de la aldea celebraron una reunión, y mataron a unos cuantos campesinos más. En aquella época aún no había un Partido Comunista; aquellas eran luchas de clases espontáneas.

La sociedad nos empujó a la escena política. ¿Quién pensó nunca antes en dedicarse al marxismo? Yo ni siquiera había oído hablar de él. De lo que sí había oído hablar, e incluso leído, era, de Confucio, Napoleón, Washington, Pedro el Grande, la Restauración Meiji, los tres distinguidos [patriotas] italianos: en otras palabras, de todos esos [héroes] del capitalismo. También había leído una biografía de Franklin. Este procedía de una familia pobre; luego se hizo escritor, y también llevó a cabo experimentos sobre la electricidad *(Ch'en Po-ta: «Franklin fue el primero en afirmar que el hombre es un animal que fabrica utensilios»).* Él hablaba del hombre como un animal que fabrica utensilios. Antes decían que el hombre era un animal pensante, «el órgano del corazón puede pensar»[23]; decían que el hombre era el alma de toda la creación. ¿Quién convocó una reunión y lo eligió [para ese puesto]? Él se confirió esta dignidad a sí mismo. En la era feudal se afirmaba esto. Luego Marx expresó la opinión de que el hombre es un fabricante de utensilios, y de que el hombre es un animal social. En realidad, fue solo tras un millón de años [de evolución] cuando el hombre desarrolló un gran cerebro y un par de manos. En el futuro los animales continuarán desarrollándose. No creo que solo los hombres sean capaces de tener dos manos. ¿No pueden evolucionar los caballos, las vacas, las ovejas? ¿Solo los monos pueden evolucionar? Y, más aún, ¿puede ser que de todos los monos solo una especie pueda evolucionar y todas las demás sean incapaces de hacerlo? Dentro de un millón de años, diez millones de años, ¿serán los caballos, las vacas y las ovejas lo mismo que ahora? Yo creo que no dejarán de cambiar. Los caballos, las vacas, las ovejas y los insectos, todos cambiarán. Los animales han evolucionado a partir de las plantas, han evolucionado a partir de las algas. Chang T'ai-yen sabía todo esto. En el libro en que discutía sobre la revolución con K'ang Yu-wei expuso estos principios[24]. Al principio, la tie-

---

[23] La cita es de *Mencio,* libro VI, parte A, cap. 15.

[24] Esta es probablemente una referencia al celebrado artículo de Chang Pinglin, publicado en 1903, titulado «Una refutación de la Carta sobre la Revolución de K'ang Yun-wei». En este artículo, Chang atacaba duramente a K'ang no solo a propósito del tema de la revolución frente a la reforma gradual, sino a propósito de la importancia de las diferencias raciales entre los chinos y los manchúes, que K'ang tendía a minimizar. Los manchúes, según Chang, eran una raza extranjera y decadente, totalmente inadecuada para gobernar China. Fue en este contexto en el que se ocupó de la evolución, señalando que las diferencias raciales existentes eran producto de la historia.

rra estaba muerta, no había plantas, ni agua, ni aire. Solo tras no sé cuántas decenas de millones de años se formó el agua; el hidrógeno y el oxígeno no simplemente se transforman de inmediato en agua de alguna manera antigua. El agua también tiene su historia. Antes incluso, ni siquiera el hidrógeno ni el oxígeno existían. Solo después de que se produjeran el hidrógeno y el oxígeno existió la posibilidad de que estos dos elementos se combinaran para formar agua.

Debemos estudiar la historia de las ciencias naturales, yo no dejaré de lado este tema. Debemos leer unos cuantos libros. Hay una gran diferencia entre leer debido a las necesidades de nuestras luchas actuales y leer sin un propósito. Fu Ying[25] dice que el hidrógeno y el oxígeno solo forman agua después de haberse unido cientos y miles de veces; no es en absoluto un simple caso de dos que se combinan para formar uno. Sobre esto también estaba en lo cierto; quiero ir a verlo y charlar con él. *(Dirigiéndose a Lu P'ing)*[26]. Ustedes no deberían oponerse absolutamente a todo lo que dice Fu Ying.

Hasta ahora, el análisis y la síntesis no han sido claramente definidos. El análisis es más claro, pero no se ha dicho mucho sobre la síntesis. Yo mantuve una charla con Ai Ssu-ch'i[27]. Él decía que hoy día solo hablan de la síntesis y el análisis conceptuales, y no hablan de la síntesis y el análisis prácticos y objeti-

---

[25] Fu Ying parece ser un científico chino vivo en 1964, pues Mao dice que quiere ir a verlo.

[26] Lu Ping era presidente de la Universidad de Pekín en esta época; fue cesado y «combatido» en junio de 1966.

[27] Ai Ssu-ch'i (*ca.* 1910-66) era, en el momento de su muerte, vicepresidente de la Escuela Superior del Partido. Era uno de los principales portavoces filosóficos del Partido, que había traducido del ruso obras sobre el materialismo dialéctico, y escrito muchos libros y artículos con la intención de hacer el marxismo accesible a las masas. El 1 de noviembre de 1964 publicó en el *Diario del Pueblo* un artículo en el que atacaba a Yang Hsieng-chen, el filósofo «burgués» al que en un pasaje anterior de esta charla Mao se refiere en conexión con el principio de los «dos que se combinan para formar uno».

vos. ¿Cómo analizamos y sintetizamos nosotros el Partido Comunista y el Kuomintang, el proletariado y la burguesía, a los terratenientes y a los campesinos, a los chinos y a los imperialistas? ¿Cómo hacemos esto, por ejemplo, en el caso del Partido Comunista y el Kuomintang? El análisis es simplemente una cuestión de cómo somos de fuertes, de cuánto territorio tenemos, de cuántos miembros tenemos, de cuántas tropas, de cuántas bases como Yenán, de cuáles son nuestras debilidades. Nosotros no controlamos ninguna gran ciudad, nuestro ejército solo cuenta con 1.200.000 efectivos, no contamos con ninguna ayuda extranjera, mientras que el Kuomintang cuenta con una gran cantidad de ayuda extranjera. Si se compara Yenán con Shanghái, Yenán solo tiene 7.000 habitantes; si a esto añadimos las personas de los órganos [del Partido y del gobierno] y de las tropas [estacionadas en Yenán], el total alcanza las 20.000 personas. Solo hay artesanías y agricultura. ¿Cómo puede compararse esto con una gran ciudad? Nuestro punto fuerte es que contamos con el apoyo del pueblo, mientras que el Kuomintang está divorciado del pueblo. Vosotros tenéis más territorio, más tropas y más armas, pero vuestros soldados han sido reclutados a la fuerza, y entre los oficiales y los soldados hay conflictos. Naturalmente, hay también una porción bastante grande de sus ejércitos con una considerable capacidad de combate, no es en absoluto cierto que todos se vendrán abajo a la primera arremetida. Su punto débil consiste en eso, la clave es su divorcio del pueblo. Nosotros estamos unidos a las masas populares; ellos están divorciados de las masas populares.

En su propaganda, ellos dicen que el Partido Comunista establece la comunidad de la propiedad y la comunidad de las esposas, y estas ideas las propagan también en las escuelas de enseñanza primaria. Han compuesto una canción: «Cuando Chu Te y Mao Tse-Tung aparezcan, matando y quemando y haciendo toda clase de cosas, ¿qué haremos?». Les enseñaron a cantarla a los alumnos de las escuelas primarias, y después de haberla cantado, los alumnos iban a preguntarles a sus padres y madres, hermanos y hermanas, con lo cual se producía para nosotros el efecto contrario de la propaganda. Un niño pequeño la oyó [la canción] y le preguntó a su padre por ella. Su padre respondió: «No debes hacer preguntas; cuando seas mayor, verás las cosas por ti mismo y comprenderás». Era una persona moderada. Entonces el niño le preguntó a su tío. El tío lo riñó, respondiendo: «¿Qué es eso de matar y quemar? Si me vuelves a preguntar, te pego». Su tío había sido miembro de la Liga Juvenil Comunista. Todos los periódicos y emisoras de radio nos atacaban. Había muchos periódicos, varias docenas en cada ciudad, cada facción tenía uno, y todos ellos sin excepción eran anticomunistas. ¿Todas las personas corrientes las escuchaban? ¡Ni mucho menos! Nosotros tenemos alguna experiencia de los asuntos chinos, China es un «gorrión»[28]. También en los países extranjeros no hay más que ricos y pobres, contrarrevolución y revolución, marxismo-leninismo y revisionismo. No creáis que todo el mundo recibe la propaganda anticomunista y se suma a la oposición al comunismo. ¿No leíamos periódicos en aquella época? Sin embargo, no nos influyeron.

Yo he leído cinco veces *El sueño del pabellón rojo,* y eso no me ha influido. Lo leí como historia. Primero lo leí como un relato, luego como historia. Cuando la gente lee *El sueño del pabellón rojo,* no leen atentamente el cuarto capítulo, pero en realidad este capítulo contiene lo esencial del libro. Está también Leng Tzu-hsing, que describe la mansión de Jung-kuo, y compone

---

[28] La metáfora de la «disección de un gorrión» es una teoría aplicada y un método de trabajo para adquirir conocimiento y recapitular experiencias. En lugar de intentar generalizar sobre una gran cantidad de repeticiones de un fenómeno, este método de trabajo aboga por el análisis en profundidad, el estudio exhaustivo y la investigación de un prototipo, y por una recapitulación de la experiencia a través de ese análisis. La consigna deriva del dicho corriente: «Aunque un gorrión es pequeño, contiene todos los órganos vitales». Aquí lo que Mao arguye es que, en el contexto internacional más amplio, la China en su conjunto es un microcosmos de los problemas de la revolución en el mundo de hoy.

canciones y versos. El cuarto capítulo, «El monje de la calabaza», decide el asunto de la calabaza y habla del «talismán para
funcionarios». Presenta a las cuatro grandes familias:

> ¡Gritad viva
> el Chia de Nanking!
> Ellos pesan su oro
> con el tarro.
> El palacio Ah-pang
> se eleva hasta el cielo,
> pero no podría hospedar
> a los Shih de Nanking.
> El rey del océano
> pasa,
> cuando le faltan lechos de oro,
> camino del Wang de Nanking.
> Los Hsueh de Nanking
> son tan ricos
> que para contar su dinero
> emplearían todo el día...[29].

El sueño del pabellón rojo describe a cada una de las cuatro
grandes familias. Se trata de una furibunda lucha de clases que
afecta al destino de muchas docenas de personas, aunque solo
20 ó 30 personas pertenecen a la clase dominante. (Se ha calcu-
lado que hay 33 [en esta categoría]). Los otros son todos esclavos, más de 300 personajes, como Yueh Yang, Ssu-ch'i, la segunda hermana Yu, la tercera hermana Yu, etc. Al estudiar historia,
a menos que parta del punto de vista de la lucha de clases, uno

---

[29] Leng Tzu-hsing diserta sobre la mansión del duque de Junk-kuop en el
capítulo 2 de *El relato de la piedra*. El «talismán para funcionarios» era una
lista de las familias ricas e influyentes en la zona que el antiguo novicio del
Templo de la Calabaza decía que todo funcionario debía llevar a fin de evitar
ofenderlas y con ello hundir su carrera.

queda confuso. Las cosas solo pueden analizarse claramente recurriendo al análisis de clase. Han pasado más de doscientos años desde que se escribió *El sueño del pabellón rojo*, y hasta el día de hoy los estudios sobre este libro no han clarificado los temas. Puede por esto verse la dificultad del problema. Yu P'ing-po y Wang K'un-lun son ambos especialistas[30]. Ho Ch'i-fang[31] también escribió un prefacio. Ha aparecido también en escena un individuo llamado Wu Shih-ch'ang[32]. Todo esto se refiere a las investigaciones recientes sobre *El sueño del pabellón rojo;* ni siquiera enumeraré los estudios más antiguos. La opinión de Ts'ai Yuan-p'ei sobre *El sueño del pabellón rojo* era incorrecta; la de Hu Shih era algo más correcta[33].

¿Qué es la síntesis? Todos habéis sido testigos de cómo los dos opuestos, el Kuomintang y el Partido Comunista, se sintetizaron en el continente. La síntesis se produjo así: sus ejércitos vinieron, y nosotros los devoramos, nos los comimos a mordiscos. No fue un caso de dos que se combinan para formar uno tal como sostenía Yang Hsien-chen, no fue la síntesis de dos opuestos que coexistían pacíficamente. No querían coexistir pacíficamente, querían devoraros. Si no, ¿por qué habrían atacado Yenán? Su ejército penetró por todas partes en Shensi del Norte, excepto en tres *hsien* en las tres fronterizas. Vosotros te-

---

[30] Para las críticas de Mao sobre este tema, véase «Carta sobre *El sueño del pabellón rojo*», en *Selected Works*, vol. V, pp. 150-51), «Sobre las críticas a Logloumeng yuanjia» (*Selected Works*, vol. V, pp. 293-94). Para la crítica de Mao a Yu P'ing-po, véase «Carta a propósito del estudio del *Sueño del pabellón rojo*», *16 de octubre de 1954*, en *Selected Works*, vol. V. Wang K'un-lun fue vicealcalde de Pekín a mediados de los años 1950.

[31] Ho Ch'i-fang (1911-), poeta lírico y figura prominente en el mundo literario, había defendido a Yü P'ing-po hasta un momento de la época de la campaña desencadenada contra él en 1954, diciendo que Yü estaba equivocado en su interpretación del *Sueño del pabellón rojo,* pero era profundamente leal. Él mismo fue objeto de ataques en la época del Gran Salto Adelante.

[32] La obra de Wu Shih-ch'ang sobre este tema ha sido traducida al inglés: *On «The Red Chamber Dreamk»*, Oxford, Clarendon Press, 1961.

[33] La afirmación de Mao aquí concuerda con las opiniones de Lu Hsün.

néis vuestra libertad, nosotros tenemos nuestra libertad. Vosotros sois 250.000, y nosotros 25.000[34]. Unas cuantas brigadas, algo más de 20.000 hombres. Tras haber analizado, ¿cómo sintetizamos? Si queréis ir a alguna parte, avanzad; nosotros seguimos tragándonos vuestro ejército bocado a bocado. Si podíamos combatir victoriosamente, combatíamos; si no podíamos vencer, nos retirábamos. Desde marzo de 1947 hasta marzo de 1948, todo un ejército [del enemigo] desapareció del mapa, pues aniquilamos varias decenas de miles de sus soldados. Cuando rodeamos I-ch'uan y Liu K'an vino a liberar la ciudad, el comandante en jefe Liu K'an murió, dos de sus tres comandantes de división murieron y el otro fue hecho prisionero, y todo el ejército dejó de existir. Esta era la síntesis. Todos sus fusiles y toda su artillería se sintetizaron pasando a nuestro lado, y los soldados fueron sintetizados también. Los que quisieron hacerlo pudieron quedarse con nosotros, y a los que no quisieron les dimos dinero para sus gastos de viaje. Después de que aniquiláramos a Liu K'an, la brigada estacionada en I-ch'uan se rindió sin combatir. En las tres grandes campañas –Liao-Shen, Huai-Hai y Pekín-Tientsin–, ¿cuál fue nuestro método de síntesis? Fu Tso-i se sintetizó al pasarse, sin combatir, a nuestro bando con su ejército de 400.000 hombres y entregar todos sus rifles[35]. Una cosa comiéndose a otra, el pez grande comiéndose al pez pequeño, eso es la síntesis. En los libros nunca se ha explicado así. Tampoco yo lo he explicado nunca de este modo en mis libros. Por su parte, Yang Hsien-chen cree que dos se com-

---

[34] Las cifras que Mao da aquí, cuando pasa a ocuparse del presente y recuerda el enfrentamiento final con el Kuomintang, son las ciertas al comienzo de la guerra antijaponesa más que las ciertas al comienzo de la reanudada guerra civil en 1946, cuando el Éjército de Liberación Popular había crecido hasta contar con al menos medio millón de hombres.

[35] En enero de 1949, el general Fu Tso-i, comandante de la guarnición nacionalista de Peiping (como entonces se llamaba), rindió la ciudad sin combatir para evitar una destrucción inútil. Luego llegó a ministro de Conservación del Agua en el gobierno de Pekín.

binan para formar uno, y que la síntesis es el vínculo indisoluble entre dos opuestos. ¿Qué vínculos indisolubles hay en este mundo? Las cosas pueden unirse, pero al final tienen que separarse. No hay nada que no se pueda separar. En los veintitantos años de nuestra lucha, muchos de nosotros también han sido devorados por el enemigo. Cuando el Ejército Rojo, formado en principio por 300.000 hombres, llegó a la zona de Shen-Kan-Ning, solo quedaban 25.000. De los demás, algunos habían sido devorados, otros dispersados, otros habían muerto o resultado heridos.

Debemos tomar la vida como nuestro punto de partida al ocuparnos de la unidad de los opuestos *(Camarada K'ang Sheng: «No basta hablar meramente de conceptos»)*.

Mientras se procede al análisis hay también síntesis, y mientras se procede a la síntesis hay también análisis.

Cuando las personas comen animales y plantas, también comienzan por el análisis. ¿Por qué no comen arena? Cuando en el arroz hay arena, no es bueno de comer. ¿Por qué no comemos hierba, como hacen los caballos, las vacas y las ovejas, sino solo cosas como coles? Debemos analizarlo todo. Sheng Nung probó las cien hierbas[36], y dio pie a su uso en medicina. Al cabo de muchas decenas de miles de años, el análisis acabó por revelar claramente lo que se podía comer y lo que no. Los saltamontes, las serpientes y las tortugas se pueden comer. Los cangrejos, los perros y las criaturas acuáticas se pueden comer. Hay algunos extranjeros que no los comen. En el Shensi del Norte no comen criaturas acuáticas, no comen peces. Allí tampoco comen gato. Un año hubo una gran inundación del río Amarillo que arrojó a la orilla decenas de miles de quilos de peces, y los utilizaron como fertilizante.

Yo soy un filósofo nativo, vosotros sois filósofos extranjeros.

---

[36] Del legendario emperador Shen Nung se dice que enseñó el arte de la agricultura en el III milenio a.C., y en particular que descubrió las propiedades medicinales de las plantas.

(Camarada Sheng: «¿Podría el presidente decir algo sobre el problema de las tres categorías?).

Engels hablaba de las tres categorías, pero personalmente no creo en dos de esas categorías. (La unidad de los opuestos es la ley más básica, la transformación de la cualidad en cantidad y viceversa es la unidad de los opuestos cualidad y cantidad, y la negación de la negación no existe en absoluto). La yuxtaposición, en el mismo nivel de la transformación de la cualidad en la cantidad y viceversa, la negación de la negación y la ley de la unidad de los opuestos es «triplismo», no monismo. Lo más básico es la unidad de los opuestos. La transformación de la cualidad en cantidad y viceversa es la unidad de los opuestos cualidad y cantidad. La negación de la negación no existe. Afirmación, negación, afirmación, negación... en el desarrollo de las cosas cada eslabón de la cadena de acontecimientos es a la vez afirmación y negación. La sociedad esclavista negaba la sociedad primitiva, pero en relación con la sociedad feudal constituía, a su vez, la afirmación. La sociedad feudal constituía la negación en relación con la sociedad capitalista. La sociedad capitalista era la negación en relación con la sociedad feudal, pero es, a su vez, la afirmación en relación con la sociedad socialista.

¿Cuál es el método de la síntesis? ¿Es posible que la sociedad primitiva pueda existir junto a la sociedad esclavista? Sí existen juntas, pero esto solo ocurre en una pequeña parte del mundo. La imagen global es que la sociedad primitiva va a ser eliminada. Es más, el desarrollo de la sociedad se produce por etapas; la sociedad primitiva también está dividida en una cantidad de etapas. En aquella época todavía no existía la práctica de enterrar a las mujeres con sus maridos muertos, pero se las obligaba a someterse a los hombres. Primero los hombres estuvieron sometidos a las mujeres, y luego las cosas avanzaron hacia su opuesto, y las mujeres fueron sometidas a los hombres. Esta etapa de la historia todavía no se ha clarificado, aunque ya dura más de un millón de años. La sociedad de clases aún no tiene los 5.000 años de antigüedad. Culturas como la de Lung Shan y

Yang Shao[37] a finales de la era primitiva tienen cerámica de colores. En una palabra, una devora a la otra, una desbanca a la otra, una clase es eliminada, otra clase surge, una sociedad es eliminada, otra sociedad surge. Naturalmente, en el proceso de desarrollo nada es en absoluto tan puro. Cuando llega a la sociedad feudal, queda todavía algo del sistema esclavista, aunque la mayor parte del edificio social se caracteriza por el sistema feudal. Sigue habiendo algunos siervos, y también algunos trabajadores a la fuerza, como los artesanos. Tampoco la sociedad capitalista es tan pura, e incluso en sociedades capitalistas más avanzadas hay también una parte atrasada. Por ejemplo, en el sur de los Estados Unidos estaba instaurado el sistema esclavista. Lincoln abolió el sistema esclavista, pero hoy día sigue habiendo esclavos negros, su lucha es muy encarnizada. Más de 20 millones de personas participan en ella, y eso es bastante.

Una cosa destruye a otra, las cosas nacen, se desarrollan y son destruidas, en todas partes sucede así. Si las cosas no son destruidas por otras, entonces se destruyen a sí mismas. ¿Por qué las personas debemos morir? Esta es una ley natural. Los bosques viven más que los seres humanos, sin embargo, incluso ellos duran solo unos cuantos miles de años. Si la muerte no existiese, sería insoportable. Si pudiésemos seguir viendo a Confucio vivo hoy, la tierra no podría mantener a tantas personas. Estoy de acuerdo con Chuang-tzu[38]. Cuando su esposa murió, él se puso a cantar. Cuando la gente muere, deberían organizarse fiestas para celebrar la victoria de la dialéctica, para celebrar la

---

[37] Las culturas de Lung Shan y de Yang Shao, respectivamente localizadas al noreste y el noroeste de la China, fueron las dos culturas más importantes del periodo Neolítico. Como Mao indica, se las conoce especialmente por su cerámica.

[38] El libro llamado el *Chuang-tzu*, probablemente compuesto solo en parte por el hombre del mismo nombre que vivió en la segunda mitad del siglo IV a.C., es no solamente uno de los textos clásicos del taoísmo (junto con el *Lao-tzu* y el *Libro de los cambios*), sino una de las grandes obras maestras en la historia de la China.

destrucción de lo viejo. También el socialismo será eliminado, mala cosa si no es eliminado, pues entonces no habría comunismo. El comunismo durará miles y miles de años. No creo que no haya cambios cualitativos bajo el comunismo, ¡que los cambios cualitativos no lo dividan en etapas! ¡No lo creo! La cantidad cambia en cualidad, y la cualidad cambia en cantidad. No creo que pueda seguir siendo desde el punto de vista cualitativo exactamente lo mismo, ¡sin cambiar durante millones de años! Esto es impensable a la luz de la dialéctica. Luego está el principio: «De cada cual según su capacidad, a cada cual según sus necesidades». ¿Creéis que podrán aguantar durante un millón de años con la misma economía? ¿Habéis pensado en ello? Si así fuese, no necesitaríamos economistas, o en cualquier caso nos podríamos apañar con solo un libro de texto, y la dialéctica habría muerto.

La vida de la dialéctica es el movimiento continuo hacia los opuestos. La humanidad también acabará por desaparecer. Cuando los teólogos hablan del día del Juicio Final, son pesimistas y aterran a la gente. Nosotros decimos que el fin de la humanidad es algo que producirá algo más avanzado que la humanidad. La humanidad se halla todavía en su infancia. Engels habló del paso del reino de la necesidad al reino de la libertad, y dijo que la libertad es la comprensión de la necesidad. Esta frase no está completa, solo dice la mitad y deja sin decir el resto. ¿Lo hace a uno libre meramente la comprensión de la necesidad? La libertad es la comprensión de la necesidad *y* la transformación de la necesidad: uno también tiene trabajo que hacer. Si uno meramente come sin tener ningún trabajo que hacer, si uno meramente comprende, ¿es eso suficiente? Cuando uno descubre una ley, debe ser capaz de aplicarla, debe crear el mundo de nuevo, debe romper el suelo y levantar edificios, debe cavar minas, industrializar. En el futuro habrá más personas, y no habrá grano suficiente, así que el hombre tendrá que obtener comida de los minerales. De manera que la libertad solo puede obtenerse mediante la transformación. ¿Será posible en el futuro que todos seamos tan libres? Lenin dijo que en el futuro los aviones serían tan numerosos en los cielos como las moscas, volando a toda prisa de acá para allá. En todas partes chocarán, ¿y qué haremos al respecto? ¿Cómo los maniobraremos? Y si lo hacemos, ¿serán todas las cosas tan libres? En Pekín hay en la actualidad 10.000 autobuses; en Tokio hay 100.000 [vehículos] (¿o son 800.000?), de manera que hay más accidentes automovilísticos. Nosotros tenemos menos coches, y también educamos a los conductores y a la gente para que haya pocos accidentes. ¿Qué haremos en Pekín dentro de 10.000 años? ¿Seguirá habiendo 10.000 autobuses? Quizá inventen algo nuevo que permita prescindir de estos medios de transporte, que permita a los hombres volar utilizando algún sencillo aparato mecánico, y volar directamente a cualquier lugar y aterrizar donde les apetezca. Simplemente comprender la necesidad no basta, también debemos transformar las cosas.

Yo no creo que el comunismo no se divida en etapas y que no haya cambios cualitativos. Lenin decía que todas las cosas pueden dividirse. Como ejemplo puso el átomo, del que dijo que no solo podía dividirse, sino que también el electrón podía dividirse. Antiguamente, sin embargo, se sostenía que el átomo no se podía dividir; la rama de la ciencia dedicada a la división del núcleo atómico es todavía muy joven, solo tiene veinte o treinta años de edad. En las últimas décadas, los científicos han descompuesto el núcleo del átomo en sus constituyentes, como los protones, antiprotones, neutrones, antineutrones, mesones y antimesones. Estos son los pesados; además están los ligeros. En su mayor parte, estos descubrimientos solo se produjeron durante y después de la Segunda Guerra Mundial. En cuanto al hecho de que los electrones podían ser separados del núcleo atómico, eso se descubrió hace algún tiempo. Un cable eléctrico usa electrones disociados de la superficie externa de cobre o aluminio. En los 300 *li* de la atmósfera de la tierra, se ha descubierto también que hay estratos de electrones disociados. También allí se separan los electrones y el núcleo atómico. Hasta ahora el electrón no ha sido escindido, pero algún día serán desde luego capaces de escindirlo. Chuangtzu dijo: «La longitud de un pie que se divida por la mitad cada día nunca se reducirá a cero» (*Chuang-tzu*, capítulo [33 G] «Sobre las diversas escuelas», citando a Kung-sun Lung). Esta es la verdad. Quien no lo crea que piense. Si se pudiese reducir a cero, entonces no existiría una cosa como la ciencia. Son miríadas las cosas que se desarrollan continua e ilimitadamente, y son infinitas. El tiempo y el espacio son infinitos. Por lo que se refiere al espacio, tanto desde el punto de vista macroscópico como desde el microscópico es infinito, puede dividirse hasta el infinito. De modo que incluso dentro de un millón de años los científicos tendrán trabajo que hacer. Me ha gustado mucho el artículo sobre las partículas básicas publicado por Sakata[39] en el *Boletín de ciencias naturales*. Nunca antes he visto un artículo como este. Esto es materialismo dialéctico. Cita a Lenin.

La debilidad de la filosofía es que no ha producido filosofía práctica, sino solo filosofía libresca.

Siempre deberíamos estar llevando adelante cosas nuevas. Si no, ¿para qué estamos aquí? ¿Para qué queremos descendientes? Las cosas nuevas se han de encontrar en la realidad, debemos aferrarnos a la realidad. En último análisis, ¿Jen Chi-yü[40] es marxista o no? Esos artículos suyos sobre el budismo me han gustado mucho. [Detrás de ellos] hay una investigación, es discípulo de T'ang Yung-t'ung[41]. Se ocupa solamente del budismo de la dinas-

---

[39] Sakata Shiyouchi, físico japonés de la Universidad de Nagoya, sostiene que «las partículas elementales son una categoría única, material, diferenciada e ilimitada que constituye el orden natural». En *Bandera roja* de junio de 1965 se publicó un artículo suyo en el que se exponían estas opiniones.

[40] Mao parece estarse refiriendo a una serie de ensayos publicados por Jen Chi-yü en 1963 y reimpresos en 1973: *Han T'ang fo-chiao ssu-hsiang lun chi (Ensayos completos sobre el pensamiento budista en las dinastías Hang y T'ang)*. En estos estudios cita bastante por extenso a Lenin en relación con la dialéctica.

[41] T'ang Yung-t'ung (1892-1964), a quien Jen Chi-yü reconoce como su maestro, fue el principal historiador del budismo que había escrito sobre el budismo chino bajo las dinastías Han, Wei, Chin y del Norte y del Sur, sobre la historia del pensamiento indio, etc. Fue decano de la Facultad de Humanidades en la Universidad de Pekín desde 1948 hasta que en 1954 cayó enfermo.

tía Tang, y no trata directamente del budismo de épocas posteriores. La metafísica Sung y Ming se desarrolló a partir de la escuela Ch'an de la dinastía Tang, y fue un movimiento del idealismo subjetivo al idealismo objetivo[42]. Existen el budismo y el taoísmo, y es un error no distinguir entre ellos. ¿Cómo puede ser adecuado no prestarles atención? Han Yu no decía cosas sensatas. Su consigna era: «Aprende de sus ideas, pero no de su modo de expresión». Sus ideas eran enteramente copiadas de otros, él cambiaba la forma, el modo de composición de los ensayos. No decía cosas sensatas, y lo poco que dijo estaba básicamente tomado de los antiguos. En escritos como *Discurso sobre los maestros* hay pocas novedades. Liu Tzu-hou era diferente: conocía todos los recovecos del materialismo budista y taoísta[43]. Y, sin embargo, sus *Respuestas celestes* son demasiado breves, solo un poco. Sus *Respuestas celestes* son producto de las *Preguntas celestes* de Ch'u Yuan[44]. Desde hace va-

---

[42] Bajo la influencia del budismo Ch'an (más conocido por su nombre japonés de Zen), filósofos chinos de las dinastías Sung y Ming, el más famoso de los cuales es Chu Hsi (1130-1200), desarrollaron una síntesis entre el confucionismo y el budismo en la que desempeña un papel central el concepto de *li* (principio o razón) y vulgarmente conocida como neoconfucionismo. Para una visión china de la relación entre estas escuelas básicamente similares a la de Mao, véase Hou Wai-lu, *A Short History of Chinese Philosophy*, Pekín, Foreign Languages Press, 1959, pp. 33-51. Para una interpretaciçon de un especialista occidental, véase H. G. Creel, *Chinese Thought from Confucius to Mao Tse-Tung*, Chicago, University of Chicago Press, y Londres, Eyre & Spottiswoode, 1953, cap. 10.

[43] Han Yü y Liu Tsung-yüan. Han Yü trató de recrear la simplicidad del periodo clásico, aunque evitando el excesivo arcaísmo. La consigna sobre «aprender de sus ideas» citada por Mao se refiere a su propósito de buscar la inspiración en los antiguos sabios confucianos, aunque evitando las formas de expresión pasadas de moda. Adoptó una actitud crítica hacia el budismo, pero, sin embargo, tomó prestadas de él algunas ideas. Liu Tsung-yüan, al que Mao llama aquí por su nombre literario de Liu Tzu-hou, era amigo íntimo de Han Yü.

[44] El ensayo de Liu Tsung-yüan *T'ien Tui* (*Respuestas celestes*) responde a la pregunta por el origen y la naturaleza del universo planteada por Ch'ü Yüan en su poema *T'ien Wen* (*Preguntas celestes*). Este se traduce bajo el título *Los enigmas* en *Li Sao y otros poemas de Chu Yuan*. Es, como dice Mao, sugerente, pero sumamente oscuro.

rios miles de años, este es el único hombre que ha escrito un texto como *Respuestas celestes*. ¿De qué tratan las *Respuestas celestes* y las *Preguntas celestes*? Sin anotaciones que lo expliquen, no se puede comprender; uno solo capta la idea general. Las *Preguntas celestes* son realmente fantásticas: hace miles de años plantearon toda clase de preguntas en relación con el universo, la naturaleza y la historia.

(Con respecto a la discusión sobre el problema de los dos que se combinan para formar uno:) Que Hung Ch'i reimprima algunos buenos artículos y escriba una reseña.

Índice